SONHOS LÚCIDOS

Florinda Donner
Sonhos Lúcidos

Edição revista

Tradução
Luzia Machado da Costa

2ª Edição

CIP-BRASIL. CATALOGAÇÃO-NA-FONTE
SINDICATO NACIONAL DOS EDITORES DE LIVROS, RJ.

D739s
[2ª ed.]

Donner, Florinda
Sonhos lúcidos: uma iniciação ao mundo dos feiti-
ceiros / Florinda Donner; tradução: Luzia Machado da
Costa. – 2ª ed. – Rio de Janeiro: Nova Era, 2009.

Tradução de: Being-in dreaming
ISBN 978-85-7701-143-8

1. Donner, Florinda. 2. Feitiçaria – México. I. Costa,
Luzia Machado da. II. Título.

09-0451.

CDD: 133.430972
CDU: 133.4(72)

Título original em inglês:
Being-in-dreaming

Copyright da tradução © 1993 by EDITORA BEST SELLER LTDA.
Copyright © 1991 by Florinda Donner

Publicado mediante acordo com Harper San Francisco, uma divisão da
HarperCollins Publishers, Inc.

Todos os direitos reservados. Proibida a reprodução,
no todo ou em parte, sem autorização prévia por escrito da editora,
sejam quais forem os meios empregados, com exceção das resenhas
literárias, que podem reproduzir algumas passagens do livro,
desde que citada a fonte.

Editoração eletrônica: Abreu's System
Capa: Igor Campos
Revisão da 2ª edição: Fátima Fadel

Texto revisado segundo o novo Acordo Ortográfico da Língua Portuguesa.

Direitos exclusivos de publicação em língua portuguesa
para o Brasil adquiridos pela
EDITORA NOVA ERA um selo da EDITORA BEST SELLER LTDA.
Rua Argentina 171 – Rio de Janeiro, RJ – 20921-380 – Tel.: 2585-2000
que se reserva a propriedade literária desta tradução.

Impresso no Brasil

ISBN 978-85-7701-143-8

PEDIDOS PELO REEMBOLSO POSTAL
Caixa Postal 23.052
Rio de Janeiro, RJ – 20922-970

Para todos os que sonham sonhos *de feiticeiros.*
E para os poucos que os sonharam *comigo.*

Nota da autora

Meu primeiro contato com o mundo dos feiticeiros não foi algo que eu tivesse planejado ou procurado. Foi, antes, um acontecimento fortuito. Conheci um grupo de pessoas no norte do México, em julho de 1970, que eram seguidoras fiéis de uma tradição de feitiçaria dos indígenas do México pré-colombiano.

Aquele primeiro encontro teve um efeito poderoso e duradouro sobre mim. Apresentou-me a outro mundo que coexiste com o nosso. Passei vinte anos da minha vida dedicada a esse mundo. Este é o relato de como começou o meu envolvimento, e como foi instigado e dirigido pelos feiticeiros responsáveis pela minha presença ali.

A mais importante era uma mulher chamada Florinda Matus. Ela era minha mestra e guia. Também foi quem me deu seu nome, Florinda, como dádiva de amor e poder.

Chamá-los de feiticeiros não é minha opção. *Brujo* ou *bruja*, que significam feiticeiro ou bruxa, são os termos em espanhol que eles mesmos usam para designar um praticante masculino ou feminino. Sempre me ressenti contra o sentido negativo dessas palavras. No entanto, os próprios feiticeiros me deixaram à vontade, de uma vez por todas, explicando que o que se entende por feitiçaria é uma coisa bem abstrata: a capacidade que algumas pessoas apresentam de ampliar os limites da percepção normal. Portanto, a qualidade abstrata da feitiçaria exclui automaticamente qualquer conotação positiva ou negativa dos termos usados para descrever seus praticantes.

Ampliar os limites da percepção normal é um conceito que se origina da crença dos feiticeiros de que as nossas opções na vida são limitadas, devido ao fato de serem definidas pela ordem social. Os feiticeiros acreditam que a ordem social estabelece nossas listas de opções, mas nós fazemos o restante: aceitando apenas essas opções, impomos um limite a nossas possibilidades quase ilimitadas.

Essa limitação, dizem eles, felizmente só se aplica ao nosso lado social e não ao nosso outro lado, praticamente inacessível, que não figura no reino da percepção comum. O principal empenho deles, portanto, é descobrir esse lado. Conseguem isso destruindo o escudo frágil, porém elástico, das pressuposições humanas acerca do que somos e do que somos capazes de ser.

Os feiticeiros reconhecem que, no nosso mundo cotidiano, existem pessoas que sondam o desconhecido em busca de concepções alternativas da realidade. Alegam que as consequências ideais dessas sondagens devem ser a capacidade de extrair de nossas descobertas a energia necessária para nos modificarmos e nos livrarmos de nossa definição da realidade. No entanto argumentam que, infelizmente, essas buscas são essencialmente tentativas mentais. Novos pensamentos, novas ideias, quase nunca chegam a nos modificar.

Uma das coisas que aprendi com os feiticeiros foi que, sem se retirarem do mundo e sem se ferirem no processo, eles conseguem realizar a tarefa magnífica de romper o acordo que tem definido a realidade.

1

OBEDECENDO a um impulso, após ter comparecido ao batizado do filho de uma amiga na cidade de Nogales, no Arizona, resolvi atravessar a fronteira para o México. Quando ia saindo da casa de minha amiga, uma das convidadas, chamada Delia Flores, me pediu carona até Hermosillo.

Era uma mulher morena, talvez com uns quarenta e tantos anos, de estatura mediana e forte. Era grande e vigorosa, os cabelos negros e lisos presos numa trança grossa. Os olhos escuros e brilhantes davam vida a um rosto redondo, astuto e, no entanto, meio infantil.

Certa de que era mexicana nascida no Arizona, perguntei-lhe se precisava de uma licença de turista para entrar no México.

— Por que haveria de precisar de uma licença para entrar em minha terra? — replicou ela, arregalando os olhos numa surpresa exagerada.

— O seu jeito e sotaque me levaram a pensar que fosse do Arizona — disse eu.

— Meus pais eram índios de Oaxaca — explicou ela. — Mas eu sou uma *ladina*.

— O que é uma *ladina*?

— *Ladinos* são índios espertos que se criam na cidade — explicou. Em sua voz havia uma empolgação estranha, que eu não estava entendendo, e ela acrescentou: — Eles aprendem as maneiras do homem branco, e tão bem que podem fingir qualquer coisa.

— Isso não é motivo de orgulho — retruquei, com um ar crítico. — E certamente não é muito lisonjeiro da sua parte, Sra. Flores.

A expressão séria no rosto dela cedeu lugar a um largo sorriso.

— Talvez não para um índio de verdade ou um branco de verdade — disse ela, petulante. — Mas estou bem satisfeita comigo mesma. — Ela se inclinou na minha direção e acrescentou: — Chame-me de Delia. Tenho a impressão de que vamos ser muito amigas.

Sem saber o que dizer, eu me concentrei na estrada. Viajamos em silêncio até a barreira. O guarda me pediu a minha licença de turista, mas não a de Delia. Ele pareceu nem reparar nela; não trocaram palavras nem olhares. Quando tentei falar com Delia, ela me fez parar, com um gesto autoritário. O guarda, então, me olhou interrogativamente. Como eu não disse nada, ele deu de ombros e me mandou seguir.

— Por que o guarda não pediu os seus documentos? — perguntei, quando já estávamos a certa distância.

— Ah, ele me conhece — mentiu. E, sabendo que eu sabia que ela estava mentindo, deu uma gargalhada, sem qualquer pudor. — Acho que o assustei e ele não ousou falar comigo — mentiu de novo, e tornou a rir.

Resolvi mudar de assunto, nem que fosse para impedir que ela continuasse a mentir tanto. Comecei a falar de assuntos de interesse geral no noticiário, mas a maior parte do tempo ficamos caladas. Não era um silêncio incômodo nem forçado; era como o deserto em volta de nós, vasto e árido e estranhamente tranquilizador.

— Onde quer ficar? — perguntei, quando chegamos a Hermosillo.

— No centro — disse ela. — Fico sempre no mesmo hotel quando estou na cidade. Conheço bem os proprietários e tenho certeza de que posso conseguir que lhe cobrem o mesmo que a mim.

Agradecida, aceitei o oferecimento.

O hotel era velho e decadente. O quarto que me deram dava para um pátio empoeirado. Uma cama de casal de colunas e uma cômoda maciça e antiquada reduziam o quarto a dimensões claustrofóbicas. Tinham acrescentado um banheiro pequeno, mas debaixo da cama ainda havia um urinol, combinando com a bacia e a jarra de porcelana na cômoda.

A primeira noite foi terrível. Dormi mal e, em meus sonhos, percebia sussurros e sombras se movendo pelas paredes. Formas de coisas e de animais monstruosos surgiam por trás dos móveis, e pessoas se materializavam dos cantos, pálidas e fantasmagóricas.

No dia seguinte percorri de carro a cidade e seus arredores e, nessa noite, embora estivesse exausta, fiquei acordada. Quando afinal adormeci, tive um pesadelo horrendo: vi uma criatura escura, em forma de ameba, me vigiando do pé da cama. Tentáculos iridescentes pendiam de suas fissuras cavernosas. Quando a criatura se debruçou sobre mim, senti sua respiração fazendo ruídos breves e ásperos que terminavam num chiado.

Meus gritos foram abafados por seus cordões iridescentes que me apertavam a garganta. Aí tudo ficou escuro, quando a criatura — que, não sei como, eu sabia ser feminina — me esmagou, deitando-se sobre mim.

Aquele momento atemporal entre o sono e o despertar foi finalmente rompido por batidas insistentes à minha porta e vozes preocupadas dos hóspedes do hotel no corredor. Acendi a luz e murmurei algumas desculpas e explicações através da porta.

Com aquele pesadelo ainda grudado à minha pele, como suor, fui ao banheiro. Reprimi um grito quando me olhei ao espelho. As linhas vermelhas no meu pescoço e os pontos vermelhos que desciam pelo meu peito a espaços regulares pareciam uma tatuagem inacabada. Num frenesi, fiz minhas malas. Eram 3h da manhã quando me dirigi ao saguão deserto para pagar a minha conta.

— Aonde é que vai a essa hora? — perguntou Delia Flores, saindo pela porta atrás da recepção. — Já soube do seu pesadelo. O hotel inteiro ficou assustado.

Fiquei tão contente por vê-la que a abracei e comecei a soluçar.

— Vamos, pronto — murmurou ela, me acalmando, afagando meus cabelos. — Se quiser, pode dormir em meu quarto. Eu fico vigiando.

— Nada no mundo me faria ficar neste hotel — disse eu. — Vou voltar para Los Angeles neste instante.

— Você costuma ter pesadelos? — perguntou ela, com naturalidade, levando-me para o velho sofá no canto.

— Durante toda a minha vida, de vez em quando, sempre tive pesadelos — respondi. — Já me acostumei com eles, mais ou menos. Mas hoje foi diferente; foi o pesadelo mais real, mais terrível que tive.

Ela me olhou demoradamente, me examinando, e depois disse devagar, arrastando as palavras:

— Gostaria de se livrar de seus pesadelos? — Ao falar, ela olhou por cima do ombro, em direção à porta, como se tivesse receio de haver alguém escutando ali. — Conheço alguém que poderia ajudá-la de verdade.

— Eu gostaria muito — murmurei, desatando a echarpe em volta do meu pescoço para mostrar as marcas vermelhas. Contei-lhe os detalhes explícitos do meu pesadelo. — Você já viu alguma coisa assim? — perguntei.

— Parece bem grave — declarou ela, examinando com atenção as linhas em minha garganta. — Você realmente não deveria ir embora sem ver a curandeira a que me referi. Ela mora a uns 160 quilômetros daqui, para o sul. Mais ou menos duas horas de carro.

A possibilidade de consultar uma curandeira me agradou muito. Eu fora levada a elas desde que nasci, na Venezuela. Sempre que ficava doente, meus pais chamavam um médico e, assim que ele saía, nossa governanta venezuelana me agasalhava bem e me levava a um curandeiro. Quando cresci e não quis mais ser tratada por um curandeiro — nenhum de meus amigos o era —, ela me convenceu de que não havia mal algum em me proteger duplamente. O hábito estava tão enraizado em mim que, quando me mudei para Los Angeles, fazia questão de consultar não só um médico como também um curandeiro, sempre que ficava doente.

— Você acha que ela vai poder me receber hoje? — perguntei. Ao ver a expressão dela, de quem não estava entendendo, lembrei-lhe que era domingo.

— Ela receberá você em qualquer dia — garantiu Delia. — Por que não me espera aqui; eu a levo lá. Num instante pego os meus pertences.

— Por que você iria se incomodar em me ajudar? — perguntei, de repente me sentindo desconcertada diante da proposta dela. — Afinal, sou uma estranha para você.

—Exatamente! — exclamou ela, levantando-se do sofá e olhando para mim com indulgência, como se sentisse as dúvidas que me atormentavam. — Que melhor motivo poderia haver? — perguntou, retoricamente. — Ajudar um estranho é um ato de loucura ou, então, um ato de grande controle. O meu é um ato de grande controle.

Não sabendo o que dizer, só consegui olhar dentro dos olhos dela, que pareciam aceitar o mundo com assombro e curiosidade. Havia em Delia algo estranhamente tranquilizador. Eu não só confiava nela, mas parecia-me que a conhecera a vida toda. Senti uma ligação entre nós, uma proximidade.

E, no entanto, ao vê-la desaparecer pela porta para pegar seus pertences, pensei em agarrar minhas malas e fugir para o carro. Eu não queria acabar numa encrenca por ter sido ousada, como já me acontecera tantas vezes. Entretanto, uma curiosidade inexplicável me conteve, a despeito daquela conhecida sensação de alarme.

Esperei quase vinte minutos quando uma mulher de terninho vermelho e sapatos tipo plataforma saiu pela porta atrás do balcão da recepção. Ela parou debaixo da luz. Com um gesto estudado, lançou a cabeça para trás, e os cachos da peruca loura reluziram à luz.

— Você não me reconheceu, não é? — disse ela, rindo alegremente.

— É você mesma, Delia? — exclamei, fitando-a boquiaberta.

— O que você acha? — Ainda sorrindo, saiu comigo para a calçada, em direção ao meu carro, estacionado diante do hotel. Jogou sua cesta e sua mochila no assento traseiro de meu pequeno conversível, sentou-se ao meu lado e disse: — A curandeira à qual a estou levando diz que somente os jovens e os muito velhos podem se dar ao luxo de serem escandalosos.

Antes que eu tivesse tempo de lhe lembrar que ela não era nenhuma das duas coisas, confidenciou-me que era muito mais velha do que parecia. Seu rosto estava radiante quando se virou para mim e disse:

— Uso essa roupa porque gosto de deslumbrar meus amigos!

Se ela se referia a mim ou à curandeira, não falou. Eu, certamente, estava deslumbrada. Não só as roupas eram diferentes; toda a maneira dela havia mudado. Não via mais um só traço da mulher distante e circunspecta que viajara comigo de Nogales e Hermosillo.

— Essa viagem vai ser encantadora — declarou ela —, especialmente se arriarmos a capota.

Logo lhe fiz a vontade. Eram quase 4h da manhã quando deixamos Hermosillo. O céu, suave, negro e pontilhado de estrelas, parecia mais alto do que qualquer outro céu que eu jamais tivesse visto. Eu estava dirigindo depressa, mas parecia que nem nos movíamos. As silhuetas nodosas dos cactos e algarobeiras surgiam e desapareciam indefinidamente sob os faróis; davam a impressão de serem todos do mesmo feitio, do mesmo tamanho.

— Trouxe uns pãezinhos doces e uma garrafa térmica cheia de *champurrado* — acrescentou Delia, pegando a cesta no assento de trás. — O dia vai amanhecer antes de chegarmos à casa da curandeira. — Ela me serviu meia xícara de chocolate quente e grosso feito com maisena e foi me dando, de bocado em bocado, uma espécie de pãozinho doce. — Estamos passando por uma terra mágica — comentou ela, enquanto bebericava o chocolate delicioso. — Uma terra mágica povoada por povos guerreiros.

— Que povos guerreiros são esses? — perguntei, procurando não parecer condescendente.

— O povo yaqui de Sonora — respondeu e calou-se, talvez para avaliar a minha reação. — Admiro os índios yaquis porque têm vivido em guerra constante — continuou. — Primeiro os espanhóis e depois os mexicanos... ainda em 1934... sentiram a selvageria, a astúcia e a inclemência dos guerreiros yaquis.

— Não admiro a guerra nem os povos guerreiros — disse eu. Depois, como que para me desculpar pelo meu tom agressivo, expliquei que vinha de uma família alemã que tinha sido arrasada pela guerra.

— O seu caso é diferente — contestou ela. — Você não tem os ideais da liberdade.

— Espere aí! — protestei. — É exatamente porque defendo os ideais da liberdade que acho a guerra tão abominável.

— Estamos falando de dois tipos diferentes de guerra — insistiu ela.

— Guerra é guerra — retruquei.

— O seu tipo de guerra — continuou ela, sem fazer caso da minha interrupção — é entre dois irmãos, ambos governantes, que lutam pela supremacia. — Ela se debruçou para mim e acrescentou, num sussurro urgente: — O tipo de guerra de que falo é entre o escravo e o senhor que pensa que possui as pessoas. Entende a diferença?

— Não entendo, não — insisti, obstinada, repetindo que guerra é guerra, seja qual for o motivo.

— Não posso concordar com você — declarou ela e, suspirando muito, recostou-se no banco. — Talvez a causa de nossa divergência filosófica seja porque viemos de realidades sociais diferentes.

Espantada com aquela escolha de palavras, automaticamente diminuí a velocidade do carro. Não queria ser indelicada, mas ouvi-la despejando conceitos acadêmicos foi uma coisa tão incongruente que não pude deixar de rir.

Delia não se ofendeu; ficou me olhando, sorrindo, muito satisfeita consigo mesma.

— Quando você conhecer o meu ponto de vista, pode ser que mude de ideia. — Ela disse isso com tanta seriedade e, no entanto, com tanta gentileza, que me senti envergonhada de ter rido dela. — Você pode até desculpar-se por ter rido de mim — acrescentou ela, como se tivesse lido meus pensamentos.

— E me desculpo mesmo, Delia — admiti, com sinceridade. — Sinto muito ter sido tão indelicada. Fiquei tão surpreendida com as suas palavras que não sabia o que fazer. — Olhei para ela rapidamente e acrescentei, arrependida: — E então eu ri.

— Não me refiro a desculpas sociais pelo seu comportamento — disse ela, sacudindo a cabeça, decepcionada. — Quero dizer, desculpas por não compreender a condição difícil do homem.

— Não sei de que está falando — acrescentei, sem jeito. Podia sentir os olhos dela me penetrando.

— Como mulher, você devia compreender essa condição muito bem — disse ela. — Você foi escrava a vida toda.

— De que está falando, Delia? — perguntei irritada com a impertinência dela, mas depois logo me acalmei, convencida de que a pobre índia na certa tinha um marido insuportável e dominador. — Acredite, Delia, sou inteiramente livre, faço o que bem entendo.

— Pode fazer o que bem entender, mas não é livre — insistiu ela. — Você é mulher, e isso automaticamente significa que está à mercê dos homens.

— Não estou à mercê de ninguém — gritei.

Não sei dizer se foi a minha afirmação ou o meu tom de voz que fez Delia dar uma gargalhada. Ela riu de mim tanto quanto eu rira dela.

— Você parece estar saboreando a sua vingança — exclamei, irritada. — Agora é sua vez de rir, não é?

— Não é a mesma coisa — contrapôs ela, ficando séria de repente. — Você riu de mim porque se sentiu superior. Um escravo que fala como um senhor sempre encanta o senhor, por um momento.

Tentei interromper e dizer que nem me passara pela cabeça pensar nela como escrava ou em mim como senhora, mas ela não deu atenção aos meus esforços. No mesmo tom solene, declarou que o motivo pelo qual rira de mim fora porque eu havia ficado burra e cega diante da minha própria condição feminina.

— O que é que há com você, Delia? — perguntei, intrigada. — Você está me insultando propositadamente.

— Por certo — concordou ela de imediato, dando uma risada, inteiramente indiferente à minha raiva crescente. Ela bateu no meu joelho com uma pancada ruidosa. — O que me interessa — continuou — é que você nem sequer sabe que, pelo simples fato de ser mulher, é escrava.

Apelando para toda a paciência de que era capaz, argumentei que ela estava enganada.

— Hoje em dia ninguém é escravo.

— As mulheres são escravas — insistiu Delia. — Os homens escravizam as mulheres. Os homens confundem as mulheres. O desejo deles de marcar as mulheres como sua propriedade nos confunde — declarou ela. — Essa confusão envolve nossos pescoços como uma coleira.

Minha expressão estupefata a fez sorrir. Ela se recostou bem no banco, dobrando as mãos sobre o peito.

— O sexo confunde as mulheres — acrescentou ela, baixinho, mas com ênfase. — As mulheres ficam tão completamente confusas que nem podem pensar na possibilidade de que sua condição inferior na vida seja o resultado final e imediato do que lhes é feito sexualmente.

— Isso é a coisa mais ridícula que já ouvi — declarei. Depois, com um ar meio pomposo, passei a uma longa discussão sobre os motivos sociais, econômicos e políticos da posição inferior das mulheres. Falei longamente sobre as modificações ocorridas nas últimas décadas. Que as mulheres têm se mostrado muito bem-sucedidas em sua luta contra a supremacia masculina. Irritada com a expressão zombeteira de Delia, não pude deixar de dizer que ela, sem dúvida, devia estar influenciada por suas próprias experiências, pela sua perspectiva no tempo.

O corpo de Delia se sacudia na tentativa de segurar o riso. Ela fez um esforço para se conter e disse:

— Nada mudou, de verdade. As mulheres são escravas. Somos criadas para ser escravas. As escravas instruídas estão, agora, ocupadas denunciando os abusos sociais e políticos cometidos contra as mulheres. Mas nenhuma delas consegue chegar à raiz de sua escravidão... o ato sexual... a não ser que se trate de estupro ou esteja ligado a alguma outra forma de abuso físico. — Ela sorriu ligeiramente ao dizer que os religiosos, filósofos e cientistas vêm afirmando há séculos, e, é claro, ainda afirmam, que homens e mulheres devem seguir uma norma biológica, ditada por Deus, que tem relação direta com sua capacidade sexual reprodutiva.

— Fomos condicionadas a acreditar que o sexo é bom para nós — frisou ela. — Essa crença e aceitação inerentes nos têm impedido de fazer a pergunta certa.

— E que pergunta é essa? — indaguei, fazendo força para não rir das suas convicções completamente errôneas.

Delia parecia não ter me ouvido; ficou calada por tanto tempo que pensei que tivesse cochilado, e tive um sobressalto quando ela disse:

— A pergunta que ninguém ousa fazer é: o que acontece às mulheres quando mantêm relações sexuais?

— Realmente, Delia — impliquei, fingindo estar consternada.

— A confusão das mulheres é tão total que focalizamos todos os outros aspectos de nossa inferioridade, a não ser o que é a causa de tudo — afirmou ela.

— Mas, Delia, não podemos passar sem sexo — argumentei rindo. — O que seria da raça humana se nós não...

Ela interrompeu minha pergunta e meu riso com um gesto imperioso.

— Hoje em dia mulheres como você, com mania de igualdade, imitam os homens — disse ela. — As mulheres imitam os homens de um modo tão absurdo que o sexo pelo qual se interessam não tem nada a ver com a reprodução. Equipararam a liberdade ao sexo, sem pensar sequer no que o sexo faz ao seu bem-estar emocional e físico. Fomos tão profundamente doutrinadas que acreditamos firmemente que o sexo é bom para nós.

Ela me cutucou com o cotovelo e, depois, como se estivesse entoando algum cântico, acrescentou num ritmo monótono:

— Sexo é bom para nós. É necessário. Alivia as depressões, a repressão e a frustração. Cura dores de cabeça, pressão alta, pressão baixa. Faz desaparecer as espinhas. Faz seus peitos crescerem e seu traseiro aumentar. Regula o ciclo menstrual. Em resumo, é fantástico! É bom para as mulheres. Todos falam isso. Todos recomendam. — Ela fez uma pausa e depois declarou, com um ar de conclusão dramática: — Uma trepada por dia mantém os médicos a distância.

Achei as declarações dela incrivelmente engraçadas, mas depois, de repente, fiquei séria, ao me lembrar de que a minha família e meus amigos, inclusive o nosso médico, haviam sugerido — não tão cruamente, claro — o sexo como cura para todos os males de adolescente que apresentei, embora tenha sido criada num ambiente rigorosamente repressivo. Ele dissera que, depois que eu me casasse, teria ciclos menstruais regulares. Engordaria. Dormiria melhor. Meu gênio ficaria ótimo.

— Não vejo nada de errado em desejar o sexo e o amor — disse, na defensiva. — Pelo que pude experimentar, gostei muito. Sou livre. E ninguém me confunde. Escolho quem eu quero e quando quero.

Havia um brilho de alegria nos olhos escuros de Delia, que disse:

— Escolher o seu parceiro não modifica de modo algum o fato de que você está sendo fodida. — E então, com um sorriso, para aliviar a dureza de seu tom, acrescentou: — Equiparar liberdade a sexo é a ironia suprema. A confusão que os homens fazem é tão completa, tão total, que nos privou da energia e da imaginação necessárias para focalizar a verdadeira causa da nossa escravização. — Ela frisou: — Desejar um homem sexualmente ou se apaixonar por ele romanticamente são as duas únicas opções dadas às escravas. E todas as coisas que nos contaram a respeito dessas duas opções não passam de desculpas que nos levam à cumplicidade e à ignorância.

Fiquei indignada com ela. Não pude deixar de achar que Delia era um tipo de megera reprimida que odiava os homens.

— Por que você detesta tanto os homens, Delia? — perguntei, num tom do maior cinismo.

— Eu não os detesto — garantiu ela. — O fato a que me oponho veementemente é nossa relutância em examinar como fomos doutrinadas de modo tão profundo nesse terreno. A pressão sobre nós é tão violenta e considerada hipocritamente virtuosa que nos tornamos cúmplices voluntárias. Quem ousa discordar é descartada e escarnecida como inimiga dos homens e como uma aberração.

Corando, olhei para ela disfarçadamente. Cheguei à conclusão de que falava com tanto desprezo assim de sexo e amor porque, afinal, era velha. Os desejos físicos haviam acabado para ela há muito tempo.

Dando uma gargalhada suave, Delia pôs as mãos atrás da cabeça.

— Meus desejos físicos não acabaram porque sou velha — declarou ela —, e sim porque tive a oportunidade de usar minha energia e minha imaginação para me tornar algo diferente da escrava que me criaram para ser.

Fiquei muito insultada, em vez de surpreendida, por ela ter lido os meus pensamentos. Comecei a me defender, mas minhas palavras só provocaram mais risos. Assim que ela parou, virou-se para mim, o rosto sério e severo como o de uma mestra que vai ralhar com um aluno.

— Se você não é escrava, como é que a criaram para ser uma *Hausfrau* [dona de casa]? — perguntou ela. — E como é que você só pensa em se *heiraten* [casar] e sobre o seu futuro *Herr Gemahl* [marido] que vai *Dich mitnehmen* [levar você com ele]?

Eu ri tanto ao ouvi-la usar o alemão que tive de parar o carro, para não sofrermos um acidente. Mais interessada em descobrir onde havia aprendido tão bem o idioma, esqueci de me defender de seus comentários pouco lisonjeiros, de que só o que eu queria na vida era arranjar um marido que me levasse embora. Mas, por mais que eu pedisse, ela não fez o menor caso do meu interesse pelo alemão que ela falava.

— Você e eu teremos muito tempo para falar do meu alemão mais tarde — garantiu-me. Ela me olhou com uma expressão zombeteira e disse: — E de você ser uma escrava. — Antes que eu tivesse oportunidade de responder, ela sugeriu que falássemos de alguma coisa impessoal.

— Por exemplo? — perguntei, ligando o carro de novo.

Colocando o assento em posição quase deitada, Delia fechou os olhos.

— Deixe que lhe conte alguma coisa sobre os quatro líderes mais famosos dos yaquis — disse ela, baixinho. — Eu me interesso pelos líderes, seus sucessos e fracassos.

Antes que eu pudesse resmungar que não estava assim tão interessada em histórias de guerras, Delia disse que Calixto Muni foi o primeiro líder yaqui que lhe chamou a atenção. Ela não era boa contadora de histórias; seu relato era direto, quase acadêmico. No entanto, eu estava prestando atenção a todas as suas palavras.

Calixto Muni fora um índio que, durante anos, navegou sob uma bandeira de piratas no mar do Caribe. Ao voltar para Sonora, sua terra natal, comandou um levante militar contra os espanhóis na década de 1730. Foi traído, capturado e executado pelos espanhóis.

Em seguida, Delia me deu uma longa e sofisticada explicação sobre fatos que aconteceram na década de 1820, após a independência mexicana, quando o governo tentou dividir as terras dos yaquis, e um movimento de resistência se transformou num grande levante. Foi Juan Bandera, disse ela, guiado pelo próprio espírito, que organizou unidades militares entre os yaquis. Os guerreiros de Bandera, muitas vezes armados só com arcos e flechas, lutaram contra as tropas mexicanas durante quase dez anos. Em 1832, Juan Bandera foi derrotado e executado.

Delia contou que o líder de renome que o sucedeu foi José Maria Leyva, mais conhecido como Cajeme — aquele que não bebe. Era um yaqui de Hermosillo. Era instruído e adquirira conhecimentos militares lutando no exército mexicano. Graças a esses conhecimentos, unificou todas as cidades yaquis. Desde a primeira rebelião, na década de 1870, Cajeme manteve seu exército num estado ativo de revolta. Foi derrotado pelo exército mexicano em 1887 em Buatachive, uma fortaleza nas montanhas. Embora Cajeme tivesse conseguido fugir e se esconder em Guaymas, acabou sendo traído e executado.

O último dos grandes heróis dos yaquis foi Juan Maldonado, também conhecido como Tetabiate — pedra rolante. Ele reorganizou o que sobrou das forças yaquis nos montes Bacatete, de onde conduziu uma guerrilha feroz e desesperada contra as tropas mexicanas durante mais de dez anos.

— Na virada do século — disse Delia, concluindo suas histórias —, o ditador Porfirio Diaz havia inaugurado uma campanha de extermínio dos yaquis. Os índios eram mortos a tiros quando estavam trabalhando nas lavouras. Milhares foram capturados e enviados para Yucatan, para trabalhar nas fazendas de sisal, e para Oaxaca, para trabalhar nos canaviais.

Fiquei impressionada com os conhecimentos dela, mas ainda não conseguira descobrir por que me contava tudo aquilo.

— Você parece uma estudiosa, uma historiadora da vida dos yaquis — exclamei, com admiração. — Quem é você, de verdade?

Por um instante, ela pareceu ficar meio desconcertada com a minha pergunta, que era puramente retórica, mas logo se refez e disse:

— Já lhe disse quem sou. Acontece que sei muita coisa sobre os yaquis. Vivo à volta deles, como você sabe. — Ela ficou calada por um instante, depois meneou a cabeça, como se tivesse chegado a alguma conclusão e acrescentou: — O motivo que me levou a falar sobre os líderes yaquis é que cabe a nós, mulheres, conhecermos a força e a fraqueza do líder.

— Por quê? — perguntei, intrigada. — Quem é que liga para os líderes? São todos uns palermas, no que me diz respeito.

Delia coçou a cabeça por baixo da peruca, depois espirrou repetidamente e disse, com um sorriso hesitante:

— Infelizmente, as mulheres têm de se arregimentar ao redor deles, visto que elas mesmas não querem liderar.

— E quem elas vão liderar? — perguntei, sarcasticamente.

Ela me olhou espantada, depois esfregou o braço num gesto juvenil, tal como era seu rosto.

— É bem difícil explicar — murmurou. Em sua voz havia uma suavidade especial, parte ternura, parte indecisão, parte falta de interesse. — É melhor não, senão posso confundi-la completamente. Por enquanto o que posso dizer é que não sou nem estudiosa nem historiadora. Sou contadora de histórias e ainda não lhe contei a parte mais importante da minha.

— E o que pode ser isso? — perguntei, intrigada com o desejo dela de mudar de assunto.

— Até agora, só o que lhe dei foram informações factuais — esclareceu ela. — O que não mencionei foi o mundo de magia no qual operavam esses líderes yaquis. Para eles, as ações dos ventos e das sombras, dos animais e das plantas eram tão importantes quanto os atos dos homens. É essa a parte que mais me interessa.

— As ações do vento e das sombras, dos animais e das plantas? — repeti, num tom de zombaria.

Sem se perturbar, Delia fez que sim. Ela se sentou direito no banco, tirou a peruca cacheada e loura, e deixou o vento soprar em seus cabelos pretos e lisos.

— Aqueles são os montes Bacatete — disse ela, apontando para as montanhas à nossa esquerda, que mal se delineavam contra a semiescuridão do céu ao amanhecer.

— É para lá que estamos indo? — perguntei.

— Não desta vez — respondeu, deslizando pelo assento outra vez. Um sorriso enigmático bailava em seus lábios quando se virou para mim. — Talvez um dia você tenha a oportunidade de visitar essas montanhas — disse ela, fechando os olhos. — Os Bacatete são habitados por criaturas de outro mundo, de outro tempo.

— Criaturas de outro mundo, de outro tempo? — repeti, fingindo-me séria. — Quem ou o que são?

— Criaturas — disse ela, vagamente. — Criaturas que não pertencem ao nosso tempo, ao nosso mundo.

— Ora vamos, Delia. Está querendo me assustar? — Não pude deixar de rir, ao me virar para olhá-la. Mesmo no escuro, o rosto dela brilhava. Parecia extraordinariamente jovem, a pele esticada sem rugas sobre as curvas das faces, do queixo, do nariz.

— Não. Não estou querendo assustá-la — retrucou, num tom natural, colocando uma mecha de cabelo atrás da orelha. — Estou apenas lhe dizendo que é a voz corrente aqui.

— Interessante. E que criaturas são essas? — indaguei, mordendo o lábio para reprimir a risada. — Você já as viu?

— Claro que vi — disse ela, com condescendência. — Não estaria falando delas se não as tivesse visto. — Ela sorriu suavemente, sem qualquer mostra de ressentimento. — São seres que povoaram a terra em outros tempos e agora se retiraram para locais isolados.

A princípio, não pude deixar de rir alto diante da ingenuidade dela. Depois, ao ver como ela estava séria e convencida de que essas criaturas existiam de fato, achei que, em vez de caçoar, deveria aceitar a sua credulidade. Afinal, estava me levando a uma curandeira e eu não queria me indispor com ela por causa de minhas indagações racionais.

— Essas criaturas são os espectros dos guerreiros yaquis que perderam a vida em combate? — perguntei.

Ela sacudiu a cabeça, negando, e, a seguir, como se tivesse medo de que alguém pudesse ouvir, debruçou-se sobre mim e cochichou em meu ouvido:

— É fato sabido que aquelas montanhas são habitadas por criaturas encantadas: pássaros que falam, arbustos que cantam, pedras que dançam. Criaturas que podem assumir qualquer forma, à vontade.

Ela se recostou e me olhou, com uma expressão indagadora.

— Os yaquis chamam a esses seres de "surem". Acreditam que os surem são antigos yaquis que se recusaram a ser batizados pelos primeiros jesuítas que vieram para cristianizar os índios. — Ela afagou o meu braço, com carinho. — Cuidado, dizem que os surem gostam de louras. — Ela deu uma risada, alegre. — Talvez fosse isso o seu pesadelo. Um surem tentando raptá-la.

— Você não acredita realmente no que está dizendo, não é? — perguntei, com escárnio, sem conseguir controlar o meu aborrecimento.

— Não. Inventei agora que os surem gostam das louras — disse ela, me acalmando. — Eles não gostam nada das louras.

Embora eu não tivesse me virado para olhá-la, senti o sorriso dela e o brilho de humor em seus olhos. Aquilo me incomodou profundamente. Achei que ela devia ser ou muito ingênua, ou muito esquiva, ou, pior ainda, muito louca.

— Você não acredita que criaturas de outro mundo existam de verdade, acredita? — retruquei, de mau humor. Depois, com receio de a ter ofendido, olhei-a, pronta para me desculpar, meio ansiosa. Mas, antes que eu pudesse dizer alguma coisa, ela respondeu no mesmo tom de voz forte e mal-humorado que eu usara.

— Claro que acredito que existem. Por que não poderiam existir?

— Porque não! — retruquei, com aspereza e autoridade, e logo depois me desculpei. Contei sobre a minha educação pragmática e que o meu pai me levara a compreender que os monstros dos meus sonhos e os companheiros de brincadeiras que eu tinha quando criança... que naturalmente eram invisíveis para todos, menos para mim... não passavam do produto de uma imaginação superativa. — Desde muito pequena, fui criada para ser objetiva e qualificar tudo — frisei. — No meu mundo, só existem fatos.

— É esse o problema com as pessoas — comentou Delia. — Elas são tão racionais que só em ouvi-las a minha vitalidade diminui.

— No meu mundo — continuei, sem fazer caso dos comentários dela — não existem fatos, em lugar algum, sobre criaturas de outro mundo, mas apenas conjecturas e anseios e — destaquei — fantasias de mentes conturbadas.

— Você não pode ser assim tão obtusa! — exclamou ela, entre acessos de riso, como se a minha explicação tivesse ultrapassado toda a sua expectativa.

— Pode-se provar que essas criaturas existem? — desafiei-a.

— Qual seria a prova? — indagou, num ar de falsa timidez.

— Se outra pessoa conseguir vê-las, isso seria uma prova — disse eu.

— Quer dizer que, por exemplo, se você pudesse vê-las, seria prova de sua existência? — indagou ela, aproximando a cabeça da minha.

— Certamente podemos começar por aí.

Suspirando, Delia encostou a cabeça no banco e fechou os olhos. Ficou calada por tanto tempo que tive certeza de que havia adormecido e, portanto, me assustei quando, de repente, sentou-se direito e me pediu para parar no acostamento. Tinha de ir se aliviar, disse ela.

Aproveitando nossa parada, também fui até o mato. Quando já ia puxando meus jeans para cima, ouvi uma voz masculina dizer, bem alto: "Que delícia!", e suspirar, bem atrás de mim. Ainda sem ter fechado o zíper, corri para onde estava Delia.

— É bom sairmos daqui depressa! — exclamei. — Há um homem escondido no mato.

— Tolice — disse ela, sem fazer caso do que eu dizia. — A única coisa que está atrás das moitas é um burro.

— Os burros não suspiram como homens lascivos — comentei, e repeti o que ouvira o homem dizer.

Delia deu uma gargalhada e então, vendo como eu estava aflita, levantou a mão, num gesto conciliador.

— Você chegou a ver o homem?

— Não foi preciso — respondi. — Bastou ouvi-lo.

Ela ainda se demorou um pouco e depois se dirigiu para o carro. Pouco antes de subirmos o aterro para a estrada, ela parou de repente e, virando-se para mim, cochichou:

— Aconteceu uma coisa bem misteriosa. Quero que você saiba o que foi. — Ela me pegou pela mão e me levou de volta ao local em que eu me agachara. E bem ali, atrás das moitas, vi um burro.

— Ele não estava ali — insisti.

Delia me olhou com um prazer evidente e depois deu de ombros e virou-se para o animal.

— Burrinho — disse ela, com voz infantil —, você olhou para o bumbum dela?

Ela é ventríloqua, pensei. Vai fazer o animal falar. No entanto, só o que o burro fez foi zurrar alto e repetidamente.

— Vamos sair daqui — pedi, puxando-a pela manga. — Deve ser o dono dele que está escondido nas moitas.

— Mas esse queridinho não tem dono — disse ela, com a mesma voz infantil tola, coçando as orelhas compridas e macias do animal.

— Claro que tem dono — retruquei. — Não vê como está gordo e bem tratado? — Numa voz que já estava ficando rouca de nervosismo e impaciência, tornei a frisar como era perigoso duas mulheres estarem sozinhas numa estrada deserta em Sonora.

Delia me olhou calada, parecendo preocupada. Depois meneou a cabeça, como se concordasse, e fez sinal para que eu a acompanhasse. O burro foi andando logo atrás de mim, cutucando as minhas nádegas repetidamente com o focinho. Resmungando uma praga, eu me virei, mas o burro havia desaparecido.

— Delia! — exclamei, de repente assustada. — O que aconteceu com o burro?

Assustados com o meu grito, um bando de pássaros revoou ruidosamente. Eles voaram em volta de nós e depois para leste, para a frágil fresta no céu que marcava o fim da noite e o princípio do dia.

— Onde está o burro? — perguntei de novo, num sussurro que mal se ouvia.

— Bem ali, à sua frente — disse ela, baixinho, apontando para uma árvore nodosa e sem folhas.

— Não estou vendo.

— Está precisando de óculos.

— Meus olhos não têm nada de errado — disse eu, com aspereza. — Posso até ver as lindas flores na árvore. — Espantada com a beleza das flores, em forma de campainha, de um branco como a neve, eu me aproximei. — Que árvore é essa?

— Pau-santo.

Por um segundo de perplexidade, pensei que o burro, que estava saindo por trás daquele tronco acetinado, de um cinza-prateado, tinha falado. Virei-me e olhei para Delia.

— Pau-santo! — Ela ria.

Aí pensei que Delia estava se divertindo à minha custa. O burro provavelmente pertencia à curandeira que, sem dúvida, morava ali por perto.

— Qual é a graça? — perguntou Delia, vendo minha expressão divertida, de quem tinha entendido tudo.

— Estou com uma cãibra horrível — menti. Apertando o estômago com as mãos, eu me agachei. — Por favor, me espere no carro.

No minuto em que ela se virou, tirei meu lenço e o amarrei no pescoço do burro. Diverti-me, antecipando a surpresa de Delia quando percebesse, na casa da curandeira, que eu havia descoberto a brincadeira dela. No entanto, qualquer esperança de tornar a ver o burro, ou o meu lenço, logo se desfez. Levamos quase duas horas a mais para chegar à casa da curandeira.

2

Foi por volta das 8h da manhã que chegamos à casa da curandeira, nos arredores de Ciudad Obregón. Era uma casa velha e maciça, de paredes caiadas e um telhado cinzento pelo uso. Tinha janelas de ferro forjado e uma porta em arco.

A pesada porta da rua estava toda aberta. Com a confiança de alguém que conhece bem o terreno, Delia Flores me conduziu pelo saguão escuro, por um corredor comprido em direção aos fundos, para um quarto parcamente mobiliado, com uma cama estreita, uma mesa e várias cadeiras. O mais estranho no quarto é que havia uma porta em cada uma das quatro paredes, todas fechadas.

— Espere aqui — mandou Delia, apontando para a cama com o queixo. — Tire um cochilo enquanto procuro a curandeira. Posso me demorar — acrescentou, fechando a porta ao sair.

Esperei que cessasse o barulho de seus passos pelo corredor, antes de examinar o aposento de cura mais estranho que jamais vira. As paredes caiadas estavam nuas, os ladrilhos marrom-claros do chão reluziam como espelhos. Não havia altar, nem imagens, nem figuras de santos, a Virgem ou Jesus, que eu sempre pensara serem costumeiros em lugares de cura. Espiei por todas as quatro portas. Duas davam para corredores escuros; as outras duas davam para um pátio fechado por uma cerca alta.

Quando ia, pé ante pé, em direção a outro quarto escuro, ouvi um rosnar baixo e ameaçador atrás de mim. Virei-me devagar. A cerca de meio metro de mim estava um cão negro, com ar feroz. Ele não me atacou, mas ficou ali parado, rosnando, mostrando os dentes. Sem olhar diretamente para os olhos do animal, mas não o perdendo de vista, recuei para o quarto de cura.

O cachorro me acompanhou até a porta. Fechei a porta de mansinho, bem no focinho dele, e me encostei à parede, até que as batidas de meu coração voltassem ao normal. Deitei-me na cama e após alguns momentos — sem ter a menor intenção — caí num sono profundo.

Fui despertada por um leve toque em meu ombro. Abri os olhos e olhei para o rosto rosado e enrugado de uma velha.

— Você está sonhando — disse ela —, e eu sou parte do seu sonho.

Automaticamente, concordei com a cabeça, mas não estava convencida de que sonhava. A mulher era extraordinariamente pequena. Era anã ou pigmeia; ou, antes, do tamanho de uma criança, com braços magros e ombros estreitos, frágeis.

— Você é a curandeira? — perguntei.

— Sou Esperanza — respondeu. — Sou a que traz os sonhos.

A voz dela era suave e extraordinariamente baixa. Tinha um tom exótico, como se o espanhol — que ela falava fluentemente — fosse um idioma ao qual os músculos de seu lábio superior não estivessem acostumados. Aos poucos o som de sua voz foi aumentando, até se tornar uma força desencarnada enchendo o quarto. O ruído me fez pensar em água corrente nas profundezas de uma caverna.

— Não é uma mulher — murmurei para comigo. — É o som das trevas.

— Agora vou remover a causa de seus pesadelos — disse ela, fitando-me com uma expressão autoritária, enquanto seus dedos se fechavam de leve em volta de meu pescoço. — Vou retirá-los, um por um — prometeu. Suas mãos passaram por meu peito como uma onda suave. Ela sorriu, triunfante, e, depois, fez sinal para que eu examinasse suas palmas das mãos abertas.

— Está vendo? Saíram tão facilmente.

Como ela me olhava, tendo uma expressão de realização e assombro, não consegui lhe dizer que nada via em suas mãos.

Certa de que a sessão de cura havia terminado, agradeci e me sentei. Ela sacudiu a cabeça, num gesto de reprovação, e me fez deitar de novo empurrando-me brandamente.

— Você está dormindo — lembrou-me. — Eu sou aquela que traz os sonhos, esqueceu?

Eu teria adorado insistir em dizer que estava bem acordada, mas só consegui sorrir como uma tola, enquanto o sono me puxava para um repouso reconfortante.

Risadas e sussurros me envolviam como sombras. Lutei para acordar. Fiz muito esforço para abrir os olhos, sentar-me e olhar para as pessoas agrupadas à volta da mesa. A singular penumbra no quarto não deixava ver claramente. Delia estava entre elas. Ia chamá-la quando um ruído insistente e áspero atrás de mim me fez virar a cabeça.

Um homem empoleirado precariamente num banco alto estava descascando amendoins, ruidosamente. À primeira vista, parecia um rapaz, mas, não sei como, eu sabia que era velho, franzino, com o rosto liso, sem barba. Seu sorriso era um misto de astúcia e inocência.

— Quer amendoim? — perguntou.

Antes que pudesse acenar que sim, minha boca se abriu. Tudo o que pude fazer foi olhá-lo fixamente, enquanto ele passava todo o seu peso para uma das mãos e, sem esforço, levantava o corpo pequeno e rijo, plantando uma bananeira. Dessa posição, me atirou um amendoim, que caiu bem dentro da minha boca aberta.

Engasguei com aquilo. Um tapa enérgico entre minhas escápulas logo me restituiu o fôlego. Agradecida, virei-me, pensando quem seria, no meio de toda aquela gente, que agora estava de pé junto a mim e que me alcançara tão depressa.

— Sou Mariano Aureliano — disse o homem que batera em minhas costas. Ele apertou a minha mão. O tom de voz brando e o formalismo simpático do gesto dele mitigavam a expressão feroz de seus olhos e a severidade das suas feições aquilinas. As sobrancelhas escuras e bem arqueadas lhe davam o ar de uma ave de rapina. Os cabelos brancos e o rosto acobreado e desgastado denotavam a sua idade, mas seu corpo musculoso exalava a vitalidade da juventude.

Havia seis mulheres no grupo, inclusive Delia. Todas me apertaram a mão com aquela mesma formalidade eloquente. Não me disseram seus nomes, apenas que tinham prazer em me conhecer. Fisicamente não eram parecidas, mas havia nelas uma semelhança impressionante, uma mistura contraditória de juventude e idade, uma combinação de força e delicadeza que me deixava muito perplexa, já que estava tão acostumada com a rudeza e a franqueza de minha família alemã, patriarcal, orientada pelos homens.

Como no caso de Mariano Aureliano e o acrobata no banco, eu não saberia dizer as idades das mulheres. Tanto podiam estar na casa dos 40 como na dos 60 anos.

Senti uma ansiedade passageira quando vi que as mulheres estavam me fitando. Tive a impressão exata de que podiam ver dentro de mim e que refletiam sobre o que viam. Os sorrisos divertidos e contemplativos em seus rostos não me tranquilizaram em nada. Desejando romper aquele silêncio perturbador de alguma forma, virei-me e olhei para o homem no banco. Perguntei-lhe se ele era acrobata.

— Sou o Sr. Flores — respondeu ele. Deu um salto rápido para trás no banco e caiu sentado de pernas cruzadas no chão. — Não sou acrobata — declarou. — Sou mágico. — Em seu rosto havia um sorriso de satisfação inconfundível quando enfiou a mão no bolso e puxou a minha echarpe de seda, a qual havia amarrado ao pescoço do burro.

— Sei quem você é, é marido dela! — exclamei, apontando um dedo acusador para Delia. — Vocês dois me pregaram uma boa peça.

O Sr. Flores não disse uma palavra. Ficou a olhar-me num silêncio educado.

— Não sou marido de ninguém — disse, por fim, e depois saiu do quarto por uma das portas que davam para o pátio, fazendo uma estrela, com a agilidade de um ginasta.

Obedecendo a um impulso, levantei-me da cama e fui atrás dele. Ofuscada momentaneamente pela claridade externa, fiquei parada alguns instantes, para me acostumar com a luz forte, depois atravessei o pátio e corri pela lateral de uma estrada de terra rumo a um campo recentemente arado, demarcado por altos eucaliptos. Estava quente. O sol parecia dardejar chamas. Os sulcos reluziam no calor como gigantescas cobras efervescentes.

— Sr. Flores — chamei. Não obtive resposta. Certa de que ele estava escondido atrás das árvores, atravessei o campo correndo.

— Cuidado com esses pés descalços! — avisou-me uma voz, vinda de cima.

Sobressaltada, olhei para o rosto do Sr. Flores, de cabeça para baixo. Estava pendurado pelas pernas em um galho.

— É perigoso e muito insensato correr por aí sem sapatos — advertiu-me, com ar severo, balançando de um lado para o outro como um trapezista. — Este lugar está cheio de cascavéis. É melhor vir sentar aqui comigo. É seguro e fresco.

Mesmo sabendo que os galhos estavam altos demais para serem alcançados, estendi os braços com uma confiança infantil. Antes que me desse conta do que ele pretendia fazer, o Sr. Flores havia agarrado os meus punhos e me levantado para a árvore, como se eu fosse uma boneca de trapos. Aturdida, fiquei ali sentada ao lado dele, olhando para as folhas farfalhantes, que reluziam ao sol como lascas de ouro.

— Está ouvindo o que o vento lhe diz? — perguntou o Sr. Flores, após prolongado silêncio. Ele virou a cabeça de um lado para outro, para que eu pudesse apreciar devidamente o modo espantoso como ele mexia as orelhas.

— Zamurito! — chamei em voz baixa, enquanto as recordações inundavam a minha cabeça. Zamurito, pequeno gavião, era o apelido de um amigo de infância da Venezuela. O Sr. Flores possuía as mesmas feições delicadas de passarinho, cabelos negros como azeviche e olhos cor de mostarda. E, o que era mais espantoso, ele, como Zamurito, sabia mexer as orelhas, uma de cada vez ou as duas juntas.

Contei ao Sr. Flores sobre o meu amigo, que conhecia desde o jardim de infância. Na segunda série, sentávamos à mesma carteira; durante o longo recreio do meio-dia, em vez de comer a merenda no terreno da escola, fugíamos para o alto de um morro ali perto, a fim de comer à sombra do que acreditávamos fosse a maior mangueira do mundo. Seus galhos mais baixos tocavam o chão, os mais altos varriam as nuvens. Na estação das frutas, nós nos fartávamos de comer mangas.

O alto do morro foi nosso lugar preferido, até o dia em que encontramos o corpo do zelador da escola pendurado num galho alto. Não ousamos nos mexer nem chorar; nenhum dos dois queria dar o braço a torcer diante do outro. Nesse dia, não subimos nos galhos, mas tentamos comer a nossa merenda no chão, quase debaixo do morto, pensando em qual dos dois ia desmoronar primeiro. Fui eu.

— Você já pensou em morrer? — Zamurito me perguntou, baixinho.

Olhei para cima, para o enforcado. No mesmo instante, o vento farfalhou pelos ramos com uma insistência incomum. Nesse farfalhar, ouvi claramente o morto me sussurrar que a morte era um alívio. Aquilo foi tão fantástico que me levantei e saí correndo e gritando, sem ligar para o que Zamurito pudesse pensar de mim.

— O vento fez aqueles ramos e as folhas lhe falarem — disse o Sr. Flores, quando acabei de contar minha história. A voz dele era suave e baixa. Seus olhos dourados brilhavam com uma luz febril, e ele passou a explicar que, no momento da morte, num lampejo instantâneo, as recordações, os sentimentos e as emoções do velho zelador foram liberadas e absorvidas pela mangueira.

— O vento fez os ramos e as folhas lhe falarem — repetiu o Sr. Flores. — Pois o vento é seu, por direito. — Sonhador, ele olhou através das folhas, seus olhos buscando além do campo que se estendia no sol. — Sendo mulher, você pode comandar o vento — continuou ele. — As mulheres não sabem disso, mas podem dialogar com o vento a qualquer momento.

Sacudi a cabeça, sem compreender.

— Nem mesmo sei do que está falando — disse-lhe, o tom revelando a minha crescente inquietação. — Isso parece um sonho. Se não fosse o fato de prosseguir sem parar, eu poderia jurar que era um dos meus pesadelos.

O silêncio prolongado daquele homem me aborrecia. Senti meu rosto ficar vermelho de irritação. O que estou fazendo aqui, sentada numa árvore com um velho maluco?, pensei. E, ao mesmo tempo, receava tê-lo ofendido. Resolvi me desculpar pela minha franqueza.

— Sei que as minhas palavras não fazem muito sentido para você — reconheceu ele. — Isso é porque você tem crosta demais. Impede que ouça o que o vento tem a dizer.

— Crosta demais? — perguntei, intrigada e desconfiada. — Quer dizer que estou suja?

— Isso também — respondeu ele, fazendo-me corar. Ele sorriu e repetiu que eu estava envolvida por uma crosta espessa demais e que essa crosta não podia ser lavada com água e sabão, por mais banhos que eu tomasse. — Você está cheia de opiniões — explicou ele. — Elas a impedem de entender o que estou lhe dizendo e que o vento é seu, que você pode comandá-lo.

Ele me contemplou com olhos críticos, apertados.

— E então? — perguntou. Antes que eu me desse conta do que estava acontecendo, ele segurava as minhas mãos e, com um gesto rápido e fluido, me virou e deixou-me cair de leve ao chão. Pensei ver suas pernas e seus braços se esticarem como elásticos. Foi uma imagem rápida, que logo interpretei como sendo uma ilusão de ótica causada pelo calor. Não pensei muito a respeito, pois nesse momento distraí-me ao ver Delia Flores e seus amigos estenderem uma grande toalha de lona abaixo da árvore vizinha.

— Quando é que vocês chegaram aqui? — perguntei a Delia, intrigada, ao verificar que não havia percebido a aproximação deles.

— Vamos fazer um piquenique em sua homenagem — respondeu.

— Porque você hoje se juntou a nós — acrescentou uma das mulheres.

— Como é que me juntei a vocês? — perguntei, não me sentindo à vontade. Não vira quem falou. Olhei de uma para outra, esperando que uma delas explicasse aquela declaração.

Não fazendo caso da minha inquietação, as mulheres se ocuparam com a toalha de lona, cuidando para que ficasse bem esticada. Quanto mais as olhava, mais preocupada eu ficava. Aquilo tudo era estranho para mim. Eu podia facilmente explicar por que havia aceitado o convite de Delia para ver a curandeira, mas não sabia explicar, de todo, os meus atos subsequentes. Era como se alguém tivesse se apossado de minhas faculdades racionais e me fizesse ficar ali, reagindo e dizendo coisas que eu não pretendia. E, agora, iam fazer uma comemoração em minha homenagem. Era desconcertante, pelo menos. Por mais que eu pensasse a respeito, não conseguia entender o que estava fazendo ali.

— Eu certamente não mereci nada disso — murmurei, minha educação alemã me dominando. — As pessoas nada fazem pelas outras apenas por gosto.

Só quando ouvi a risada exuberante de Mariano Aureliano é que percebi que todos me olhavam fixamente.

— Não há motivo para pensar tanto sobre o que lhe está acontecendo hoje — disse ele, batendo de leve em meu ombro. — Vamos fazer um piquenique porque gostamos de fazer as coisas assim, inesperadamente. E já que você, hoje, foi curada por Esperanza, meus amigos gostariam de dizer que o piquenique é em sua homenagem.

Ele falou com naturalidade, quase com indiferença, como se estivesse falando de algum assunto sem importância. Mas seus olhos diziam outra coisa; estavam duros e sérios, como se fosse vital que eu o ouvisse com atenção.

— É um prazer para os meus amigos dizerem que o piquenique é em sua homenagem — continuou. — Aceite-o, como eles o dizem, com simplicidade e sem premeditação. — Os olhos dele ficaram brandos ao olhar para as mulheres, depois virou-se para mim e acrescentou: — O piquenique não é em sua homenagem, de qualquer modo, posso lhe garantir. E, no entanto — prosseguiu, meditativo —, não deixa de ser em sua honra. É uma contradição que você levará algum tempo para compreender.

— Não pedi a ninguém para fazer coisa alguma por mim — declarei, emburrada. Eu estava tremendamente irritada, como sempre fico quando me sinto ameaçada. — Delia trouxe-me aqui e sou grata por isso. — Depois me senti obrigada a acrescentar: — E gostaria de pagar pelos serviços que me foram prestados.

Tive a certeza de que os havia insultado; sabia que, a qualquer momento, pediriam que eu me retirasse. Isso iria ferir o meu ego, mas não teria me incomodado muito. Eu estava assustada e farta deles.

Para meu espanto e aborrecimento, eles não me levaram a sério. Riram de mim. Quanto mais zangada eu ficava, mais eles riam. Seus olhos brilhantes e risonhos estavam fixos em mim, como se eu fosse algum organismo desconhecido.

A raiva me levou a esquecer o medo. Ataquei-os violentamente, acusando-os de me fazerem de boba. Disse que Delia e o marido — eu não sabia por que insistia em me referir a eles como um casal — tinham me pregado uma peça nojenta.

— Você me trouxe aqui — disse eu, virando-me para Delia — para que você e seus amigos me usassem como palhaça.

Quanto mais eu me enraivecia, mais eles riam. Eu já estava quase chorando de autocomiseração, raiva e frustração, quando Mariano Aureliano veio se postar ao meu lado. Ele começou a dirigir-se a mim como se eu fosse uma criança. Tive vontade de lhe dizer que sabia me cuidar, que não precisava da piedade dele e que ia embora para casa, quando alguma coisa no tom dele, em seus olhos, me acalmou tanto que tive certeza de que ele me hipnotizara. E no entanto eu sabia que não era isso.

O que foi tão intrigante e perturbador para mim foi a minha mudança total e repentina. O que normalmente teria levado dias ocorreu em um instante. Durante toda a minha vida tive a mania de pensar e repensar em todas as indignidades ou afrontas — reais ou imaginárias — que sofrera. Com sistemática meticulosidade, estudava-as até que cada detalhe fosse explicado satisfatoriamente para mim.

Quando olhei para Mariano Aureliano, tive vontade de rir do meu rompante anterior. Mal conseguia me lembrar do que havia me enfurecido a ponto de chorar.

Delia puxou-me pelo braço e me pediu para ajudar as outras mulheres a retirar os pratos de porcelana, cálices de cristal e talheres de prata lavrada das várias cestas que levaram. As mulheres não falavam nem comigo nem umas com as outras. Somente pequenos suspiros de prazer lhes escapavam dos lábios quando Mariano Aureliano abriu as travessas: havia tamales, enchiladas, um cozido com molho de chili e tortillas feitas a mão. Não tortillas de farinha de trigo — como era o costume no norte do México, e que eu não apreciava muito —, mas tortillas de milho.

Delia me deu um prato com um pouco de cada coisa. Comi com tanta gula que acabei antes de todos os outros.

— É a comida mais deliciosa que já provei — disse eu, esperando que me servissem mais, mas ninguém me ofereceu. Para disfarçar a minha decepção, comentei a beleza do debrum de renda antiga em volta da toalha de lona em que estávamos sentados.

— Fui eu que fiz isso — disse uma mulher sentada ao lado esquerdo de Mariano Aureliano. Tinha um aspecto de velha, com cabelos grisalhos desgrenhados que lhe escondiam o rosto. A despeito do calor, estava com uma saia comprida, uma blusa e um suéter. — É renda belga autêntica — explicou-me ela, a voz suave e sonhadora. Suas mãos compridas e esguias, brilhando com lindos anéis preciosos, pousaram com carinho sobre a borda larga.

Com muitos detalhes, ela me falou sobre o seu trabalho, mostrando os tipos de pontos e fios que usara para costurar o debrum. De vez em quando, eu vislumbrava um rosto através daquela cabeleira toda, mas não saberia dizer como ela era.

— É renda belga autêntica — repetiu ela. — É parte do meu enxoval. — Ela pegou um cálice de cristal, tomou um gole d'água e acrescentou: — Esses também são parte do meu enxoval; são bacará.

Eu não duvidei. Os lindos pratos — cada qual diferente — eram da mais fina porcelana. Eu estava pensando se uma espiada discreta debaixo do meu passaria despercebida, quando a mulher sentada à direita de Mariano Aureliano me encorajou.

— Não se acanhe, dê uma olhada — insistiu ela. — Você está entre amigos. — Sorrindo, ela levantou o prato dela. — Limoges — declarou, depois levantou o meu rapidamente e notou que era Rosenthal.

A mulher tinha feições infantis, delicadas. Era pequena, de olhos negros e redondos, pestanas espessas. Os cabelos eram negros, a não ser no alto da cabeça, onde eram brancos, e estavam penteados para trás, num coquezinho apertado. Destacavam-se nela força e agudeza que eram desalentadoras, quando ela me encheu de perguntas diretas e pessoais.

Não me importei com o seu tom inquisidor. Estava acostumada a ser bombardeada com perguntas por meu pai e por meus irmãos quanto tinha um compromisso ou empreendia qualquer atividade por minha conta. Eu me ressentia com isso, mas era a interação normal em minha casa. Assim, nunca cheguei a aprender a conversar. Conversa, para mim, era repelir ataques verbais e me defender a todo custo.

Fiquei surpreendida quando o interrogatório coercivo daquela mulher não me deu logo vontade de me defender.

— Você é casada? — perguntou a mulher.

— Não — disse eu, baixinho mas com firmeza, querendo que ela mudasse de assunto.

— Tem um homem? — insistiu ela.

— Não tenho, não — retruquei, começando a sentir surgir o meu lado defensivo.

— Há algum tipo de homem que você prefira? — continuou ela. — Há algum traço de personalidade que você goste mais num homem?

Por um instante perguntei-me se estaria caçoando de mim, mas ela parecia estar sinceramente interessada, e seus companheiros também. Aqueles rostos curiosos, com seu ar de expectativa, me deixaram à vontade. Esquecendo-me de minha natureza beligerante e do fato de que essas mulheres poderiam ser minhas avós, falei-lhes, como se fossem amigas da minha idade e estivéssemos discutindo sobre homens.

— Ele tem de ser alto e bonitão — comecei. — Tem de ter senso de humor. Tem de ser sensível sem ser insípido. Tem de ser inteligente sem ser um intelectual. — Abaixei a voz e continuei num tom confidencial: — O meu pai dizia que os homens intelectuais são completamente fracos e traidores, todos eles. Acho que concordo com o meu pai.

— É só isso que você quer num homem? — indagou a mulher.

— Não — apressei-me em dizer. — Acima de tudo, o meu homem ideal tem de ser atlético.

— Como o seu pai — interrompeu uma das mulheres.

— Claro — admiti, na defensiva. — Meu pai foi um grande atleta. Esquiador e nadador fabuloso.

— Você se dá bem com ele? — perguntou ela.

— Maravilhosamente bem — confirmei, com entusiasmo. — Eu o adoro. Só de pensar nele fico com os olhos cheios de lágrimas.

— Por que não está com ele?

— Sou parecida demais com ele — expliquei. — Há em mim alguma coisa que não sei entender bem nem controlar, e que me afasta.

— E a sua mãe?

— Minha mãe — repeti, suspirando, e parei um instante para procurar as palavras exatas que a descrevessem. — Ela é muito forte. É a parte séria em mim. A parte que é calada e não precisa de reforço.

— Você é muito ligada a seus pais?

— Em espírito, sou — murmurei, baixinho. — Na prática, sou solitária. Não tenho muitas ligações. — Então, como se alguma coisa dentro de mim se esforçasse para sair, revelei uma falha na minha personalidade que nem em meus momentos mais introspectivos eu reconhecia em mim mesma. — Eu uso as pessoas, em vez de acalentá-las ou estimá-las — confidenciei e, logo depois, emendei: — Mas sou bem capaz de sentir afeições.

Num misto de alívio e desapontamento, olhei de um para outro. Nenhum parecia estar dando muita importância à minha confissão. As mulheres perguntaram então se eu me considerava uma pessoa corajosa ou covarde.

— Sou uma covarde declarada — afirmei. — Mas, infelizmente, a minha covardia nunca me limita.

— Não a limita a quê? — perguntou a mulher que estava me interrogando. Seus olhos negros estavam sérios, e as sobrancelhas juntas, como uma linha traçada com um carvão, estavam concentradas numa expressão fechada.

— A fazer coisas perigosas — contei. Gostando de ver que pareciam estar prestando atenção a todas as minhas palavras, expliquei que outro de meus sérios defeitos era minha grande facilidade em me meter em encrencas.

— Pode nos contar alguma encrenca em que tenha se metido? — perguntou ela. Seu rosto, até então sério, abriu-se num sorriso brilhante, quase maldoso.

— Que tal a encrenca em que estou agora? — indaguei, meio brincando, no entanto com medo de que poderiam interpretar erroneamente o meu comentário. Para minha surpresa e alívio, todos riram e gritaram, como costumavam fazer as pessoas do interior quando alguma coisa lhes parece ousada ou engraçada.

— Como é que você foi parar nos Estados Unidos? — perguntou a mulher, quando se aquietaram.

Eu dei de ombros, sem saber bem o que dizer.

— Eu queria estudar — murmurei, por fim. — Primeiro fui para a Inglaterra, mas não fiz grande coisa, a não ser me divertir. Na verdade, nem sei o que quero estudar. Acho que estou procurando alguma coisa, se bem que não saiba exatamente o quê.

— Isso nos leva de volta à minha primeira pergunta — prosseguiu a mulher, o rosto fino e esperto, e os olhos escuros animados e penetrantes como os de um animal. — Está procurando um homem?

— Imagino que sim — confessei, e depois acrescentei, impaciente: — Qual a mulher que não está? E por que me pergunta tanto sobre isso? Tem alguém em mente? Isso é algum teste?

— Temos alguém em mente, sim — interrompeu Delia Flores. — Mas não é um homem. — Ela e os demais riram e gritaram de tal modo que não pude deixar de rir também.

— Isso é positivamente um teste — garantiu a mulher curiosa, assim que todos se acalmaram. Ela ficou calada um momento, os olhos atentos, pensando. — Pelo que você me contou, posso concluir que é inteiramente classe média — continuou. Ela abriu os braços, num gesto de aceitação forçada. — Mas, também, o que mais haveria de ser uma alemã nascida no Novo Mundo? — Ela viu a raiva na minha fisionomia e acrescentou, mal reprimindo um sorriso: — As pessoas de classe média têm sonhos de classe média.

Vendo que eu estava a ponto de explodir, Mariano Aureliano explicou que ela fazia todas aquelas perguntas apenas porque sentiam curiosidade a meu respeito. Raramente recebiam visitantes, quase nunca gente jovem.

— Isso não quer dizer que eu tenha de ser insultada — reclamei.

Como se eu nada tivesse dito, Mariano Aureliano continuou a apresentar desculpas pelas mulheres. O tom brando e o tapinha tranquilizador em minhas costas dissiparam a minha raiva, como acontecera antes. O sorriso dele era tão comovente e angelical que eu nem por um momento duvidei de sua sinceridade quando começou a me lisonjear. Ele disse que eu era uma das pessoas mais extraordinárias, mais notáveis que haviam conhecido. Fiquei tão comovida que o encorajei a perguntar o que quisesse a meu respeito.

— Você se sente importante? — indagou ele.

Concordei com a cabeça.

— Todos somos pessoas muito importantes para nós mesmas — declarei. — Sim, acho que sou importante, não num sentido geral, mas especificamente, só para mim. — Falei longamente sobre a autoimagem positiva,

SONHOS LÚCIDOS

o valor do ego e como era vital reforçar a nossa importância a fim de sermos indivíduos psiquicamente sadios.

— E o que pensa a respeito das mulheres? — perguntou ele. — Acha que são mais ou menos importantes do que os homens?

— É bem evidente que os homens são mais importantes — respondi. — As mulheres não têm escolha. Têm de ser menos importantes para que a vida em família se desenvolva suavemente, por assim dizer.

— Mas isso é correto? — insistiu Mariano Aureliano.

— Bem, claro que é correto — declarei. — Os homens são inerentemente superiores; é por isso que governam o mundo. Fui criada por um pai autoritário que, embora tivesse me criado tão livre quanto meus irmãos, me mostrou que há certas coisas que não são tão importantes para a mulher. É por isso que não sei o que estou fazendo na faculdade nem o que quero da vida. — Olhei para Mariano Aureliano e depois acrescentei num tom indefeso e derrotado: — Acho que estou procurando um homem que seja tão seguro de si quanto o meu pai.

— Ela é uma simplória! — exclamou uma das mulheres.

— Não é, não — garantiu Mariano Aureliano a todos. — Ela é apenas tão confusa e pretensiosa quanto o pai.

— O pai alemão — corrigiu o Sr. Flores, enfaticamente, frisando a palavra alemão. Ele havia descido da árvore como uma folha, suavemente, sem qualquer ruído. Serviu-se de uma quantidade exagerada de comida.

— Tem toda a razão — concordou Mariano Aureliano, e riu. — Sendo tão pretensiosa quanto o pai alemão, ela está apenas repetindo o que ouviu a vida toda.

Minha raiva, que aparecia e desaparecia como alguma febre misteriosa, devia-se não só ao que estavam falando sobre mim, como também porque falavam de mim como se eu não estivesse presente.

— Ela é irrecuperável — declarou outra mulher.

— Está ótima para o propósito em vista. — Mariano Aureliano me defendeu com convicção.

O Sr. Flores apoiou Mariano Aureliano. E a única mulher que não se manifestara até então disse, com voz grave e rouca, que concordava com os homens, que estava ótima para o propósito em vista.

Ela era alta e esguia. O rosto pálido, magro e severo, era emoldurado por cabelos brancos trançados, e iluminado por olhos grandes e brilhantes. A despeito das roupas gastas e sem graça, havia nela alguma coisa de naturalmente elegante.

— O que é que todos vocês estão fazendo comigo? — gritei, sem poder me controlar mais. — Não sabem como é horrível para mim ouvi-los falar como se eu não estivesse aqui?

Mariano Aureliano fixou em mim seus olhos ferozes.

— Você não está aqui — disse ele, num tom desprovido de todo sentimento. — Pelo menos, ainda não. E, o que é mais importante, você não conta. Nem agora nem nunca.

Quase desmaiei de raiva. Ninguém jamais me falara com tanta aspereza e tanta indiferença para com os meus sentimentos.

— Pois eu vomito, mijo e cago em vocês todos, seus malditos filhos da puta nojentos! — berrei.

— Meu Deus! Uma alemã rústica! — exclamou Mariano Aureliano, e todos riram.

Eu já ia me levantar de um salto e me retirar furiosa, quando Mariano Aureliano me deu tapinhas nas costas.

— Pronto, pronto — murmurou ele, como se estivesse fazendo um bebê arrotar.

E, como antes, em vez de ficar ressentida por ser tratada como criança, minha raiva desapareceu. Eu me senti leve e feliz. Sacudindo a cabeça, sem compreender, olhei para eles e ri.

— Aprendi a falar espanhol nas ruas de Caracas — expliquei — com a ralé. Sei dizer muito palavrão cabeludo.

— Você não adorou as tamales doces? — perguntou Delia, cerrando os olhos, delicadamente.

A pergunta dela pareceu ser uma senha; o interrogatório terminou.

— Claro que sim! — O Sr. Flores respondeu por mim. — Ela só queria que lhe servissem mais. Tem um apetite insaciável. — Ele foi se sentar ao meu lado. — Mariano Aureliano se esmerou e cozinhou maravilhas.

— Quer dizer que foi ele quem cozinhou essa comida? — perguntei, sem poder acreditar. — Tem todas essas mulheres e cozinha? — Depois, humildemente, sem saber como minhas palavras poderiam ser interpretadas, apressei-me em me desculpar. Expliquei que me espantava muito ver que um homem mexicano cozinhasse em casa quando havia tantas mulheres. As risadas deles me fizeram entender que eu também não pretendia dizer isso.

— Especialmente quando as mulheres são mulheres dele. Não era isso que você queria dizer? — perguntou o Sr. Flores, as palavras acompanhadas pelas risadas de todos. — Tem toda a razão, são as mulheres de Mariano.

Ou, para ser mais preciso, Mariano pertence a elas. — Ele bateu no joelho alegremente, então virou-se para a mais alta das mulheres, a que só tinha falado uma vez, e disse: — Por que não conta a ela sobre nós?

— Evidentemente, o Sr. Aureliano não tem tantas mulheres assim — comecei, ainda envergonhada pela minha gafe.

— Por que não? — retrucou a mulher, e todos riram de novo. Era um riso alegre e jovem, mas não me deixou à vontade. — Todos aqui estamos ligados por nossa luta, nosso afeto profundo uns pelos outros e a compreensão de que nada é possível se não tivermos uns aos outros — disse ela.

— Vocês fazem parte de algum grupo religioso, não? — perguntei, num tom que demonstrava minha apreensão crescente. — Pertencem a algum tipo de comunidade, não é?

— Nós pertencemos ao poder — respondeu a mulher. — Meus companheiros e eu somos herdeiros de uma tradição antiga. Fazemos parte de um mito.

Não entendi o que ela estava dizendo. Voltei-me para os outros, inquieta; eles me olhavam fixamente. Observavam-me com um misto de expectativa e divertimento.

Voltei a minha atenção para a mulher alta. Ela também me observava com a mesma expressão interessada. Seus olhos brilhavam tanto que faiscavam. Ela se debruçou sobre o cálice de cristal e bebeu a água, com elegância.

— Em essência, somos *sonhadores* — explicou ela, baixinho. — Estamos todos *sonhando* agora e, devido ao fato de você nos ter sido trazida, também está *sonhando* conosco. — Ela disse aquilo de modo tão suave que não me dei propriamente conta do que ela havia dito.

— Quer dizer que estou dormindo e tendo um sonho com vocês? — perguntei, fingindo que não estava acreditando. Mordi os lábios para reprimir o riso.

— Não é bem isso o que está fazendo, mas se aproxima um pouco — concordou ela. Sem se perturbar com as minhas risadas nervosas, passou a explicar que o que estava acontecendo comigo era mais como um sonho extraordinário, em que todos estavam me ajudando, *sonhando* o meu sonho.

— Mas isso é idio... — comecei a dizer, mas ela me fez calar com um gesto.

— Estamos todos *sonhando* o mesmo sonho — garantiu-me. Parecia estar transportada por uma alegria que eu não compreendia.

— E a comida deliciosa que acabei de comer? — perguntei, procurando o molho de chili que pingara em minha blusa. Mostrei as manchas. — Isso não pode ser um sonho. Comi essa comida! — insisti, num tom forte e agitado. — Comi, eu mesma!

Ela me contemplou com uma calma fria, como se já esperasse uma explosão daquelas.

— E o caso de o Sr. Flores levantar você até o alto do eucalipto? — perguntou, sem se alterar.

Eu estava a ponto de dizer que ele não me erguera ao alto da árvore, mas apenas a um galho, quando ela murmurou:

— Já pensou nisso?

— Não pensei, não — respondi, com aspereza.

— Claro que não — concordou ela, meneando a cabeça com um ar sabido, como se tivesse consciência de que, nesse instante, eu me lembrara de que até mesmo o galho mais baixo de qualquer das árvores à nossa volta não podia ser alcançado do chão. Ela disse, então, que o motivo pelo qual não havia pensado nisso era que nos *sonhos* não somos racionais. — Nos *sonhos*, só podemos agir — frisou ela.

— Espere aí — interrompi. — Posso estar meio tonta, reconheço. Afinal, você e seus amigos são as pessoas mais estranhas que já conheci. Mas estou bem desperta. — Vendo que ela estava rindo de mim, gritei: — Isso não é um sonho!

Com um gesto imperceptível da cabeça, ela chamou a atenção do Sr. Flores, que, com um movimento rápido, pegou a minha mão e se impulsionou, junto comigo, para um galho do eucalipto mais próximo. Ficamos ali sentados um instante e, antes que eu pudesse dizer alguma coisa, ele me puxou de volta para o chão, para o mesmo lugar em que estava sentada antes.

— Entende o que estou dizendo? — perguntou a mulher alta.

— Não entendo, não — gritei, sabendo que sofrera uma alucinação. Meu medo se transformou em raiva e soltei uma porção de palavrões. Esgotando minha fúria, fui dominada por uma onda de autocomiseração e comecei a chorar. — O que é que me fizeram? — perguntei, entre soluços. — Puseram alguma coisa na comida? Na água?

— Não fizemos nada disso — disse a mulher alta, amavelmente. — Você não precisa de nada...

Eu mal a ouvia. Minhas lágrimas pareciam um véu escuro, transparente. Turvavam o rosto dela e suas palavras.

— Espere aí! — Eu a ouvia dizer, embora não pudesse mais vê-la nem a seus companheiros. — Espere aí, não acorde ainda.

Havia algo de tão vigoroso no tom dela que eu sabia que a minha própria vida dependia de eu tornar a vê-la. Com uma força desconhecida e inteiramente inesperada, rompi o véu de minhas lágrimas.

Ouvi um ruído de palmas, baixinho, e então eu os vi. Estavam sorrindo, e seus olhos brilhavam tanto que as pupilas pareciam estar iluminadas por algum fogo interior. Eu me desculpei primeiro com as mulheres e, depois, com os homens, pela minha explosão tola. Mas nem quiseram saber daquilo, dizendo que eu tivera um desempenho excepcionalmente bom.

— Somos a parte viva de um mito — disse Mariano Aureliano, e depois apertou os lábios e soprou no ar. — Vou soprar você para a única pessoa que, hoje, tem o mito em suas mãos. Ele vai ajudá-la a esclarecer tudo isso.

— E quem pode ser? — perguntei, com petulância. Eu ia perguntar se ele seria tão pretensioso quanto o meu pai, mas me distraí olhando Mariano Aureliano. Ele continuava a soprar no ar. Os cabelos brancos estavam arrepiados, as faces vermelhas e inchadas.

Como se em resposta a seus esforços, uma leve brisa começou a farfalhar pelos eucaliptos. Ele moveu a cabeça, aparentemente ciente de meu pensamento não expresso e minha confusão. Com delicadeza, virou-me até eu estar de frente para os montes Bacatete.

A brisa passou a vento, um vento tão forte e frio que era difícil respirar. Num movimento de quem se desenrosca, parecendo não ter ossos, a mulher alta se levantou, pegou minha mão e me puxou com ela pelos sulcos arados. Paramos de repente no meio do campo. Eu podia jurar que, com os braços estendidos, ela atraía a espiral de poeira e as folhas mortas que girava a distância.

— Nos *sonhos*, tudo é possível — sussurrou ela.

Rindo, abri os braços para chamar o vento. O pó e as folhas bailaram à nossa volta com tanta força que tudo ficou turvo diante de meus olhos. De repente, a mulher alta distanciou-se. Seu corpo parecia dissolver-se numa luz vermelha, até desaparecer completamente do meu campo de visão. E então as trevas povoaram a minha cabeça.

3

PARA mim, era impossível dizer, naquela ocasião, se o piquenique realmente acontecera ou fora um sonho. Não conseguia me lembrar, em uma sequência ordenada, de todos os acontecimentos de que participara desde o momento em que adormecera na cama do quarto de cura. Minha lembrança clara, a seguir, foi a de me encontrar falando com Delia à mesa no mesmo quarto.

Acostumada com esses lapsos de memória, que me ocorriam durante minha infância, a princípio não dei muito importância àquela discrepância. Quando criança, querendo brincar, muitas vezes me levantava da cama meio adormecida e saía de casa às escondidas, pela grade da janela. Muitas vezes, de fato, acordava na *plaza*, brincando com outras crianças que não iam para a cama tão cedo quanto eu.

Na minha cabeça não havia dúvida de que o piquenique fora real, se bem que não conseguisse localizá-lo imediatamente numa sequência de tempo. Tentei falar, reconstruir os fatos, mas assustava-me a ideia de trazer à tona os lapsos de memória de minha infância. Por algum motivo, relutava em perguntar a Delia sobre os seus amigos, e ela também não me deu qualquer informação. No entanto, perguntei a respeito da sessão de cura, que eu sabia ter sido um sonho.

— Tive um sonho tão elaborado sobre uma curandeira — comecei, de modo cuidadoso. — Não só me disse o nome dela, como me garantiu que fizera com que todos os meus pesadelos desaparecessem.

— Não foi um sonho — declarou Delia, seu tom mostrando claramente que estava aborrecida. Ela me fitou com uma intensidade que me deu vontade de me mexer, me afastar. — A curandeira de fato lhe deu o nome dela. E certamente a curou de seus males de sono.

— Mas foi um sonho — insisti. — Em meu sonho, a curandeira era do tamanho de uma criança. Não podia ser real.

Delia estendeu a mão para o copo d'água sobre a mesa, mas não o bebeu. Ficou girando-o, sem derramar uma gota, e depois olhou para mim, os olhos brilhando.

— A curandeira lhe deu a impressão de ser pequena, só isso — disse ela, meneando a cabeça para si mesma, como se as palavras lhe tivessem ocorrido naquele instante e as achasse satisfatórias. Ela bebericou a água, fazendo barulhinhos lentos, e seus olhos ficaram suaves, pensativos. — Ela tinha de ser pequena, para poder curar você.

— Tinha de ser pequena? Quer dizer que eu só a vi como sendo pequena?

Delia mexeu com a cabeça várias vezes e, depois, debruçando-se para mim, sussurrou:

— Sabe, você estava *sonhando*. E, no entanto, não era um sonho. A curandeira realmente foi até você e a curou, mas você não estava no lugar em que está agora.

— Ora, vamos, Delia — retruquei. — O que é que está dizendo? Sei que foi um sonho. Eu sempre sei perfeitamente quando estou sonhando, embora os sonhos sejam inteiramente reais para mim. É esse o meu mal, lembra-se?

— Talvez agora, que ela a curou, não seja mais o seu mal, mas seu talento — propôs Delia, sorrindo. — Mas, voltando à sua pergunta, a curandeira tinha de ser pequena como uma criança, porque você era muito jovem quando seus pesadelos começaram.

As palavras dela foram tão absurdas que nem consegui rir.

— E agora estou curada? — perguntei, fazendo graça.

— Está — ela me garantiu. — Nos sonhos, as curas são realizadas com muita facilidade, quase sem esforço. O difícil é fazer as pessoas *sonharem*.

— Difícil? — perguntei, minha voz mais áspera do que pretendia. — Todo mundo tem sonhos. Todos temos de dormir, não é?

Delia revirou os olhos para o teto, com ironia, depois olhou para mim e disse:

— Não me refiro a esses sonhos. Esses são sonhos comuns. *Sonhar* tem um propósito; os sonhos comuns não o têm.

— Pois têm, sim! — discordei dela, enfaticamente, e comecei a falar detalhadamente sobre a importância psicológica dos sonhos. Citei as obras de psicologia, filosofia e arte.

Delia não ficou nada impressionada com os meus conhecimentos. Concordou comigo que os sonhos comuns devem realmente ajudar a conservar a saúde mental dos indivíduos, mas insistiu em dizer que não se preocupava com isso.

— *Sonhar* tem um propósito; os sonhos comuns não o têm — repetiu.

— Que propósito, Delia? — perguntei, com ar complacente.

Ela virou a cabeça para o lado, como se quisesse esconder o rosto de mim. Um instante depois, olhou para mim de novo. Alguma coisa fria e distante apareceu em seus olhos e a mudança de expressão foi tão implacável que cheguei a ficar assustada.

— *Sonhar* sempre teve um propósito prático — declarou ela. — Serve a quem *sonha*, de maneiras simples ou complexas. Serviu a você para se livrar de seus males do sono. Serviu às bruxas do piquenique para conhecer a sua essência. Serviu a mim para me encobrir da percepção da patrulha da guarda de imigração que pediu para ver a sua licença de turista.

— Estou tentando entender o que você está dizendo, Delia — murmurei. — Quer dizer que vocês conseguem hipnotizar os outros contra a vontade deles? — perguntei, com vigor.

— Pode dizer que é isso, se quiser — admitiu ela, com uma expressão de tranquila indiferença que mostrava pouca simpatia. — O que ainda não entendeu é que você, por si mesma, pode entrar sem esforço no que chamaria de estado hipnótico. Chamamos a isso de *sonhar*: um *sonho* que não é um sonho, um *sonho* em que podemos fazer quase tudo o que o nosso coração deseja.

Delia estava quase fazendo sentido para mim, mas eu não dispunha de palavras para expressar os meus pensamentos, os meus sentimentos. Fiquei olhando-a fixamente, perplexa. De repente, lembrei-me de um fato de minha adolescência. Quando, afinal, me permitiram tomar lições de direção no jipe de meu pai, surpreendi a minha família mostrando que já sabia fazer as mudanças de marcha. Havia anos que fazia isso em meus sonhos. Com uma segurança que me deixou intrigada, segui pela estrada velha de Caracas a La Guayra, o porto marítimo, na minha primeira experiência. Fiquei pensando se devia contar esse episódio a Delia, mas, em vez disso, perguntei a ela pelo tamanho da curandeira.

— Não é alta, mas tampouco é pequena como você a viu. No sonho de cura dela, ela projetou a sua pequenez em seu benefício e, fazendo isso, era pequena. É essa a natureza da magia. Você tem de ser aquilo que quer parecer ser.

— Ela é mágica? — perguntei, esperançosa. A ideia de que todos trabalhassem num circo, que faziam parte de algum espetáculo de magia, já havia passado pela minha cabeça várias vezes. Eu acreditava que isso explicaria muitas coisas sobre eles.

— Não, ela não é mágica — disse Delia. — É feiticeira.

Delia me olhou com tanto desprezo que fiquei com vergonha da minha pergunta.

— Os mágicos existem em espetáculos — explicou ela, olhando para mim atentamente. — Os feiticeiros estão no mundo sem fazer parte dele. — Ela ficou calada por muito tempo, depois suspirou. — Você gostaria de ver Esperanza agora? — perguntou.

— Sim — disse eu, ansiosa. — Gostaria muito.

A possibilidade de que a curandeira tivesse sido algo real e não um sonho me deixou tonta. Eu não estava acreditando muito em Delia e, no entanto, queria muito acreditar nela. Meus pensamentos estavam num tumulto; de repente, dei-me conta de que não havia mencionado a Delia que a curandeira do meu sonho me dissera que se chamava Esperanza.

Eu estava tão absorta em meus pensamentos que não reparei no que Delia estava falando.

— Desculpe, o que é que você disse?

— O único meio de você dar sentido a tudo isso é chamar de volta o *sonhar* — repetiu ela. Rindo baixinho, fez um gesto como se estivesse chamando alguém.

As palavras dela não tiveram importância para mim. Eu já estava seguindo outra sequência de pensamentos. Esperanza era real. E eu tinha certeza de que ela esclareceria tudo para mim. Além disso, ela não estava no piquenique; não me tratara tão mal quanto as outras mulheres. Eu alimentava a vaga expectativa de que Esperanza tivesse gostado de mim, e essa ideia, de algum modo, restituiu minha confiança. Para disfarçar meus sentimentos diante de Delia, disse-lhe que estava ansiosa por ver a curandeira.

— Gostaria de agradecer-lhe e, claro, pagar-lhe tudo o que fez por mim.

— Já está pago — declarou Delia. O brilho zombeteiro em seus olhos claramente revelava que conhecia meus pensamentos.

— Como assim, já está pago? — perguntei, num tom involuntariamente alto. — Quem pagou?

— É difícil explicar — começou Delia, com uma gentileza distante, que no momento me deixou à vontade. —

Tudo começou na festa de sua amiga em Nogales. Eu logo reparei em você.

— Foi mesmo? — perguntei, esperançosa, querendo ouvir algum elogio sobre os meus trajes elegantes e bem escolhidos.

Fez-se um silêncio incômodo. Eu não podia ver os olhos de Delia, velados sob as pálpebras semicerradas. Em sua voz havia algo tranquilo e, no entanto, estranhamente perturbador, quando disse que o que reparara em mim fora que, cada vez que eu falava com a avó da minha amiga, eu parecia estar ausente, como se estivesse dormindo.

— Ausente é apelido — interrompi. — Você nem imagina o que tive de sofrer, o que tive de fazer para convencer aquela senhora de que eu não era a encarnação do demônio.

Delia parecia não me ouvir.

— Logo vi que você possuía grande facilidade para *sonhar* — continuou ela. — Então eu a segui pela casa e a observei em ação. Você não sabia bem o que estava fazendo ou dizendo. E, no entanto, saía-se bem, conversando e rindo e mentindo, como uma danada, para gostarem de você.

— Está me chamando de mentirosa? — perguntei, de brincadeira, mas revelando a minha mágoa. Tive ímpetos de ficar zangada. Fiquei olhando fixamente para a jarra d'água na mesa, até que aquela sensação ameaçadora passou.

— Eu não ousaria chamá-la de mentirosa — declarou Delia, num tom meio pomposo. — Eu a chamaria de *sonhadora.* — Na voz dela havia uma solenidade pesada, mas seus olhos brilhavam de riso, com uma malícia bem-humorada, e ela disse: — Os feiticeiros que me criaram me disseram que não importa o que se diga, contanto que se tenha o poder de dizê-lo. — A voz denotava tal entusiasmo e aprovação que tive certeza de que havia alguém nos escutando, por trás de uma das portas. — E o meio de adquirir esse poder é *sonhando*. Você não sabe disso porque o faz naturalmente, mas quando está num aperto, sua mente passa imediatamente ao *sonho*.

— Você foi criada por feiticeiros, Delia? — perguntei, para mudar de assunto.

— Claro que fui — confirmou, como se fosse a coisa mais natural do mundo.

— Seus pais eram feiticeiros?

— Ah, não — respondeu, dando uma risada. — Os feiticeiros me encontraram certo dia e me criaram daí em diante.

— Que idade você tinha? Era criança?

Delia riu-se, como se eu, com aquela pergunta, tivesse chegado ao máximo do humor.

— Não, eu não era criança — explicou. — Talvez fosse da sua idade quando eles me encontraram e começaram a me criar.

— Como assim, começaram a criar?

Delia me olhou sem focalizar os olhos em mim. Por um instante, pensei que não tivesse me ouvido ou, se tivesse, não fosse me responder. Repeti minha pergunta. Ela deu de ombros e sorriu.

— Eles me criaram como se cria uma criança — declarou, por fim. — Não importa a sua idade; no mundo deles, você é criança.

Sentindo medo, de repente, de podermos ser ouvidas, olhei por cima do meu ombro e sussurrei:

— Quem são esses feiticeiros, Delia?

— Essa pergunta é muito difícil — disse meditando. — No momento não posso nem começar a responder a ela. Só o que posso contar sobre eles é que me disseram que nunca se deve mentir para ser acreditado.

— Então por que alguém mentiria? — perguntei.

— Pelo simples prazer da coisa — retrucou Delia, prontamente. Em seguida, levantou-se da cadeira e foi para a porta que dava para o pátio. Antes de sair, virou-se e perguntou, rindo: — Você conhece o ditado: "Se não está mentindo para ser acreditado, pode dizer tudo o que quiser, não importa o que vão pensar de você"?

— Nunca ouvi tal coisa. — Achei que ela havia inventado aquilo; tinha a sua marca. — Além do mais, não compreendo o que está querendo dizer — acrescentei, virtuosamente.

— Tenho certeza de que sabe — disse-me, olhando de esguelha, através das mechas dos cabelos negros. Fazendo um gesto com o queixo, fez sinal para que a acompanhasse. — Vamos ver Esperanza agora.

Levantei-me e corri atrás dela, mas parei de repente junto à porta. Ofuscada momentaneamente pela claridade lá fora, fiquei ali parada, sem saber o que havia acontecido. Parecia que não se passara tempo algum desde que eu correra pelo campo atrás do Sr. Flores. O sol continuava no zênite, como antes.

Vislumbrei a saia vermelha de Delia virando um canto da casa. Corri atrás dela, passando por uma arcada de pedra que levava a um pátio encantador.

A princípio não vi coisa alguma, tão forte era o contraste entre o sol ofuscante e as sombras densas do pátio. Ofegante, fiquei parada ali, inteiramente quieta, aspirando o ar úmido e fragrante, com o perfume das flores de laranjeiras, madressilvas e ervilhas-de-cheiro. Subindo por fios que pareciam suspensos do céu, as ervilhas-de-cheiro pendiam como uma tapeçaria brilhantemente colorida no meio da folhagem das árvores, dos arbustos e das samambaias.

A curandeira, que eu já vira em meu sonho, estava sentada numa cadeira de balanço no centro do pátio. Era muito mais velha do que Delia e as mulheres do piquenique, se bem que eu não pudesse dizer como sabia disso. Ela estava se balançando com um ar de abandono sonhador. Senti uma dor angustiante dominar todo o meu ser, pois tinha a certeza irracional de que aquele movimento de balanço a estava afastando de mim cada vez mais. Uma onda de agonia, uma solidão indescritível me dominou enquanto a olhava. Eu queria atravessar o pátio e abraçá-la, mas alguma coisa nos ladrilhos escuros do pátio, dispostos num desenho muito complicado, prendeu meus pés no mesmo lugar.

— Esperanza — consegui murmurar, afinal, a voz tão fraca que eu mal podia ouvi-la.

Ela abriu os olhos e sorriu, sem demonstrar surpresa alguma, como se estivesse à minha espera. Levantou-se e se dirigiu para junto de mim. Não era do tamanho de uma criança, e sim do meu tamanho, mais ou menos 1,60m. Era magra e aparentava ser frágil, mas exalava tal vitalidade que me fez sentir insignificante e mirrada.

— Estou muito feliz em revê-la. — A voz dela parecia sincera. Ela indicou para que eu pegasse uma das cadeiras de junco e me sentasse ao seu lado.

Olhando em volta, descobri as outras mulheres, inclusive Delia. Estavam sentadas em cadeiras de junco, meio escondidas por arbustos e árvores; elas também me olhavam com curiosidade. Algumas sorriam enquanto outras continuaram a comer tamales dos pratos em seus colos.

À luz sombria e esverdeada do pátio — a despeito do ato mundano de comer —, as mulheres pareciam irreais, imaginárias. No entanto, cada qual era extraordinariamente vívida, sem ser distinta. Pareciam ter absorvido a luz esverdeada do pátio, que se formara à volta de nós como uma névoa transparente. A ideia passageira, mas terrível, de que estava numa casa povoada por fantasmas passou pela minha cabeça.

— Gostaria de comer alguma coisa? — perguntou Esperanza. — Delia preparou a comida mais deliciosa que você possa imaginar.

— Não, obrigada — murmurei, numa voz que não se parecia com a minha. Vendo a expressão indagadora dela, acrescentei, sem firmeza: — Não estou com fome. — Sentia-me tão nervosa e agitada que, mesmo se estivesse morrendo de fome, não teria conseguido engolir coisa alguma.

Esperanza deve ter percebido o meu receio. Debruçou-se e me afagou o braço tranquilizando-me.

— O que é que você quer saber?

— Pensei ter visto você num sonho — fui dizendo e depois, notando o riso nos olhos dela, acrescentei: — Estou sonhando agora?

— Está, mas não está dormindo — respondeu ela, pronunciando as palavras devagar e nitidamente.

— Como posso estar sonhando se não estou dormindo?

— Algumas mulheres conseguem fazer isso com a maior facilidade — assegurou ela. — Podem estar *sonhando* sem estar dormindo. Você é uma dessas mulheres. Outras têm de trabalhar a vida inteira para conseguir isso.

Percebi um toque de admiração na voz dela, mas não me senti nem um pouco lisonjeada. Pelo contrário, estava mais preocupada do que nunca.

— Como é possível sonhar sem estar dormindo? — insisti.

— Se eu lhe explicar como é possível, você não vai compreender — declarou ela. — Pode acreditar na minha palavra, é muito melhor adiar as explicações, no momento. — Ela tornou a afagar meu braço, e um sorriso suave iluminou seu rosto. — Por enquanto basta que saiba que, para você, eu sou a que traz os *sonhos*.

Não achei que isso bastasse, mas não ousei dizê-lo. Então perguntei:

— Eu estava acordada quando você me curou dos meus pesadelos? E eu estava sonhando quando estava lá fora no campo com Delia e os outros?

Esperanza me contemplou por algum tempo e, depois, meneou a cabeça, com um ar sábio, como se tivesse decidido revelar alguma verdade monumental.

— Você é muito tola para entender o mistério do que fazemos. — Ela disse aquilo com tanta naturalidade, sem crítica, que nem me ocorreu ficar ofendida ou tentar algum tipo de réplica.

— Mas você poderia me fazer entender, não poderia? — pedi, ansiosa.

As outras mulheres deram risadas. Não eram risadas de escárnio, mas um murmúrio que ressoou em volta de mim como um coro abafado. O som não parecia partir das mulheres, mas sim das sombras do pátio. Mais do que risadas, eram um sussurro, uma advertência delicada que me fez não só perder o impulso, mas também apagou minhas dúvidas perturbadoras, o meu desejo de saber. E eu soube, sem sombra de dúvida, que estava acordada e sonhando em ambas as ocasiões. Mas era uma certeza que eu não conseguia explicar. Era algo que ia além das palavras.

No entanto, após alguns momentos, eu me senti obrigada a dissecar a minha percepção, colocar tudo aquilo em alguma espécie de quadro lógico.

Esperanza me olhava com um prazer evidente. Depois disse:

— Vou lhe explicar quem somos e o que fazemos.

Ela precedeu a explicação de uma advertência. Avisou-me de que, não importava o que ela fosse me revelar, não seria fácil de acreditar. Portanto, eu deveria abster-me de julgar e ouvi-la sem interrupções, sem perguntas.

— É capaz de fazer isso?

— Claro — retruquei logo.

Ela ficou calada um momento, os olhos me examinando pensativamente. Deve ter sentido a minha incerteza e a pergunta que estava a ponto de explodir dos meus lábios.

— Não é que eu não queira responder às suas perguntas — disse ela. — É que por enquanto será impossível para você compreender as respostas.

Concordei com a cabeça — não de fato —, com medo de que, se eu desse um pio sequer, ela parasse de falar.

Numa voz que era quase um murmúrio, contou-me algo que era tão incrível quanto fascinante. Disse que era descendente espiritual de feiticeiros que moravam no vale de Oaxaca milhares de anos antes da conquista espanhola.

Esperanza ficou calada por muito tempo. Seus olhos, fixos nas ervilhas-de-cheiro coloridas, pareciam recuar nostalgicamente para o passado.

— No que se refere a mim, a característica das atividades desses feiticeiros, pertinentes a você, chama-se *sonhar* — continuou ela. — Esses feiticeiros eram homens e mulheres que possuíam extraordinários poderes de *sonhar* e executavam atos que desafiam a imaginação.

Abraçando meus joelhos, fiquei escutando. Esperanza era uma narradora brilhante e mímica muito dotada. Seu rosto mudava a cada faceta de sua explicação. Por vezes era o rosto de uma jovem ou de uma velha, ou de um homem ou de uma criança inocente e travessa.

Ela disse que, há milhares de anos, homens e mulheres possuíam conhecimentos que lhes permitiam entrar e sair de nosso mundo normal. E assim dividiam suas vidas em duas áreas: o dia e a noite. Durante o dia, conduziam suas atividades como todos os demais: tinham um comportamento normal, cotidiano, previsível. Durante a noite, porém, tornavam-se *sonhadores*. Sistematicamente *sonhavam* sonhos que rompiam as barreiras do que consideramos a realidade.

Ela fez outra pausa, como que me dando tempo para absorver suas palavras.

— Usando a escuridão como um manto — prosseguiu ela —, realizaram uma coisa inconcebível: conseguiram *sonhar* quando estavam acordados.

Antecipando a pergunta que eu ia formular, Esperanza explicou que *sonhar* desperto significava que podiam imergir num sonho que lhes dava a energia necessária para executar feitos que estarreciam a imaginação, enquanto estavam acordados e perfeitamente conscientes.

Devido ao ambiente de belicosa interação em minha casa, jamais adquiri a capacidade de escutar por muito tempo. Se não pudesse interpor perguntas diretas, agressivas, qualquer intercâmbio verbal, por mais interessante que fosse, não significava nada para mim. Impossibilitada de argumentar, fiquei inquieta. Estava louca para interromper Esperanza. Queria perguntar, mas obter respostas, ter explicações, não era a causa da minha ânsia de interromper. O que eu queria era ceder à minha compulsão de discutir aos gritos com ela, a fim de me sentir normal de novo.

Como que entendendo o meu tumulto, Esperanza me fitou por um momento e, depois, fez um sinal para que eu falasse. Ou pensei que tivesse dado essa ordem. Abri a boca para dizer — como sempre — qualquer coisa que viesse à minha cabeça, mesmo que não se relacionasse com o assunto. Mas não consegui pronunciar uma palavra. Lutei para falar e fiz ruídos de gargarejo, para delícia das mulheres presentes.

Esperanza prosseguiu a narrativa, como se não tivesse notado meus esforços inúteis. Fiquei espantadíssima ao verificar que ela captara toda a minha atenção. Ela disse que as origens do conhecimento dos feiticeiros só poderiam ser entendidas em termos de lenda. Um ser superior, apiedando-se do terrível destino do homem — ser conduzido como um animal pela alimentação e reprodução —, deu-lhe o poder de *sonhar* e o ensinou a usar os seus sonhos.

— Naturalmente, as lendas contam a verdade de modo oculto — explicou. — O sucesso deles em esconder a verdade reside na convicção de que são apenas histórias. As lendas de homens se transformando em pássaros ou em anjos são relatos de uma verdade oculta, que parece ser fantasia ou apenas ilusões de mentes primitivas ou conturbadas.

"Então a tarefa dos feiticeiros, por milhares de anos, tem sido criar novas lendas e descobrir a verdade oculta nas antigas.

"É aí que os *sonhadores* entram na história. As mulheres são melhores no *sonhar*. Têm a facilidade de se abandonarem, de se soltarem.

"A mulher que me ensinou a *sonhar* podia manter duzentos sonhos.

Esperanza olhou-me intensamente, como que avaliando a minha reação, que era da mais completa estupefação, pois eu não tinha ideia do que ela estava falando. Ela explicou que manter um sonho significava que a pessoa podia *sonhar* algo a respeito de si e era capaz de entrar nesse sonho sem constrangimento. A mestra dela, repetiu, podia entrar à vontade em duzentos sonhos específicos sobre si mesma.

— As mulheres são *sonhadoras* insuperáveis — garantiu Esperanza. — As mulheres são extremamente práticas. A fim de manter um sonho, é preciso ser prático, porque o sonho deve pertencer a aspectos práticos da pessoa. O sonho preferido da minha mestra era *sonhar*-se um falcão. Outro era *sonhar*-se uma coruja. Assim, dependendo da hora do dia, ela podia *sonhar* ser um ou outro, e como estava *sonhando* desperta, ela era real e completamente falcão ou coruja.

Havia no tom e nos olhos dela tal convicção e sinceridade que fiquei completamente subjugada. Não duvidei dela nem por um instante. Naquele momento, nada do que dissesse me pareceria absurdo.

Explicou-me ainda que, a fim de realizar um sonho da natureza, as mulheres precisam ter uma disciplina férrea. Inclinou-se para mim e disse, num sussurro confidencial, como se não quisesse que as outras ouvissem:

— Por disciplina férrea não quero dizer alguma rotina dura, e sim que as mulheres têm de romper a rotina que delas se espera. E têm de fazer isso em sua juventude. E, mais importante, com sua força intacta. Muitas vezes, quando as mulheres já têm idade para acabar com esse negócio de ser mulheres, resolvem que está na hora de se ocuparem com pensamentos e atividades não mundanas ou do outro mundo. Poucas sabem ou querem acreditar que tais mulheres dificilmente têm êxito. — Ela bateu de leve na minha barriga, como se estivesse tocando num tambor. — O segredo da força da mulher é o seu útero.

Esperanza meneou a cabeça com ênfase, como se tivesse ouvido a pergunta tola que me veio à cabeça: "Seu útero?"

— As mulheres — continuou ela — devem começar queimando sua matriz. Não podem ser terreno fértil que tenha de ser semeado pelos homens, seguindo a determinação do próprio Deus.

Ainda me vigiando atentamente, sorriu e perguntou:

— Você, por acaso, é religiosa?

Balancei a cabeça. Não conseguia falar. Sentia a garganta tão apertada que mal conseguia respirar. Estava estarrecida, de medo e espanto, não tanto pelo que ela dizia, mas pela mudança ocorrida nela. Se me perguntassem, eu não poderia dizer quando havia mudado, mas de repente o seu rosto estava jovem e radioso; uma vida interior parecia ter sido acesa dentro dela.

— Muito bom! — exclamou Esperanza. — Assim você não terá de lutar contra crenças — observou ela. — Elas são muito difíceis de superar. Fui criada como católica devota. Quase morri quando tive de examinar a minha atitude para com a religião. — Suspirou, e sua voz ficou melancólica quando acrescentou: — Mas isso não foi nada comparado à luta que tive de travar antes de me tornar uma *sonhadora* de verdade.

Fiquei esperando, ansiosa, respirando com dificuldade, enquanto uma sensação bastante agradável, como uma leve corrente elétrica, espalhava-se por todo o meu corpo. Preparei-me para ouvir uma história horripilante da luta entre ela e criaturas aterradoras. Mal consegui disfarçar a minha decepção quando ela revelou que tivera de lutar contra si mesma.

— A fim de poder ser uma *sonhadora*, tive de subjugar o meu ego — explicou Esperanza. — Nada, nada mesmo é tão difícil quanto isso. Nós, mulheres, somos as prisioneiras mais infelizes do ego. O ego é a nossa jaula. Nossa jaula é formada por ordens e expectativas despejadas sobre nós desde o momento em que nascemos. Você sabe como é que é. Se o primogênito for um menino, há uma comemoração. Se for menina, as pessoas dão de ombros e dizem: "Tudo bem. Ainda assim eu a amo e farei tudo por ela."

Em respeito à mulher idosa, não soltei uma gargalhada. Nunca em minha vida eu tinha ouvido nada parecido. Eu me considerava uma mulher independente. Mas, obviamente, à luz do que Esperanza dizia, não era melhor do que qualquer outra mulher. E, contrariando o modo como normalmente eu reagiria a uma ideia dessas, concordei com ela. Sempre me advertiram que a precondição de ser mulher era ser dependente. Ensinaram-me que a mulher seria efetivamente afortunada se pudesse ser desejável, para que os homens fizessem coisas para ela. Disseram-me que era aviltante, para a minha condição de mulher, tentar fazer alguma coisa por mim mesma, se isso me pudesse ser dado. Treinaram-me na ideia de que o lugar da mulher é no lar com o marido e os filhos.

— Como você, fui criada por um pai autoritário mas condescendente — continuou Esperanza. — Como você, pensava que era livre. Para chegar a entender a ideia dos feiticeiros, de que a liberdade não significava ser eu mesma, quase morri. Ser eu mesma era declarar a minha condição de mulher. E fazer isso tomava todo o meu tempo, meu esforço e minha energia.

"Os feiticeiros, ao contrário, compreendem a liberdade como a capacidade de fazer o impossível, o inesperado... *sonhar* um sonho que não tem fundamento nem veracidade na vida cotidiana. — A voz dela tornou-se de novo um sussurro quando acrescentou: — O conhecimento dos feiticeiros é o que é empolgante e novo. Imaginação é o que a mulher precisa para modificar o ego e se tornar *sonhadora*.

Esperanza disse que, se não tivesse conseguido vencer o ego, só teria levado uma vida normal de mulher: a vida que seus pais lhe haviam destinado. Uma vida de derrota e humilhação. Uma vida desprovida de todo mistério. Uma vida programada pelo costume e pela tradição.

Esperanza beliscou o meu braço. Soltei um grito de dor.

— É bom prestar atenção — repreendeu-me.

— Estou prestando — murmurei, me defendendo, esfregando o braço; estava certa de que ninguém perceberia meu crescente desinteresse.

— Ninguém vai enganá-la ou seduzi-la no mundo dos feiticeiros — ela me advertiu. — Você terá de escolher, sabendo o que a aguarda.

As variações do meu estado de espírito me espantavam, porque eram bem irracionais. Eu devia sentir medo, entretanto estava calma, como se estar ali fosse a coisa mais natural do mundo.

— O segredo da força da mulher é o seu útero — disse Esperanza e, de novo, deu um tapinha na minha barriga. Disse que as mulheres *sonham* com seus úteros, ou melhor, dos seus úteros. O fato de terem úteros as tornam *sonhadoras* perfeitas.

Antes mesmo que eu terminasse o pensamento "por que o útero é tão importante?", Esperanza me respondeu.

— O útero é o centro de nossa energia criadora — explicou —, tanto que, se não houvesse mais machos no mundo, as mulheres poderiam continuar a se reproduzir. E o mundo, então, seria povoado apenas pela espécie humana feminina. — Ela acrescentou que as mulheres reproduzindo unilateralmente só poderiam reproduzir clones de si mesmas.

Fiquei sinceramente surpreendida diante desse conhecimento específico. Não pude deixar de interromper Esperanza para lhe dizer que havia lido a respeito de reprodução partenogenética e assexual nas aulas de biologia.

Ela deu de ombros e continuou sua explicação.

— As mulheres, portanto, tendo a capacidade e os órgãos para reproduzir a vida, também têm a capacidade de *sonhar* com esses mesmos órgãos — disse. Observando o meu ar de dúvida, avisou-me: — Não se preocupe em saber como isso acontece. A explicação é muito simples e, como é simples, é a coisa mais difícil de entender. Eu mesma, ainda, tenho certa dificuldade. Assim, como mulher de verdade, eu ajo. *Sonho* e deixo as explicações para os homens.

Esperanza disse que, originariamente, os feiticeiros de que ela me falara costumavam transmitir seu conhecimento para os descendentes biológicos ou pessoas de sua escolha determinada, mas os resultados mostraram-se catastróficos. Em vez de ampliar esse conhecimento, esses novos feiticeiros, escolhidos por favoritismo arbitrário, confabularam para se autoenaltecerem. Por fim, foram destruídos, e a sua destruição quase acabou com o seu conhecimento. Os poucos feiticeiros que restaram resolveram, então, que seu conhecimento nunca mais passaria a seus descendentes ou a pessoas de sua escolha, e sim aos selecionados por um poder impessoal, a que chamavam de espírito.

— E, agora, tudo isso nos leva a você — declarou Esperanza. — Os feiticeiros de antigamente resolveram que somente aqueles que fossem apontados com precisão se qualificariam. Você nos foi apontada. E aqui está você! Uma *sonhadora* natural. Cabe às forças que nos governam decidir para onde você irá daqui. Não cabe a você nem a nós, claro. Você só pode aceitar ou recusar.

Pela premência em sua voz e a expressão instigante em seus olhos, pareceu-me evidente que me dera a explicação com toda a seriedade. Essa seriedade é que me impediu de dar uma gargalhada. Ademais, eu estava exausta.

A concentração mental que precisei exercer para acompanhá-la fora muito intensa. Eu queria dormir. Ela insistiu para que eu esticasse as pernas, me deitasse e descansasse. Fiz isso tão bem que cochilei.

Quando abri os olhos, não tinha ideia de quanto tempo dormira. Procurei a presença tranquilizadora de Esperanza e das outras mulheres. Não havia ninguém comigo no pátio. Mas eu não me sentia só; não sei como, a presença delas permanecia ali, em meio ao verde que me circundava, e eu me sentia protegida. Uma brisa roçava pelas folhas. Eu a senti em minhas pálpebras, quente e suave. Ela soprava ao meu redor, então passava por mim, assim como passava sobre o deserto, depressa e sem ruído.

Com o olhar fixo nos ladrilhos, andei em torno do pátio, tentando entender o seu desenho complicado. Com prazer, vi que as linhas me levavam de uma para outra das cadeiras de junco. Procurei me lembrar de quem estivera sentado em cada cadeira, porém, por mais que tentasse, não conseguia.

Fui distraída por um delicioso aroma de comida, temperada com cebola e alho. Orientada por aquele cheiro, fui até a cozinha, um cômodo grande, retangular. Estava tão deserto quanto o pátio, e o desenho vivo que enfeitava as paredes lembrava o desenho do pátio. Não fui atrás das semelhanças, pois descobri a comida deixada na sólida mesa de madeira que ficava no centro da cozinha. Supondo que fosse para mim, sentei-me e comi tudo. Era o mesmo ensopado picante que havia comido no piquenique; requentado, era ainda mais gostoso.

Quando fui pegar os pratos para levá-los à pia, descobri um bilhete e um mapa desenhado debaixo do paninho na mesa. Eram de Delia. Ela sugeria que eu voltasse a Los Angeles, via Tucson, onde ela me encontraria num certo café indicado no mapa. Somente lá, dizia o bilhete, ela me contaria mais a respeito de si mesma e de seus amigos.

4

ANSIOSA para ouvir o que Delia tinha a me dizer sobre seus amigos, voltei para Los Angeles via Tucson. Cheguei ao café à noitinha. Um velho me indicou uma vaga no estacionamento. Só quando abriu-me a porta é que vi quem era.

— Mariano Aureliano! — exclamei. — Que surpresa. Muito prazer em vê-lo. O que está fazendo aqui?

— Esperando você — respondeu ele. — Meu amigo e eu guardamos essa vaga para você.

Vi de relance um índio troncudo dirigindo uma velha caminhonete vermelha. Ele estava saindo da vaga quando eu entrava.

— Parece que Delia não pôde esperar — disse Mariano Aureliano, num tom de desculpa. — Teve de partir para Oaxaca de repente. — Ele sorriu e acrescentou: — Estou aqui para representá-la. Espero que o faça satisfatoriamente.

— Você não tem ideia de como estou feliz por vê-lo — disse, com sinceridade. Eu estava convencida de que ele poderia, melhor do que Delia, me ajudar a compreender tudo que me acontecera nos últimos dias. — Esperanza me explicou que eu estava numa espécie de transe quando conheci vocês todos — acrescentei.

— Ela disse isso? — perguntou ele, quase distraidamente.

A voz, a atitude e todo o seu jeito eram tão diferentes do que eu me lembrava, que fiquei olhando para ele fixamente, na esperança de descobrir o que havia mudado. Aquele rosto, ferozmente bem delineado, perdera toda a sua ferocidade. Mas, estando ocupada com o meu próprio tumulto, não pensei mais naquilo.

— Esperanza me deixou sozinha naquela casa — continuei. — Ela e todas as mulheres foram embora sem se despedirem de mim. Mas eu não me importei — apressei-me a dizer —, se bem que, em geral, fico muito aborrecida quando as pessoas não são delicadas.

— Ah, é mesmo? — exclamou ele, como se eu tivesse dito alguma coisa muito profunda.

Receando que ele ficasse magoado com o que falava de suas companheiras, comecei logo a explicar que não queria dizer que Esperanza e as demais tinham sido antipáticas.

— Pelo contrário, foram muito simpáticas e boas — garanti. Ia contar o que Esperanza havia me revelado, mas o seu olhar firme me fez parar. Não era um olhar irado ou ameaçador. Era um olhar penetrante, que rompia todas as minhas defesas. Tive certeza de que ele via muito bem a confusão em que estava a minha mente.

Desviei o olhar para disfarçar o meu nervosismo e depois disse-lhe, num tom leve, quase de brincadeira, que de fato não me importava por me terem deixado sozinha na casa.

— Fiquei intrigada porque conhecia todos os cantos daquele lugar — prossegui e depois parei um instante, sem saber o impacto que minhas palavras teriam sobre ele. Mas ele continuava a me fitar.

— Fui ao banheiro e percebi que já estivera lá — continuei. — Não havia espelhos nele. Recordei-me desse detalhe antes mesmo de entrar. Depois me dei conta de que não havia espelho na casa inteira. Então percorri todos os aposentos e, realmente, não encontrei nenhum. — Notando que ainda não obtivera nenhuma reação da parte dele, passei a dizer que, ao ouvir o rádio a caminho de Tucson, vim a saber que era um dia além do que eu pensava. — Devo ter dormido um dia inteiro — concluí, num tom forçado.

— Você não chegou a dormir um dia inteiro — disse Mariano Aureliano, num tom de indiferença. — Você andou pela casa e conversou muito conosco antes de dormir como uma pedra.

Comecei a rir. Meu riso beirava a histeria, mas ele não pareceu notar isso. Também riu e eu relaxei.

— Nunca durmo como uma pedra — eu me senti forçada a explicar. — Tenho um sono extremamente leve.

Ele ficou calado e, por fim, quando falou, a voz era séria, exigente.

— Não se lembra de ter sentido curiosidade quanto ao modo como as mulheres se vestiam e se penteavam sem olhar no espelho?

Não consegui pensar numa resposta e ele continuou:

— Não se lembra de que você achou estranho não haver quadros nas paredes nem...

— Não me lembro de ter falado com ninguém — interrompi-o no meio da frase. Então olhei-o desconfiada, achando que, talvez, para me confundir, ele dissesse que eu interagira com todos naquela casa, quando na verdade nada disso acontecera.

— Não se lembrar disso não quer dizer que não tenha acontecido — disse ele, brevemente.

Sem querer, fiquei nervosa. Não era o tom de sua voz que me impressionou, mas, sim, o fato de que respondera aos meus pensamentos não expressos.

Certa de que, se eu continuasse a falar, acabaria com a minha crescente apreensão, comecei uma explicação demorada e confusa do meu estado de espírito. Contei o que acontecera. Havia lapsos na ordem dos fatos, quando procurei reconstruir tudo que ocorrera entre a sessão de cura e a minha viagem a Tucson, período do qual sabia ter perdido um dia inteiro.

— Vocês estão me fazendo alguma coisa, uma coisa estranha e ameaçadora — concluí, sentindo-me momentaneamente justificada.

— Agora você está sendo tola — declarou Mariano Aureliano, sorrindo pela primeira vez. — Se alguma coisa é estranha e ameaçadora, é apenas porque você é nova nisso. Você é uma mulher forte. Tudo vai fazer sentido, mais cedo ou mais tarde.

Fiquei aborrecida ao ouvi-lo pronunciar a palavra mulher. Teria preferido que dissesse garota. Como estava acostumada a que me pedissem documentos para provar que tinha mais de 16 anos, de repente me senti velha.

— A juventude só deve estar nos olhos de quem contempla — ponderou ele, como se novamente estivesse lendo os meus pensamentos. — Quem olhar para você deve ver a sua juventude, o seu vigor; mas você se sentir uma criança é errado. Você deve ser inocente sem ser imatura.

Por algum motivo inexplicável, as palavras dele me pareceram insuportáveis. Senti vontade de chorar, não por mágoa, mas por desânimo. Não sabendo o que fazer, sugeri comermos alguma coisa.

— Estou morta de fome — disse eu, tentando parecer animada.

— Não está, não — retrucou ele, com autoridade. — Só está querendo mudar de assunto.

Assustada com o tom e com as palavras dele, olhei-o apavorada. Minha surpresa logo passou à raiva. Não só estava com fome, como também exausta e tensa por causa da longa viagem. Tive vontade de gritar e despejar sobre ele toda a minha raiva e frustração, mas seus olhos não permitiram que eu me movesse. Havia qualquer coisa de reptiliano naqueles olhos ardentes, que não piscavam; por um instante pensei que ele poderia me devorar, como uma cobra devora um pássaro indefeso, hipnotizado.

Aquele misto de medo e raiva chegou a tal ponto que senti o sangue me subindo ao rosto. E sabia, quando ele arqueou de leve as sobrancelhas, numa expressão de curiosidade, que meu rosto estava quase roxo. Desde muito criança, eu sofria de terríveis crises de raiva. Além de tentar me acalmar, ninguém jamais me impedira de me entregar a essas crises, e eu me dava a elas até aperfeiçoá-las e torná-las verdadeiros acessos de fúria. Esses acessos nunca eram causados por me negarem o que eu queria ou pretendia fazer, mas por indignidades — reais ou imaginárias — praticadas contra a minha pessoa.

No entanto, não sei por que, as circunstâncias daquele momento me fizeram sentir vergonha do meu hábito. Fiz um esforço consciente para me controlar, que quase consumiu toda a minha força, mas me acalmei.

— Você passou um dia inteiro conosco, um dia que você agora não pode recordar — continuou Mariano Aureliano, parecendo não se importar com o meu estado de espírito oscilante. — Durante esse tempo, você se mostrou muito comunicativa e sensível, coisa que foi muito gratificante para nós. Quando você está *sonhando*, é uma criatura muito melhor, mais atraente, com mais recursos. Você permitiu que a conhecêssemos bem a fundo.

As palavras dele me deixaram na maior perturbação. Tendo crescido reivindicando meus direitos, conforme ocorreu, eu me tornara bem hábil em descobrir o sentido oculto das palavras. "Conhecer bem a fundo" me preocupou sobremaneira, especialmente "bem a fundo". Aquilo só podia significar uma coisa, pensei, e imediatamente descartei a ideia, por parecer absurda.

Fiquei tão absorta em minhas suposições que não prestei mais atenção ao que ele dizia. Ele continuou a explicar a respeito do dia que eu havia perdido, mas eu só entendi alguns trechos. Eu devia estar olhando-o sem expressão pois, de repente, ele parou de falar.

— Você não está escutando — repreendeu-me, severamente.

— O que me fizeram quando eu estava em transe? — retruquei logo. Mais que uma pergunta, era uma acusação.

Fiquei espantada com as minhas palavras, pois aquele não era um pensamento explícito; as palavras tinham escapado de mim por si mesmas. Mariano Aureliano ficou ainda mais surpreendido. Quase engasgou na gargalhada que se seguiu à sua expressão chocada, os olhos arregalados.

— Nós não andamos por aí nos aproveitando de meninas — ele me garantiu. Não só parecia sincero como ofendido pela minha acusação. — Esperanza lhe contou quem somos. Somos gente muito séria — frisou e depois, num tom zombeteiro, acrescentou: — E levamos as coisas a sério.

— Que tipo de coisas? — perguntei, belicosa. — Esperanza não disse o que querem de mim.

— Disse, sim — respondeu com tal segurança que por um instante pensei se não estivera escondido, escutando a nossa conversa no pátio. Eu não duvidaria disso.

— Esperanza lhe disse que você fora apontada para nós — continuou ele. — E agora estamos tão impelidos por isso quanto você é guiada pelo medo.

— Não sou guiada por nada nem por ninguém — gritei, esquecendo-me de que ele não me contara o que desejavam de mim.

Sem se alterar nem um pouco com a minha raiva, disse-me que Esperanza deixara bem claro que estavam comprometidos a me educar dali em diante.

— Educar-me! — berrei. — Você está maluco. Já estou mais do que criada!

Sem fazer caso da minha explosão, ele passou a explicar que o compromisso deles era total e, se eu entendia ou não isso, não importava para eles.

Fiquei olhando-o fixamente, sem conseguir esconder o meu terror. Jamais ouvira alguém se manifestar com tanta indiferença e tanto interesse ao mesmo tempo. Tentando disfarçar o meu sobressalto, procurei emprestar à minha voz uma coragem que estava longe de sentir e perguntei:

— O que quer dizer quando fala que vão me educar?

— Isso mesmo que você ouviu — respondeu ele. — Temos o compromisso de orientar você.

— Mas por quê? — perguntei, assustada e curiosa ao mesmo tempo. — Não vê que não preciso de orientação, que não quero...

Minhas palavras foram abafadas pela risada alegre de Mariano Aureliano.

— Você certamente precisa de orientação. Esperanza já lhe mostrou como a sua vida é sem sentido. — Adiantando-se à minha pergunta seguinte, ele fez um gesto para eu me calar. — E por que você, e não outra pessoa. Ela lhe explicou que deixamos que o espírito nos diga a quem devemos orientar. O espírito nos mostrou que você é a pessoa.

— Espere aí, Sr. Aureliano — protestei. — Não quero ser grosseira nem ingrata, mas deve compreender que não estou procurando ajuda. Não quero que ninguém me oriente, embora provavelmente precise de orientação. Essa simples ideia me aborrece. Entende o que estou dizendo? Estou sendo bem clara?

— Está, e sei o que quer dizer — repetiu ele, recuando um passo diante de meu dedo apontado para ele. — Mas exatamente porque não precisa de nada é que é uma candidata muito adequada.

— Candidata? — gritei, farta da insistência dele. Olhei em volta, preocupada se estaria sendo ouvida pelas

Sonhos lúcidos

pessoas que entravam e saíam do café. — O que é isso? — continuei a gritar. — Você e seus companheiros são um bando de doidos. Me deixem em paz, está ouvindo? Não preciso de vocês nem de ninguém.

Para meu espanto e meu prazer mórbido, Mariano Aureliano enfim se descontrolou e começou a ralhar comigo como meu pai e meus irmãos faziam. Numa voz tensa, que nunca se ergueu de modo a ser ouvida por outras pessoas, ele me insultou. Chamou-me de estúpida e mimada. E então, como se ao me insultar ele tivesse recebido algum impulso, disse algo imperdoável. Gritou que a única vantagem que eu sempre tivera fora nascer loura e de olhos azuis, numa terra em que esses atributos eram cobiçados e respeitados.

— Você nunca teve de lutar por coisa alguma — asseverou ele. — A mentalidade colonial dos *cholos* de sua terra levava-os a considerar você como realmente merecedora de um tratamento especial. Um privilégio com base apenas em se ter cabelos louros e olhos azuis é o mais estúpido que existe.

Eu estava lívida. Nunca fui de levar desaforo para casa. Meus anos de treinamento nas brigas e gritarias em casa e as vulgaridades extraordinariamente expressivas que aprendi — e que nunca me esqueci — nas ruas de Caracas, na minha infância, me valeram bem nessa tarde. Disse a Mariano Aureliano coisas que me deixam envergonhada até o dia de hoje.

Eu estava tão agitada que nem notei que o índio troncudo que estava dirigindo a caminhonete viera ter conosco. Só me dei conta de que ele estava ali quando ouvi a sua gargalhada. Ele e Mariano Aureliano estavam quase sentados no chão, segurando a barriga, gritando com prazer.

— Qual é a graça? — berrei, virando-me para o índio troncudo, e o insultei também.

— Que boca suja tem essa mulher — disse ele, num inglês perfeito. — Se eu fosse seu pai, lavava a sua boca com sabão.

— Quem mandou você se meter, seu bosta? — Num acesso de fúria, eu o chutei na canela.

Ele berrou de dor e soltou um palavrão.

Eu já ia pegar o braço dele e mordê-lo, quando Mariano Aureliano me agarrou por trás e me jogou para o alto.

O tempo parou. Minha descida foi tão lenta, tão imperceptível que me pareceu que eu estava pendurada no ar para sempre. Não fui parar no chão com os ossos quebrados, como esperava, e sim nos braços do índio troncudo. Ele nem cambaleou, e ficou me segurando como se eu não pesasse mais do que uma almofada, uma almofada de 43 quilos. Surpreendendo um brilho malvado em seus olhos, tive certeza de que me jogaria para o alto de novo. Ele deve ter percebido o meu medo, pois sorriu e me pôs no chão, delicadamente.

Esgotadas a minha raiva e as minhas forças, encostei-me em meu carro e solucei.

Mariano Aureliano passou o braço em volta de mim e afagou meus cabelos e meus ombros, como fazia o meu pai quando eu era criança. Num murmúrio tranquilizador, garantiu-me que não estava nem um pouco aborrecido com as barbaridades que eu lhe gritara.

O sentimento de culpa e de autocomiseração fez com que eu chorasse mais ainda.

Ele sacudiu a cabeça, num gesto resignado, se bem que seus olhos brilhassem, divertidos. Então, num esforço óbvio para me fazer rir também, ele confessou que ainda não podia acreditar que eu soubesse, e muito menos usasse, um vocabulário tão obsceno e injurioso.

— Bem, imagino que a linguagem existe para ser usada — disse ele —, e palavras obscenas devem ser usadas quando as circunstâncias o exigem.

Não achei graça. E, depois de passado o ataque de comiseração, comecei, como de costume, a remoer a afirmação dele, de que tudo o que eu tinha a meu favor era o cabelo louro e os olhos azuis.

Devo ter dado alguma indicação de meus sentimentos a Mariano Aureliano, pois ele me garantiu que só dissera aquilo para me aborrecer e que não havia verdade alguma. Sabia que ele estava mentindo. Por um instante, senti-me duplamente insultada e, depois, fiquei horrorizada ao ver que minhas defesas estavam arrasadas. Eu concordava com ele, que havia acertado na mosca em tudo que dissera. De um só golpe, ele me desmascarara, transpassando o meu escudo, por assim dizer. Ninguém, nem o meu inimigo mais ferrenho, poderia ter me atingido com um golpe mais devastador e preciso. No entanto, seja o que for que eu pudesse pensar de Mariano Aureliano, sabia que ele não era meu inimigo.

Fiquei tonta ao perceber aquilo. Era como se uma força invisível estivesse esmagando alguma coisa dentro de mim: a ideia de mim mesma. Algo que antes me dera força agora estava me esvaziando.

Mariano Aureliano me pegou pelo braço e me conduziu para o café.

— Vamos estabelecer uma trégua — sugeriu, com ar jovial. — Preciso que me faça um favor.

— Basta pedir — respondi, querendo imitar o tom dele.

— Antes de você chegar, entrei no café para comer um sanduíche e eles só faltaram se recusar a me servir. Quando reclamei, o cozinheiro me expulsou. — Mariano Aureliano olhou para mim desanimado e acrescentou: — Isso acontece quando se é índio.

— Faça queixa do cozinheiro ao gerente — exclamei, indignada, esquecendo total e misteriosamente o meu próprio conflito.

— Isso não me ajudaria em nada — disse Mariano Aureliano. O único meio de ajudá-lo, garantiu, era entrar no café sozinha, sentar-me ao balcão, pedir uma refeição complicada e deixar cair uma mosca morta na minha comida.

— E culpar o cozinheiro — terminei por ele. Todo aquele plano parecia tão absurdo que me fez rir. Mas, quando percebi que ele estava falando sério, prometi fazer o que pedia.

— Espere aqui — disse Mariano Aureliano que, junto com o índio troncudo, que ainda não me tinha sido apresentado, foi até a velha caminhonete vermelha, estacionada na rua. Voltaram dali a alguns minutos.

— Por falar nisso — disse Mariano Aureliano —, este aqui é John. É um índio yuma, do Arizona.

Tive vontade de perguntar se ele também era feiticeiro, mas Mariano Aureliano se antecipou à minha pergunta.

— Ele é o membro mais jovem do nosso grupo — confiou.

Dando uma risadinha nervosa, estendi a mão e disse:

— Prazer em conhecê-lo.

— Igualmente — respondeu John, com uma voz grave e ressonante, apertando a minha mão. — Espero que nunca mais voltemos a brigar — acrescentou ele, rindo.

Embora não fosse muito alto, exalava a vitalidade e a força de um gigante. Até mesmo seus dentes brancos e grandes pareciam indestrutíveis.

De brincadeira, John examinou o meu bíceps.

— Aposto que pode derrubar um sujeito com um soco — disse.

Antes que eu tivesse tempo de me desculpar por meus chutes e insultos, Mariano Aureliano me pôs na mão uma caixinha.

— A mosca — cochichou ele. — John sugere que você use isso — continuou ele, pegando de uma sacola uma peruca preta e cacheada. — Não se preocupe, é nova em folha — garantiu, pondo a peruca na minha cabeça. Depois, segurando-me a certa distância, examinou-me com um olhar crítico. — Nada mau — comentou, verificando que a minha trança loura e comprida estivesse bem escondida. — Não quero que alguém a reconheça.

— Não há necessidade de me disfarçar — garanti. — Pode crer, não conheço ninguém em Tucson. — Virei o espelho lateral do meu carro e me olhei. — Não posso entrar com essa cara — protestei. — Estou parecendo um poodle.

Mariano Aureliano me olhou com um irritante ar divertido, enquanto ajeitava uns cachos.

— Agora, não se esqueça de que tem de ficar sentada ao balcão e berrar bastante quando descobrir a mosca morta na sua comida.

— Por quê?

Ele me olhou como se eu fosse débil mental.

— Você tem de chamar atenção e humilhar o cozinheiro — disse.

O café estava cheio de fregueses que jantavam cedo, mas não tardei a conseguir me sentar ao balcão, sendo servida por uma garçonete velha e com ar atormentado, mas simpática.

Meio escondido atrás da prateleira dos pedidos estava o cozinheiro. Tal como seus dois ajudantes, parecia ser mexicano ou méxico-americano. Estava trabalhando tão animadamente que, com certeza, pensei, devia ser inofensivo, incapaz de uma maldade. Mas, quando lembrei do velho índio me esperando no estacionamento, não senti remorso algum ao esvaziar a caixinha de fósforo — tão furtivamente e depressa que nem os homens ao meu lado perceberam — sobre o hambúrguer perfeitamente preparado que havia pedido.

Meu grito de nojo foi sincero ao ver uma barata grande e morta na minha comida.

— O que foi, querida? — perguntou a garçonete, preocupada.

— Como é que o cozinheiro espera que eu coma isso aí? — reclamei. Não tive de fingir que estava zangada. Estava indignada, não com o cozinheiro, mas com Mariano Aureliano. — Como é que ele me faz uma coisa dessas? — perguntei, em voz alta.

— Foi só um acidente terrível — explicou a garçonete aos dois fregueses curiosos e apreensivos de ambos os lados do meu banco. Ela mostrou o prato ao cozinheiro.

— Fascinante! — disse o cozinheiro, a voz forte e clara. Esfregando o queixo, pensativo, ele examinou a comida. Não estava nem um pouco perturbado. Tive a vaga desconfiança de que estivesse rindo de mim. — Essa barata deve ter caído do teto — declarou, olhando para a minha cabeça com um interesse fascinado — ou talvez da peruca da moça.

Antes que eu pudesse protestar, indignada, e fazer o cozinheiro pôr-se em seu lugar, ele me ofereceu qualquer coisa que estivesse no menu.

— Por conta da casa — prometeu.

Pedi um bife e uma batata assada, que me serviram quase imediatamente. Quando estava pondo o molho de salada sobre a alface, que eu sempre comia por último, descobri uma aranha de bom tamanho saindo debaixo de uma folha de alface. Fiquei tão surpresa com aquela provocação evidente que nem consegui gritar. Acenando para mim, por trás da prateleira dos pedidos, estava o cozinheiro, com um sorriso enorme na cara.

Mariano Aureliano me esperava, impaciente.

— Que aconteceu? — perguntou ele.

— Você com sua barata nojenta! — explodi, e depois acrescentei, com ressentimento: — Não aconteceu nada. O cozinheiro nem ligou. Divertiu-se imensamente à minha custa, claro. A única pessoa que se incomodou fui eu.

Como Mariano Aureliano insistisse, eu lhe fiz um relato minucioso do que ocorrera. Quanto mais eu falava, mais satisfeito ele ficava. Desconcertada com a reação dele, olhei-o furiosa.

— Qual é a graça? — perguntei.

Ele tentou ficar sério, mas seus lábios se mexeram. Sua risada baixinha explodiu numa gargalhada satisfeita.

— Você não pode se levar tão a sério — ralhou ele. — É uma excelente *sonhadora*, mas certamente não é boa atriz.

— Não estou representando agora. E certamente não estava representando lá dentro, tampouco — exclamei, me defendendo, com a voz estridente.

— Quero dizer que eu estava contando com a sua capacidade de ser convincente — explicou ele. — Você tinha de fazer o cozinheiro acreditar numa coisa que não era verdade. Pensei realmente que conseguisse.

— Como ousa me criticar? — gritei. — Fiz papel de boba por sua causa e você só sabe dizer que eu não sei representar! — Arranquei a peruca e a joguei em cima dele. — Certamente agora estou com piolhos.

Sem fazer caso da minha explosão, Mariano Aureliano disse que Florinda já lhe havia avisado que eu era incapaz de fingir.

— Tínhamos de saber disso com certeza, para a colocarmos em seu devido lugar — acrescentou ele, com calma. — Os feiticeiros são *sonhadores* ou *espreitadores*. Alguns são ambas as coisas.

— De que está falando? Que tolice é essa de *sonhadores* e *espreitadores*?

— Os *sonhadores* tratam dos sonhos — explicou ele, baixinho. — Obtêm o seu poder, sua sabedoria, dos sonhos. Os *espreitadores*, por outro lado, tratam com as pessoas, com o mundo de todo dia. Conseguem sua sabedoria, seu poder, pela interação com seus semelhantes.

SONHOS LÚCIDOS 101

— Você evidentemente não me conhece nada bem — argumentei, com desdém. — Tenho ótima interação com as pessoas.

— Não tem, não — ele me contradisse. — Você mesma disse que não sabe conversar. Sabe mentir, mas só mente para conseguir o que quer. Suas mentiras são muito específicas, pessoais demais. E sabe por quê? — Ele parou um instante, como que me concedendo tempo para responder. Mas, antes que eu pudesse pensar no que dizer, acrescentou: — Porque para você as coisas são ou pretas ou brancas, sem qualquer outra tonalidade entre elas. E não me refiro em termos de moral, mas de conveniência. Sua conveniência, a propósito. Uma verdadeira autoritária.

Mariano Aureliano e John se entreolharam, depois os dois se aprumaram, bateram os calcanhares e fizeram uma coisa imperdoável para mim. Levantaram os braços numa saudação fascista e disseram:

— *Mein Führer!*

Quanto mais riam, maior era a minha fúria. Senti o sangue zumbindo em meus ouvidos e assomando ao rosto. E, dessa vez, não fiz nada para me acalmar. Chutei meu carro e bati com os braços na capota.

Os dois homens, em vez de procurarem me acalmar — como meus pais ou meus amigos sem dúvida teriam feito —, ficaram ali rindo, como se eu lhes estivesse proporcionando o espetáculo mais divertido possível.

Sua indiferença, sua total falta de interesse por mim, foi tão chocante que a minha raiva foi passando por si mesma. Eu nunca fora tão completamente desprezada. Estava perdida. Percebi, então, que não me restavam mais manobras. Até aquele dia, nunca soubera que, se as testemunhas de meus acessos de raiva não mostrassem preocupação, eu não saberia o que fazer a seguir.

— Acho que, agora, ela está confusa — comentou Mariano Aureliano com John. — Não sabe o que fazer. — Ele passou o braço pelos ombros do índio troncudo e acrescentou baixinho, mas ainda assim de modo a que eu ouvisse: — Agora vai chorar e só parará quando a consolarmos. Não há nada tão cansativo quanto uma mulherzinha mimada.

Aquilo foi o máximo. Como um touro ferido, abaixei a cabeça e investi contra Mariano Aureliano.

Ele ficou tão surpreso com o meu ataque brutal e repentino que quase se desequilibrou, o que me deu tempo suficiente para enterrar os dentes na parte carnuda da barriga dele. Ele soltou um berro, um misto de dor e riso.

John me agarrou pela cintura e me puxou. Só larguei a minha mordida quando a minha ponte parcial caiu. Eu havia perdido dois dentes superiores da frente aos 13 anos numa briga entre os estudantes venezuelanos e alemães na escola de ensino médio alemã, em Caracas.

Os dois homens uivavam de tanto rir. John se debruçou sobre a mala do meu Volkswagen, segurando a barriga e batendo no meu carro.

— Ela tem um buraco nos dentes, como um jogador de futebol — exclamou ele, entre gargalhadas.

Meu constrangimento foi infinito. Eu estava tão vexada que meus joelhos cederam e deslizei para o chão, como uma boneca de trapos, e cheguei a desmaiar.

Quando voltei a mim, estava sentada dentro da caminhonete e Mariano Aureliano estava comprimindo as minhas costas. Sorrindo, ele afagou a minha cabeça várias vezes e depois me abraçou.

Fiquei surpresa com a minha ausência de emoção; não estava constrangida ou aborrecida, mas descontraída, à vontade. Era uma tranquilidade, uma serenidade que eu nunca conhecera. Pela primeira vez em minha vida, percebi que nunca estivera em paz comigo mesma nem com os outros.

— Gostamos imensamente de você — disse Mariano Aureliano. — Mas você vai ter de se curar de seus acessos de fúria. Se não o fizer, eles a matarão. Desta vez, a culpa foi minha. Eu lhe devo desculpas. Eu a provoquei deliberadamente.

Eu estava calma demais para dizer alguma coisa. Saltei da caminhonete para esticar os braços e as pernas. Estava com cãibras dolorosas nas panturrilhas.

Após alguns momentos de silêncio, pedi desculpas aos dois homens. Disse que o meu gênio piorara depois que eu tinha começado a beber refrescos de cola compulsivamente.

— Então pare de bebê-los — sugeriu Mariano Aureliano. E mudou inteiramente de assunto como se nada tivesse acontecido. Disse que estava muito satisfeito por eu ter me juntado a eles.

— Está? — perguntei, sem entender. — Eu me juntei a vocês?

— Juntou-se! — frisou ele. — Um dia tudo isso fará sentido para você. — Ele apontou para uma revoada de corvos crocitando acima de nós. — Os corvos são um bom augúrio. Veja como são maravilhosos. Parecem uma pintura no céu. Vê-los agora é uma promessa de que nos tornaremos a ver.

Fiquei observando os pássaros até desaparecerem. Quando me virei para olhar Mariano Aureliano, ele não estava mais lá. A caminhonete se fora sem fazer nenhum ruído.

5

Sem fazer caso dos arbustos espinhentos, disparei atrás do cachorro, que estava correndo por entre as artemísias numa velocidade louca. Logo perdi de vista o seu pelo dourado brilhando no meio dos arbustos fragrantes e acompanhei o ruído de seus latidos, que se tornavam cada vez mais fracos a distância.

Inquieta, olhei para a névoa espessa que se formava atrás de mim. O nevoeiro se fechou em volta do lugar em que eu estava e, daí a pouco, não se via mais o céu. O sol crepuscular, como uma bola de fogo reduzida, era apenas entrevisto. E o magnífico panorama da baía de Santa Monica, agora mais imaginada do que vista das montanhas de Santa Susana, desaparecera numa rapidez incrível.

Não me preocupava se o cachorro viesse a se perder. Eu, porém, não tinha ideia de como encontrar o local isolado que meus amigos tinham escolhido para o nosso piquenique. Nem a trilha que eu pegara para perseguir o cachorro.

Dei alguns passos hesitantes na direção em que o cão havia tomado, quando alguma coisa me fez parar. Surgindo alto, por alguma fresta no nevoeiro, vi um pontinho de luz descendo em minha direção. Depois veio outro e mais outro, como pequenas chamas atadas a um cordão. As luzes tremiam e vibravam no ar e, pouco antes de me alcançarem, desapareceram, como se a névoa em volta de mim as tivesse engolido.

Como haviam desaparecido à minha frente, eu me adiantei para mais perto daquele lugar, querendo examinar esse fato extraordinário. Olhando atentamente para dentro da névoa, vi vultos humanos escuros deslizarem pelo ar, a pouco mais de meio metro acima do solo, movendo-se como se estivessem pisando em nuvens, na ponta dos pés. Um após o outro, os vultos humanos sentaram-se formando um círculo. Dei mais alguns passos vacilantes e depois parei, quando o nevoeiro se espessou e os absorveu.

Permaneci parada, sem saber o que fazer. Senti um medo muito estranho. Não o que conheço, mas um medo dentro do meu corpo, na minha barriga; o tipo de medo que os animais devem sentir. Não sei por quanto tempo fiquei ali. Quando a neblina se dissipou o suficiente para eu poder enxergar, vi à minha esquerda, a uns 15 metros de distância, dois homens sentados no chão, de pernas cruzadas. Estavam cochichando. O som de suas vozes parecia estar por toda parte à minha volta, captadas em pedacinhos de névoa que eram como tufos de algodão. Não compreendi o que estavam conversando, mas me tranquilizei ao captar uma palavra aqui e outra ali; falavam em espanhol.

— Estou perdida! — gritei, em espanhol.

Os dois homens se viraram devagar, hesitando, sem poder acreditar, como se estivessem vendo uma aparição. Eu me virei, pensando se haveria alguém atrás de mim que estivesse provocando aquela reação dramática. Não havia ninguém.

Rindo, um dos homens se levantou, esticou os membros até as juntas estalarem e, depois, cobriu a distância entre nós com passos rápidos. Era jovem, baixo e forte, com ombros maciços e cabeça grande. Seus olhos escuros irradiavam divertimento e curiosidade.

Eu lhe disse que estava caminhando com amigos e me perdera, ao correr atrás do cachorro deles.

— Não tenho ideia de como voltar até onde estão — concluí.

— Não pode prosseguir por aqui — ele me avisou.

— Estamos num penhasco. — Pegou-me pelo braço e me levou à borda do precipício, que se encontrava a não mais de uns três metros de onde eu estava. — Esse meu amigo — disse ele, apontando para o outro homem, que ficara sentado, me olhando fixamente — dizia-me que lá embaixo há um antigo cemitério de índios quando você apareceu e quase nos matou de susto. — Ele examinou o meu rosto, minha comprida trança loura e perguntou: — Você é sueca?

Ainda perplexa com o que o rapaz dissera sobre o cemitério de índios, fiquei olhando para a névoa. Em circunstâncias normais, como estudante de antropologia, eu teria ficado empolgada por ter descoberto um antigo cemitério de índios. Mas, no momento, não me importava a mínima que existisse tal coisa naquele vazio enevoado abaixo de mim. Só conseguia pensar que, se aquelas luzes não me tivessem distraído, poderia ter acabado sepultada, eu mesma.

— Você é sueca? — o rapaz tornou a perguntar.

— Sou — menti e logo me arrependi. Mas não conseguia imaginar um meio de me corrigir, que não me envergonhasse.

— Você fala espanhol perfeitamente — comentou o homem. — Os suecos têm um ouvido maravilhoso para línguas.

Embora eu me sentisse terrivelmente culpada, não pude deixar de dizer que, mais do que um dom, era uma necessidade para os escandinavos aprenderem várias línguas, se quisessem se comunicar com o resto do mundo.

— Além disso — confessei —, fui criada na América do Sul.

Por algum motivo estranho, essa informação pareceu intrigar o rapaz. Ele sacudiu a cabeça, como que sem poder acreditar, e então ficou calado por muito tempo, pensando. Depois, como se tivesse tomado alguma decisão, pegou-me pela mão e me levou depressa para onde o outro homem estava sentado.

Eu não tinha a menor intenção de conversar com eles. Queria voltar para junto de meus amigos o mais depressa possível. Mas o rapaz me deixou tão à vontade que, em vez de pedir que me levassem de volta à trilha, contei-lhes detalhadamente o caso das luzes e vultos humanos que acabara de ver.

— Estranho o espírito ter poupado você — murmurou o homem sentado, como se falasse sozinho, as sobrancelhas escuras unidas numa expressão preocupada. Mas, evidentemente, estava falando com seu companheiro, que respondeu alguma coisa que não entendi. Eles trocaram olhares conspiradores, deixando-me mais inquieta.

— Desculpe — disse, voltando-me para o homem sentado —, não entendi o que estava dizendo.

Ele me olhou, agressivamente mal-humorado.

— Você foi avisada do perigo — declarou ele, numa voz grave e ressonante. — Os emissários da morte foram em seu auxílio.

— Quem foi? — eu me senti obrigada a perguntar, se bem que o tivesse entendido perfeitamente. Eu o examinei com atenção. Por um instante, tive certeza de que o conhecia, mas, olhando bem, percebi que nunca o vira. No entanto, não consegui me livrar inteiramente da sensação de familiaridade. Ele não era tão jovem quanto o outro homem, mas tampouco era velho. Era positivamente índio. A pele era morena, escura. Os cabelos negro-azulados, lisos e espessos como uma escova. Mas não era apenas o seu aspecto externo que me era quase conhecido; era mal-humorado, como só eu sabia ser mal-humorada.

Parecendo sentir-se incomodado com o meu olhar atento, ele se levantou de repente.

— Vou levá-la a seus amigos — resmungou. — Siga-me, e não ouse cair. Cairia em cima de mim e nos mataria a ambos — acrescentou, áspero.

Antes que eu tivesse a oportunidade de dizer que não era uma palerma desastrada, ele foi me conduzindo, descendo a encosta muito íngreme de uma montanha do lado oposto ao do penhasco.

— Você sabe aonde está indo? — gritei para ele, minha voz áspera de nervosismo. Eu não sabia me orientar, não que normalmente eu seja boa nisso, mas não havia notado nenhuma subida enquanto corria atrás do cachorro.

O homem virou-se. Um sorriso contido e divertido iluminou logo seu rosto, se bem que seus olhos não sugeriam o mesmo sentimento. Olhou-me duramente.

— Vou levá-la aos seus amigos — foi só o que disse.

Eu não estava gostando, mas acreditei nele. Não era muito alto — devia ter 1,77m — e tinha ossos pequenos, mas seu corpo projetava a massa e o volume de uma pessoa forte. Movia-se em meio ao nevoeiro com extraordinária confiança, pisando com facilidade e elegância por um caminho que eu pensava ser uma descida vertical.

O rapaz mais jovem descia atrás de mim, ajudando-me cada vez que eu me atrapalhava. Tinha a maneira solícita de um cavalheiro à moda antiga. Suas mãos eram fortes, lindas e incrivelmente macias. Sua força era imensa. Ele me levantou acima de sua cabeça por várias vezes. Talvez isso não fosse um feito tão extraordinário, levando-se em conta o meu pouco peso, mas foi bem impressionante, considerando que estava pisando em ressaltados de xisto e não era mais do que uns seis ou sete centímetros mais alto do que eu.

— Você tem de agradecer aos emissários da morte — insistiu o homem que nos conduziu, assim que chegamos a um terreno plano.

— Tenho? — perguntei, num tom de troça. A ideia de dizer "obrigada" aos "emissários da morte" me parecia ridícula. — Tenho de me ajoelhar? — perguntei, em meio a um acesso de riso.

O homem não achou nenhuma graça. Pôs as mãos nos quadris e me olhou bem nos olhos, o rosto estreito e magro sem um sorriso. Havia alguma coisa ameaçadora na pose dele, nos olhos escuros e oblíquos sob as sobrancelhas crespas que se juntavam sobre o nariz cinzelado. De repente, deu-me as costas e sentou-se numa pedra ali perto.

— Não podemos sair daqui até que você agradeça aos emissários da morte — declarou ele.

De repente, dei-me conta de que estava sozinha num lugar desolado, perdida num nevoeiro com dois homens estranhos, um deles talvez perigoso. Eu sabia que ele não arredaria pé daquele lugar até que eu atendesse a seu pedido ridículo. Para meu espanto, em vez de me sentir assustada, tive vontade de rir.

O sorriso de reconhecimento no rosto do homem mais jovem mostrou, claramente, que ele sabia o que eu estava sentindo e mostrava-se bem satisfeito com isso.

— Não precisa chegar a se ajoelhar — disse-me e, então, sem conseguir se conter mais, começou a rir, um riso forte e áspero, rolando como pedrinhas em volta de mim. Seus dentes eram brancos como a neve e inteiramente regulares, como os de uma criança. Seu rosto parecia ao mesmo tempo malicioso e brando. — Basta dizer "obrigada" — sugeriu ele. — Diga. O que tem a perder?

— Eu me sinto uma boba — confidenciei, propositadamente tentando conquistar-lhe a simpatia. — Não vou dizer.

— Por quê? — perguntou, em tom neutro. — Só vai levar um segundo e não dói nada — frisou, sorrindo.

Contra a minha vontade, tive de rir.

— Sinto muito, mas não posso fazer isso — repeti. — Eu sou assim. No momento em que alguém insiste para que eu faça alguma coisa que não queira, logo fico toda tensa e zangada.

Olhando para o chão, o queixo pousado nos nós dos dedos, o rapaz meneou a cabeça, pensativo.

— É fato que alguma coisa a impediu de se machucar, talvez até de morrer — disse ele, depois de uma pausa demorada. — Uma coisa inexplicável.

Concordei com ele. Cheguei a reconhecer que tudo aquilo era muito estranho para mim e procurei argumentar que fenômenos podem acontecer por coincidência no momento certo e no local certo.

— Isso tudo é muito apropriado — disse ele, depois sorriu e, audaciosamente, tocou no meu queixo. — Mas não explica o seu caso especial. Você recebeu uma dádiva. Chame o doador de coincidência, circunstâncias, cadeia de acontecimentos ou o que for, mas o fato é que foi poupada de sofrimento, de ferimentos.

— Talvez você tenha razão — reconheci. — Eu devia ser mais grata.

— Não mais grata. Mais flexível, mais fluida — corrigiu ele, e riu. Vendo que eu estava ficando zangada, abriu bem os braços, como se quisesse abranger as artemísias em volta de nós. — Meu amigo acha que o que você viu tem a ver com o cemitério dos índios, que por acaso é bem aqui.

— Não vejo nenhum cemitério — disse, me defendendo.

— É difícil reconhecê-lo — explicou, olhando para mim com os olhos apertados, como se tivesse algum problema de visão. — E não é o nevoeiro que nos impede de vê-lo. Mesmo num dia de sol, não se vê nada senão um trecho do terreno com artemísias. — Ele se pôs de joelhos e, rindo, olhou para mim. — No entanto, para quem sabe ver, é um trecho com artemísias de forma incomum.

Ele se deitou no chão, de bruços, a cabeça virada para a esquerda, e me indicou que fizesse o mesmo.

— Este é o único meio de enxergá-lo claramente — explicou, quando me deitei ao seu lado no chão. — Eu não saberia disso se não fosse o meu amigo aqui, que sabe uma porção de coisas interessantes e empolgantes.

A princípio, não vi nada, e então, uma por uma, fui descobrindo as pedras no mato rasteiro e espesso. Escuras e brilhantes, como se tivessem sido lavadas pela névoa, estavam em círculo, mais como criaturas do que pedras.

Abafei um grito quando me dei conta de que o círculo de pedras era exatamente igual ao círculo de vultos humanos que vira antes, no nevoeiro.

— Agora estou realmente assustada — murmurei, me mexendo, sem jeito. — Eu lhe disse que vi vultos humanos sentados em círculo. — Olhei-o, para ver se a sua expressão revelava alguma reprovação ou zombaria, antes de acrescentar: — É absurdo demais, mas quase posso jurar que essas pedras são as pessoas que vi.

— Eu sei — murmurou tão baixinho que tive de chegar mais para perto. — É tudo muito misterioso — continuou ele. — Meu amigo, que é índio, como você deve ter notado, diz que certos cemitérios de índios, como este, têm uma fileira ou um círculo de grandes pedras. As pedras são os emissários da morte. — Ele olhou bem para mim e, depois, como se quisesse ter certeza de receber toda a minha atenção, confiou: — São os emissários, note bem, e não a representação dos emissários.

Fiquei olhando fixamente para o homem, não só porque não sabia como interpretar as suas palavras, mas também porque o rosto dele ficava mudando enquanto falava e sorria. Não eram as feições que mudavam, mas o rosto: às vezes, era o de uma criança de 6 anos, de um rapaz de 17 anos e também o de um velho.

— Essas crenças são estranhas — prosseguiu ele, parecendo não notar a minha curiosidade. — Eu não fazia muita fé nelas, até o momento em que você apareceu de repente, quando o meu amigo estava me falando sobre os emissários da morte, e nos contou que acabara de vê-los. Se eu fosse desconfiado — ressaltou, o tom de repente ameaçador —, acreditaria que você e ele estavam de combinação.

— Eu nem o conheço! — eu me defendi, indignada diante daquela sugestão, e depois cochichei, para só ele poder ouvir: — Para dizer a verdade, o seu amigo me mete medo.

— Se eu fosse desconfiado — repetiu o rapaz, sem fazer caso da minha interrupção —, acreditaria que vocês dois estão querendo me amedrontar. Mas não sou desconfiado, portanto só o que posso fazer é não tirar conclusões e ficar intrigado a seu respeito.

— Pois não fique — reclamei, irritada. — E, em todo caso, não sei de que diabo está falando. — Eu o fitei com raiva. Não tinha simpatia alguma pelo seu dilema, que também estava me dando arrepios.

— Ele está falando em agradecer aos emissários da morte — disse o homem mais velho. Ele se aproximou de onde eu estava deitada e ficou me espiando de modo muito esquisito.

Louca para sair daquele lugar e largar aqueles dois malucos, levantei-me e gritei meus agradecimentos. Minha voz ressoou como se o mato rasteiro tivesse se transformado em pedras. Fiquei escutando até que o ruído morreu. Então, como que possuída, e contra o meu bom senso, gritei meus agradecimentos muitas vezes.

— Tenho certeza de que os emissários estão mais do que satisfeitos — disse o rapaz mais novo, cutucando a minha perna. Rindo, ele rolou e ficou deitado de costas. Em seus olhos havia uma força maravilhosa, o poder satisfeito no seu riso. A despeito da inconstância, não duvidei nem por um instante de que tinha de fato agradecido aos emissários da morte. E, estranhamente, eu me sentia protegida por eles.

— Quem são vocês dois? — dirigi minha pergunta ao rapaz mais jovem.

Num movimento ágil e suave ele se pôs de pé.

— Sou José Luis Cortéz; meus amigos me chamam de Joe — disse ele, estendendo a mão para apertar a minha. — E este é meu amigo Gumersindo Evans-Pritchard.

Com receio de rir alto diante daquele nome, mordi o lábio e me abaixei para coçar uma picada imaginária no meu joelho.

— Uma pulga, eu acho — murmurei, olhando de um para outro. Ambos me olharam de volta, desafiando-me a fazer troça do nome. No rosto deles havia uma expressão tão séria que o meu riso se evaporou.

Gumersindo Evans-Pritchard pegou a minha mão — que estava pendente ao lado do meu corpo — e apertou vigorosamente.

— Muito prazer em conhecê-la — disse, num inglês perfeito, com um sotaque britânico da classe alta. — Por um momento pensei que você fosse uma dessas mulherzinhas convencidas.

Simultaneamente, meus olhos se arregalaram e minha boca se abriu. Embora alguma coisa em mim mostrasse que as palavras dele pretendiam ser um elogio e não um insulto, assim mesmo o meu choque foi tão forte que fiquei paralisada. Eu não era pudica — nas circunstâncias devidas era capaz de dizer mais palavrões do que qualquer outro —, mas para mim havia uma conotação tão horrivelmente ofensiva na palavra *mulherzinha* que fiquei sem fala.

Joe me socorreu. Desculpou-se pelo amigo, explicando que Gumersindo era um iconoclasta social extremado. Antes que eu pudesse dizer que Gumersindo decididamente arrasava o meu senso de conveniência, Joe acrescentou que a compulsão que levava Gumersindo a ser iconoclasta tinha a ver com o fato de que o seu sobrenome era Evans-Pritchard.

— Isso não deve espantar ninguém — comentou Joe. — O pai dele é um inglês que abandonou a mãe dele, uma índia de Jalisco, antes de Gumersindo nascer.

— Evans-Pritchard? — repeti, com cuidado, e depois virei-me para Gumersindo e perguntei se ele não se importava que Joe revelasse a uma estranha os seus segredos de família.

— Não há segredos de família — respondeu Joe pelo amigo. — Não sabe por quê? — Ele me fitou com seus olhos brilhantes e escuros, que não eram nem castanhos nem pretos, mas da cor de cerejas maduras.

Perdida, sacudi a cabeça para mostrar que não, minha atenção captada por aquele olhar forte. Um dos olhos parecia estar rindo de mim; o outro estava bem sério, sinistro e ameaçador.

— Porque o que você chama de segredo de família é a fonte da força de Gumersindo — continuou Joe. — Você sabia que o pai dele é hoje um famoso antropólogo inglês? Gumersindo odeia a coragem dele.

Gumersindo meneou a cabeça, quase imperceptivelmente, como se ele sentisse orgulho daquele ódio.

Eu mal podia acreditar na minha boa sorte. Eles estavam se referindo nada menos que a E. E. Evans-Pritchard, um dos mais importantes antropólogos sociais do século XX. E era exatamente naquele ano letivo que eu estava pesquisando, na UCLA, para fazer um trabalho sobre a história da antropologia social e os mais eminentes teóricos desse campo.

Que furo! Tive de me controlar para não gritar e pular de empolgação. Consegui descobrir um segredo assim terrível! Um grande antropólogo seduzindo e abandonando uma índia. Não me interessava nada que Evans-Pritchard não tivesse feito trabalho de campo no México — ele era conhecido sobretudo por suas pesquisas na África —, pois tinha a certeza de que descobriria que, numa de suas visitas aos Estados Unidos, ele tinha ido ao México. Eu dispunha da prova viva disso à minha frente.

Sorrindo com brandura, olhei para Gumersindo e fiz um voto mudo de que, naturalmente, nada revelaria sem a permissão dele. Bem, talvez eu apenas dissesse alguma coisa a um de meus professores, pensei. Afinal, não era todo dia que se encontrava uma informação desse tipo.

Minha cabeça estava cheia de possibilidades. Quem sabe uma pequena preleção para apenas alguns estudantes em casa de um de meus professores. Em minha mente, já havia escolhido o professor. Não gostava especialmente dele, mas apreciava a maneira meio infantil com que procurava impressionar seus alunos. Reuníamo-nos periodicamente em sua casa. Todas as vezes em que lá estive, vi sobre a sua mesa, deixado como que por acaso, um bilhete escrito por um famoso antropólogo, Claude Lévi-Strauss.

— Você não nos disse o seu nome — lembrou Joe, educadamente, me puxando de leve pela manga.

— Carmen Gebauer — respondi sem hesitar, dando o nome de uma de minhas amigas de infância. Para disfarçar o meu mal-estar e remorso por ter tornado a mentir com tanta facilidade, perguntei a Joe se ele era argentino. Vendo a sua expressão intrigada, apressei-me em dizer que o sotaque dele era positivamente argentino. — Embora você não pareça ser argentino — comentei.

— Sou mexicano — retrucou. — E, a julgar pelo seu sotaque, você foi criada ou em Cuba ou na Venezuela.

Eu não queria prosseguir nesse assunto, e logo fui trocando de tema.

— Você sabe como voltar à trilha? — perguntei, de repente preocupada com a ideia de que meus amigos, a essa altura, poderiam estar aflitos.

— Não sei, não — confessou Joe, com candura infantil. — Mas Gumersindo Evans-Pritchard sabe.

Gumersindo nos conduziu através do chaparral, subindo por uma trilha do outro lado da montanha. Pouco depois ouvimos as vozes de meus amigos e os latidos do cachorro deles.

Senti imenso alívio e, ao mesmo tempo, fiquei desapontada e intrigada ao ver que nenhum dos dois homens tentava saber como me encontrar.

— Estou certo de que tornaremos a nos encontrar —
disse Joe, displicentemente, ao se despedir.

Gumersindo Evans-Pritchard me surpreendeu quando, galantemente, beijou minha mão. Ele fez aquilo com tanta graça e naturalidade que não me ocorreu rir dele.

— Isso está nos genes dele — explicou Joe. — Embora seja só meio inglês, seu refinamento é irrepreensível. É um perfeito cavalheiro!

Sem mais uma palavra nem um olhar para trás, os dois desapareceram no nevoeiro. Eu duvidava muito que tornaria a vê-los. Cheia de remorsos por ter mentido quanto ao meu nome, estava a ponto de correr atrás deles quando o cachorro dos meus amigos quase me derrubou, saltando sobre mim e tentando me lamber o rosto.

6

PASMA, fitei o conferencista convidado. De terno e colete, cabelos curtos e ondulados, rosto barbeado, Joe Cortéz parecia uma figura de outra época em meio aos estudantes de cabelos compridos, barbados e enfeitados de contas, vestidos informalmente, num dos grandes auditórios da Universidade da Califórnia em Los Angeles (UCLA).

Apressadamente, sentei-me na cadeira vaga na fila de trás do auditório cheio, lugar reservado para mim pela mesma amiga com quem estivera excursionando nos montes Santa Susana.

— Quem é ele? — perguntei-lhe.

Sacudindo a cabeça, sem poder acreditar, ela me olhou com impaciência e depois rabiscou *Carlos Castaneda* num pedaço de papel.

— E quem é esse Carlos Castaneda? — perguntei, rindo sem querer.

— Eu lhe dei o livro dele — cochichou, acrescentando que era um antropólogo conhecido que fizera amplo trabalho de campo no México.

Eu ia dizer à minha amiga que o conferencista era o mesmo homem que havia conhecido nas montanhas no dia em que me perdi. No entanto, por bons motivos, não disse nada. Aquele homem fora responsável por quase ter acabado com a nossa amizade, que eu prezava imensamente. Minha amiga ficara firme na sua opinião de que a história sobre o filho de Evans-Pritchard era conversa fiada. Eu insistira em dizer que os dois homens nada tinham a ganhar em me contar histórias falsas, que eu sabia que disseram a verdade, inocentemente. Minha amiga, furiosa comigo por eu acreditar neles, me chamara de tola e ingênua.

Visto que nenhuma das duas estava disposta a ceder, nossa discussão ficara bastante acalorada. O marido dela, na esperança de nos tirar do nosso frenesi, sugeriu que talvez me tivessem dito a verdade. Irritada com a falta de solidariedade que ele demonstrava em relação a ela, minha amiga gritara para que se calasse.

Tínhamos voltado para a casa num estado de espírito melancólico, a nossa amizade tensa. Levamos algumas semanas para superar aquilo. Enquanto isso, testei a minha informação com várias pessoas mais versadas em assuntos antropológicos e em antropólogos do que eu ou minha amiga. Não é preciso dizer que me fizeram sentir-me como uma idiota. Por teimosia, agarrei-me à crença de que só eu sabia a verdade. Fora criada para ser prática: quando se mente, tem de ser para conseguir alguma coisa que não pode ser obtida de outro modo. E eu não podia imaginar o que aqueles homens poderiam vir a ganhar.

Não prestei muita atenção à conferência de Carlos Castaneda. Estava absorta demais, pensando no motivo que teria para mentir acerca do seu nome. Como era dada a deduzir os motivos dos outros, partindo de uma simples declaração ou observação, tinha muito em que pensar tentando descobrir uma pista para os motivos dele. Mas, então, me lembrei que também eu lhe dera um nome falso, e não sabia dizer por que o fizera.

Depois de muito pensar, cheguei à conclusão de que lhe mentira porque não acreditava nele. Era confiante demais, seguro de si demais para me inspirar confiança. Minha mãe me educara para suspeitar dos homens latinos, especialmente se não fossem meio subservientes. Ela dizia que os homens latinos eram como galos de briga, que só se interessavam por brigas, comida e sexo, nessa ordem. E imagino que eu tivesse acreditado nela sem pensar no assunto.

Por fim, olhei para Carlos Castaneda. Não consegui entender o que ele estava dizendo, mas fiquei fascinada com seus gestos. Ele parecia falar com o corpo todo, e as palavras, em vez de surgirem de sua boca, pareciam fluir de suas mãos, as quais movia com a graça e a agilidade de um mágico.

Eu me enchi de coragem e fui lhe falar após a conferência. Ele estava cercado por estudantes. Mostrou-se tão solícito e insinuante com as mulheres que eu, automaticamente, o desprezei.

— Você mentiu para mim quanto ao seu nome, Joe Cortéz — disse, em espanhol, apontando-lhe um dedo acusador.

Pondo a mão sobre o estômago, como se tivesse levado um soco, fitou-me com a mesma expressão hesitante, incrédula, que adotou a primeira vez em que me viu na montanha.

— Também é mentira que o seu amigo Gumersindo é filho de Evans-Pritchard — acrescentei, antes que se refizesse do espanto de me ver. — Não é?

Ele fez um gesto de súplica, para que eu não dissesse mais nada. Não parecia estar constrangido, mas em seus olhos havia um assombro tão claro e simples que a minha fúria justificada foi logo dominada. Delicadamente, segurou-me pelo pulso, como se receasse que eu fosse embora.

Depois que acabou de falar aos estudantes, levou-me em silêncio para um banco isolado, à sombra de um pinheiro gigantesco, no campus norte.

— Tudo isso é tão estranho que estou realmente sem fala — disse ele, em inglês, quando nos sentamos. Ficou me olhando como se ainda não pudesse acreditar que eu estivesse sentada, ali, ao seu lado. — Nunca pensei que tornaria a encontrá-la — acrescentou, pensativo. — Depois que partimos, o meu amigo, cujo nome, aliás, é Nestor, e eu falamos muito a seu respeito. Chegamos à conclusão de que você era uma semiaparição. — Ele de repente passou a falar em espanhol, e disse que ambos chegaram a voltar ao local onde me deixaram, na esperança de me encontrar.

— Por que queriam me encontrar? — perguntei em inglês, crente de que ele me responderia, em inglês, que voltara pois havia gostado de mim.

Em espanhol, não há meio de se dizer que simplesmente gosta de alguém. A resposta tem de ser mais florida e, ao mesmo tempo, mais precisa. Em espanhol, pode-se ou evocar um sentimento bom — *me caes bien* — ou despertar uma paixão total — *me gustas*.

SONHOS LÚCIDOS 125

Minha pergunta sincera o fez cair num silêncio prolongado. Parecia estar ponderando se deveria falar ou não. Por fim, respondeu que o encontro comigo no nevoeiro, naquela tarde, deixara-o num profundo tumulto. O rosto demonstrava enlevo ao revelar tudo isso, e sua voz traía profundo assombro quando acrescentou que, ao me encontrar naquele auditório, quase representara o fim para ele.

— Por quê? — perguntei, com a vaidade ferida. E imediatamente me arrependi, pois convencera-me de que ele diria estar perdidamente apaixonado por mim, o que seria muito perturbador. Eu não saberia como responder.

— É uma história muito comprida — disse ele, ainda pensativo. Franziu os lábios, como que falando sozinho, ensaiando o que diria a seguir.

Eu conhecia os indícios de um homem que se prepara para dar o golpe.

— Não li a sua obra — comentei, para desviar o assunto. — De que se trata?

— Escrevi uns livros sobre feitiçaria — respondeu ele.

— Que tipo de feitiçaria? Vodu, espiritismo ou o quê?

— Você sabe alguma coisa sobre feitiçaria? — perguntou, num tom de expectativa.

— Claro que sei. Fui criada com isso. Passei muito tempo no litoral da Venezuela, região famosa por seus feiticeiros. Muitos verões da minha infância foram passados com uma família de bruxas.

— Bruxas?

— É — confirmei, satisfeita com a reação dele. — Tive uma babá que era bruxa. Uma negra de Puerto Cabello.

Tomou conta de mim até eu entrar na adolescência. Os meus pais trabalhavam fora e, quando eu era criança, eles de bom grado me deixavam aos seus cuidados. Ela sabia lidar comigo muito melhor do que minha mãe ou meu pai. Permitia que eu fizesse o que quisesse. Claro, meus pais deixavam-na levar-me a toda parte. Nas férias escolares, levava-me para visitar a sua família de bruxas. Embora não permitisse que eu participasse dos rituais e das sessões de transe, consegui ver muita coisa.

Ele olhou para mim com curiosidade, como se não estivesse acreditando. Depois perguntou, com um sorriso confuso:

— O que a identificava como bruxa?

— Uma porção de coisas. Ela matava galinhas e as oferecia aos deuses em troca de favores. Ela e seus confrades de feitiçaria, homens e mulheres, dançavam até entrar em êxtase. Ela recitava encantamentos secretos que tinham o poder de curar os amigos e prejudicar os inimigos. Sua especialidade eram os elixires de amor. Ela os preparava com plantas medicinais e todo tipo de dejetos corporais, como sangue menstrual, lascas de unhas, fios de cabelo, de preferência os pelos pubianos. Fazia amuletos de boa sorte no jogo ou em assuntos amorosos.

— E os seus pais permitiram tudo isso? — perguntou ele, sem poder acreditar.

— Em casa, ninguém sabia disso, a não ser eu e os clientes da minha babá, claro — expliquei. — Ela atendia em domicílio, como faz qualquer médico. Tudo o que fazia em minha casa era acender velas atrás dos vasos sanitários, sempre que eu tinha pesadelos. Como isso parecia me aliviar, e não havia perigo de alguma coisa pegar fogo junto aos azulejos, minha mãe permitia que ela fizesse isso abertamente.

De repente, ele se levantou e começou a rir.

— Qual é a graça? — perguntei, pensando se estaria supondo que eu inventara tudo aquilo. — É verdade, eu lhe garanto.

— Você afirma alguma coisa para si e, no que lhe diz respeito, uma vez que tenha feito a afirmação, ela se torna verdade — contestou ele, o rosto sério.

— Mas eu lhe disse a verdade — insisti, certa de que se referia à minha babá.

— Sei ver por dentro das pessoas — disse ele, com calma. — Por exemplo, vejo que está convencida de que vou dar em cima de você. Convenceu-se de tal coisa e, agora, é a verdade. É sobre isso que estou falando.

Tentei falar algo, mas a minha indignação me deixou sem fôlego. Tive vontade de fugir, mas seria humilhante demais.

Ele franziu um pouco a testa e tive a desagradável impressão de que sabia o que eu estava sentindo. Meu rosto ficou vermelho, tremia de raiva controlada. Não obstante, em poucos momentos, senti uma calma extraordinária. Não foi devido a qualquer esforço consciente de minha parte; no entanto, tinha a sensação exata de que alguma coisa em mim mudara. Recordava vagamente de que já passara por uma experiência assim antes, mas essa recordação desapareceu tão depressa quanto surgiu.

— O que está fazendo comigo? — murmurei.

— Acontece que vejo dentro das pessoas — respondeu, em tom de pesar. — Não o tempo todo e certamente não com todas as pessoas, mas apenas com aquelas a quem estou intimamente ligado. Não sei como posso ver dentro de você.

A sinceridade dele era evidente. Parecia muito mais perplexo do que eu. Tornou a sentar-se e se aproximou de mim no banco. Ficamos algum tempo em total silêncio. Era uma experiência muito agradável deixar de lado todos os esforços para conversar sem parecer burra. Olhei para o céu; estava sem nuvens e transparente como se fosse vidro azul. Uma brisa suave soprava pelos galhos do pinheiro e as folhas caíam sobre nós como uma chuva branda. Depois a brisa tornou-se vento, e as folhas secas e amareladas do sicômoro ao lado voaram em nossa direção, rodopiando à nossa volta com um som suave e ritmado. Numa rajada abrupta, o vento carregou as folhas para o alto.

— Uma bela demonstração do espírito — murmurou ele. — E foi para você. O vento, as folhas girando pelo ar à nossa frente. O feiticeiro com quem trabalho diria que isso foi um augúrio. Alguma coisa indicou-a para mim, no momento exato em que eu estava pensando que era melhor me retirar. Agora não posso ir.

Refletindo apenas nessas últimas palavras, eu me senti inexplicavelmente feliz. Não era uma felicidade triunfante, o tipo de alegria que se sente quando se consegue o que se deseja. Era mais uma sensação de profundo bem-estar que não durou muito. Meu ego pesado me dominou de repente e exigiu que eu me livrasse daqueles pensamentos e sentimentos. Nada tinha a fazer ali. Matara uma aula, não fora almoçar com meus amigos de verdade e havia faltado à minha natação diária no ginásio feminino.

— Talvez seja melhor eu ir — disse, tentando demonstrar alívio, mas ao dizer aquilo parecia que estava com pena de mim mesma; que, de certo modo, estava mesmo.

Mas, em vez de ir embora, perguntei-lhe, do modo mais casual possível, se ele sempre conseguia ver o interior das pessoas.

— Não, sempre não. — O seu tom bondoso mostrou-me claramente que ele sabia da minha perturbação interior. — O velho feiticeiro com quem trabalho ensinou-me isso há pouco tempo.

— Você acha que ele também poderia me ensinar?

— Acho que sim. — Ele pareceu ficar pasmo com as suas próprias palavras. — Se ele se sentir como me sinto em relação a você, por certo há de tentar.

— Você já conhecia a feitiçaria antes? — perguntei, timidamente, aos poucos saindo da minha agitação.

— Na América Latina todos pensam que sabem e eu achava que sabia. Nesse sentido, você me lembra a mim mesmo. Como você, convencera-me de que sabia o que era a feitiçaria. Mas, depois, quando conheci feitiçaria de verdade, não era o que eu pensava que fosse.

— E como é que era?

— Simples. Tão simples que assusta — segredou ele. — Achamos que a feitiçaria é assustadora por causa de sua malignidade. A feitiçaria que eu encontrei não é nada maligna e, por causa disso, é a coisa mais assustadora do mundo.

Eu o interrompi, comentando que ele devia estar se referindo à magia branca, em oposição à magia negra.

— Não diga besteira, que diabo! — retrucou ele, impaciente.

O choque ao ouvi-lo falar comigo assim foi tão grande que fiquei sem fôlego. Imediatamente voltei à minha agitação. Ele virou o rosto para fugir ao meu olhar. Tinha ousado gritar comigo. Fiquei tão zangada que pensei que teria um acesso. Meus ouvidos zuniam, via pontos negros à minha frente. Eu o teria agredido se ele não tivesse fugido do meu alcance tão depressa.

— Você é muito indisciplinada — observou ele, e sentou-se de novo. — E bem violenta. A sua babá deve ter-lhe feito todas as vontades e tratado você como se fosse feita de vidro precioso. — Ao ver a minha expressão furiosa, disse-me que não gritara comigo por impaciência ou raiva. — A mim, pessoalmente, não interessa que você escute ou não — explicou. — Mas interessa a alguém mais, por quem eu gritei com você. Alguém que nos está vigiando.

A princípio fiquei perplexa e, depois, inquieta. Olhei em volta, pensando se o seu mestre feiticeiro poderia estar nos observando.

Ele não fez caso e continuou:

— Meu pai nunca me disse que temos uma testemunha constante. E nunca o mencionou porque não sabia. Assim como você também não sabe.

— Que bobagem é essa que você está dizendo? — Minha voz estridente e irritada refletia meus sentimentos naquele momento. Ele havia gritado comigo, me insultado. Mostrava-me ressentida porque ele estava falando sem parar, como se nada tivesse acontecido. Se supunha que eu não daria importância ao que ele fizera, estava bem enganado. "Você não vai se safar assim", pensei, sorrindo para ele com malícia. "Comigo não, meu chapa."

— Estou falando de uma força, de uma entidade, de uma presença que não é nem uma força, nem uma entidade, nem uma presença — explicou ele, com um sorriso angelical. Parecia inteiramente indiferente ao meu estado de espírito belicoso. — Soa como tolice, mas não é. Refiro-me a uma coisa que só é conhecida dos feiticeiros. Chamam a isso de espírito. Nosso vigilante pessoal, nossa testemunha perene.

Não sei exatamente como, ou que palavra específica a provocou, mas de repente ele captou toda a minha atenção. Ele continuou a falar sobre essa força que, dizia, não era Deus nem qualquer coisa que tivesse a ver com religião ou moralidade, mas uma força impessoal, um poder que estava ali para o usarmos, se aprendêssemos a nos reduzir a nada. Ele segurou a minha mão e não me importei. Aliás, até gostei de sentir aquele toque forte e macio. Fiquei morbidamente fascinada pelo estranho poder que ele exercia sobre mim. Admirei-me ao ver que queria ficar sentada ali, naquele banco, indefinidamente, a minha mão na dele.

Ele continuou a falar. E eu continuei a escutar todas as palavras que dizia. Mas, ao mesmo tempo, perversamente, eu me perguntava quando é que ele agarraria a minha perna. Pois eu sabia que ele não se contentaria com a minha mão e eu não podia fazer coisa alguma para impedi-lo. Ou será que eu não queria fazer coisa alguma para impedi-lo?

Ele explicou que tinha sido tão descuidado e indisciplinado quanto alguém pode ser, mas nunca soube a diferença, pois estava prisioneiro do estado de espírito da época.

— O que é o estado de espírito da época? — perguntei, num tom áspero e antipático, para que não pensasse que apreciava estar com ele.

— Os feiticeiros chamam a isso de modalidade do tempo — disse ele. — Em nossos dias, é a inquietação da classe média. Eu sou um homem da classe média, assim como você é uma mulher da classe média...

— Classificações dessa natureza não têm valor algum — eu o interrompi, grosseiramente, arrancando a minha mão da dele. — São simplesmente generalizações. — Olhei-o de cara fechada, desconfiada. Havia alguma coisa espantosamente familiar em suas palavras, mas não consegui me lembrar de onde as ouvira antes nem que significado lhes atribuía. No entanto, estava convicta de que tinham um significado muito vital para mim, se eu pudesse ao menos lembrar-me do que já sabia a respeito.

— Não me venha com essa conversa de cientista social — contrapôs ele, num tom jovial. — Conheço isso tão bem quanto você.

Entregando-me a uma onda de frustração total, peguei a mão dele e a mordi.

— Sinto muito, mesmo — murmurei imediatamente, antes que ele pudesse se refazer da surpresa. — Nem sei por que fiz isso. Não mordo ninguém desde que era criança. — Deslizei para a ponta do banco, preparando-me para a represália. Mas ela não veio.

— Você é completamente primitiva — foi só o que disse, esfregando a mão, meio aturdido.

Suspirei fundo de alívio. O poder dele sobre mim estava arrasado. Lembrei-me de que tinha uma questão antiga a resolver com ele, que me tornara objeto da chacota dos meus colegas de antropologia.

— Vamos voltar ao nosso problema original — disse, procurando despertar a minha raiva. — Por que você me contou toda aquela tolice sobre o filho de Evans-Pritchard? Devia saber que eu faria papel de boba. — Eu o observei atentamente, certa de que um confronto desses, logo após a mordida, certamente destruiria o autocontrole dele, ou pelo menos o incomodaria. Esperava que ele gritasse, que perdesse a confiança e a petulância. Mas continuou impassível. Respirou e assumiu uma expressão séria.

— Sei que parece uma simples questão de pessoas contando casos estranhos para se divertirem — começou, num tom leve, displicente. — Entretanto, é mais complexo do que isso. — Riu baixinho e, depois, me lembrou que naquela ocasião não sabia que eu era estudante de antropologia e que faria papel de boba. Ele parou um instante, como que procurando as palavras adequadas, depois deu de ombros e acrescentou: — Hoje eu realmente não posso lhe explicar por que apresentei o meu amigo como filho de Evans-Pritchard, a não ser que lhe conte mais a meu respeito e de meus propósitos. E isso não é prático.

— Por quê?

— Porque quanto mais souber a meu respeito, mais envolvida ficará. — Ele me olhou, pensativo, e vi em seus olhos que era sincero. — E não quero dizer um envolvimento mental. Quero dizer que ficará envolvida pessoalmente comigo.

Aquilo me pareceu uma exibição ostensiva de atrevimento. Recuperei toda a minha confiança. Recorri à minha bastante utilizada risada sarcástica e disse, num tom cortante:

— Você é simplesmente nojento. Conheço o seu tipo. É um exemplo típico do macho latino convencido, contra o qual venho lutando toda a minha vida. — Vendo a expressão de surpresa em sua fisionomia, continuei, no meu tom mais altivo: — Como ousa pensar que vou me envolver com você?

Ele não ficou com o rosto vermelho, conforme eu esperava. Bateu no joelho e deu uma gargalhada, como se aquilo fosse a coisa mais engraçada que já tivesse ouvido. E, deixando-me completamente desconcertada, começou a me fazer cócegas nas costelas, como se eu fosse uma criança.

Com medo de rir — eu sentia cócegas —, gritei com indignação:

— Como ousa me tocar? — Levantei-me para ir embora. Estava tremendo. E então eu choquei a mim mesma mais ainda, sentando-me de novo.

Vendo que me faria cócegas outra vez, cerrei os punhos e os estendi à minha frente.

— Dou-lhe um soco no nariz se me tocar de novo — avisei.

Não dando a mínima importância à ameaça, ele encostou a cabeça nas costas do banco e fechou os olhos. Riu-se alegremente, uma risada profunda que o fez estremecer dos pés à cabeça.

— Você é uma típica moça alemã que foi criada rodeada por gente morena — disse ele, virando-se de lado para me ólhar.

— Como sabe que sou alemã? Nunca lhe disse isso — indaguei, a voz hesitante, quando eu a pretendia baixa e ameaçadora.

— Vi que era alemã quando a conheci — disse ele. — Você confirmou isso no momento em que mentiu dizendo que era sueca. Somente os alemães nascidos no Novo Mundo, depois da Segunda Guerra Mundial, dizem essas mentiras. Isso é, claro, se moram nos Estados Unidos.

Embora eu não pretendesse admitir isso, ele estava com a razão. Muitas vezes sentira a hostilidade das pessoas ao saberem que meus pais eram alemães; aos olhos delas, isso automaticamente nos tornava nazistas. Não fazia diferença alguma quando lhes dizia que meus pais eram idealistas. Claro, tinha de reconhecer que, sendo bons alemães, acreditavam que eram inerentemente melhores, mas, basicamente, eram almas amáveis que foram apolíticos a vida toda.

— Eu só fiz concordar com você — comentei, com acidez. — Você viu cabelos louros, olhos azuis, maçãs do rosto salientes e só pôde pensar em suecos. Não tem muita imaginação, não é? — Aproveitei a minha vantagem. — Você também não tinha nada de mentir, a não ser que seja uma porra de um mentiroso por natureza — continuei, falando mais alto, contra a minha vontade. Batendo no peito dele com meu indicador, acrescentei, em tom de escárnio: — Joe Cortéz, não é?

— E o seu nome é de fato Cristina Gebauer? — retrucou ele, imitando minha voz alta e odiosa.

— Carmen Gebauer! — berrei, ofendida por ele não se lembrar do nome de modo correto. Então, repentinamente envergonhada, passei a uma defesa caótica de mim mesma. Após alguns momentos, percebendo que não sabia o que estava dizendo, parei de repente e confessei que, de fato, era alemã e que Carmen Gebauer era o nome de uma amiga de infância.

— Gosto disso — murmurou ele baixinho, mal reprimindo um sorriso. Eu não saberia dizer se ele se referia à mentira ou à confissão. Os olhos dele estavam cheios de bondade e humor. Numa voz terna e melancólica, ele passou a me contar a história de sua namorada de infância, Fabiola Kunze.

Confundida com a reação dele, virei-me e fiquei a olhar o sicômoro e os pinheiros ali perto. Depois, querendo disfarçar o meu interesse pela sua história, comecei a brincar com minhas unhas; empurrei as cutículas e descasquei o esmalte, metódica e pensativamente.

A história de Fabiola Kunze se parecia tanto com a minha vida que, após alguns momentos, esqueci-me totalmente da minha pretensa indiferença e passei a escutar atentamente. Desconfiei de que ele estivesse inventando a história, mas tive de reconhecer que mencionava detalhes que só mesmo uma moça de família alemã, no Novo Mundo, poderia conhecer.

Fabiola, supostamente, temia mortalmente os rapazes latinos morenos, mas tinha igual medo dos alemães. Os latinos a assustavam devido à sua irresponsabilidade; os alemães por serem tão previsíveis.

Tive de me conter para não soltar uma gargalhada quando ele descreveu cenas na casa de Fabiola numa tarde de domingo, em que duas dúzias de alemães se sentavam em volta de uma mesa lindamente posta — com as melhores louças, pratas e cristais —, e ela era obrigada a ficar escutando duas dúzias de monólogos que pretendiam ser uma conversa.

À medida que ele dava mais detalhes específicos daquelas tardes de domingo, eu ia ficando cada vez mais constrangida: lá estava o pai de Fabiola proibindo debates políticos em casa, mas compulsivamente querendo

SONHOS LÚCIDOS

começar uma discussão, procurando meios disfarçados de contar piadas sujas sobre padres católicos. Ou então o medo mortal da mãe dela: sua bela louça de porcelana estava nas mãos daqueles palermas desastrados.

As palavras dele eram deixas às quais eu respondia inconscientemente. Comecei a ver cenas de minhas tardes de domingo como imagens projetadas numa parede para minha observação.

Eu estava uma verdadeira pilha de nervos. Queria bater com os pés e fazer uma cena como só eu sabia fazer. Queria odiar aquele homem, mas não conseguia. Queria uma justificativa, desculpas, mas não conseguia nada disso da parte dele. Queria dominá-lo. Queria que ele se apaixonasse por mim, para eu poder rejeitá-lo.

Envergonhada de meus sentimentos imaturos, fiz um grande esforço para me controlar. Fingindo que estava entediada, inclinei-me para ele e perguntei:

— Por que mentiu quanto ao seu nome?

— Não menti — declarou ele. — É o meu nome. Tenho vários nomes. Os feiticeiros têm diversos nomes para as diversas ocasiões.

— Que coisa conveniente! — exclamei, num tom sarcástico.

— Muito conveniente — repetiu ele, piscando de leve, o que me deixou incrivelmente enfurecida.

E então ele fez uma coisa inteiramente esquisita e inesperada. Abraçou-me. Não houve qualquer intenção sexual nesse abraço. Foi o gesto espontâneo, doce e simples de uma criança querendo consolar um amigo. O contato com ele me acalmou tão completa e imediatamente que comecei a soluçar sem parar.

— Sou mesmo uma merda — confessei. — Tenho vontade de bater em você e, olhe só, estou em seus braços. — Eu já ia dizer que estava gostando disso quando uma onda de energia me inundou. Como se acordasse de um sonho, eu o empurrei. — Largue-me — disse, com raiva, e me afastei.

Ouvi-o rir até perder o fôlego. Não me importei nem um pouco com as risadas dele; minha explosão passara instantaneamente. Fiquei paralisada no mesmo lugar, tremendo muito, incapaz de andar. E, então, como se tivesse um elástico gigantesco preso a mim, voltei ao banco.

— Não se sinta mal — disse ele, com simpatia. Parecia saber exatamente o que é que estava me puxando para o banco. Afagou as minhas costas como se faz com um bebê depois que ele come. — Não é nada que você ou eu façamos — continuou ele. — É uma coisa fora de nós que está agindo sobre nós. Vem agindo sobre mim há muito tempo. Agora já me acostumei. Mas não consigo compreender por que age sobre você. Não me pergunte o que é — advertiu, antecipando a minha pergunta. — Ainda não posso lhe explicar isso.

Eu não ia mesmo lhe perguntar nada. Minha mente havia parado de funcionar. Eu me sentia exatamente como se estivesse dormindo, sonhando que estava falando.

Momentos depois, meu entorpecimento passou. Senti-me mais animada, embora não da maneira habitual.

— O que é que está acontecendo comigo? — perguntei.

— Você está sendo focalizada e empurrada por algo que não se origina de você — disse ele. — Alguma coisa a está empurrando, usando-me como instrumento. Alguma coisa está sobrepondo outro critério às suas convicções de classe média.

— Não me venha com essa idiotice de classe média — reclamei, debilmente. Parecia, até, que lhe suplicava. Sorri, indefesa, pensando que perdera a minha insolência costumeira.

— Aliás, essas não são minhas ideias ou opiniões — disse ele. — Eu sou como você, rigorosamente um produto da ideologia da classe média. Imagine o meu horror quando me vi cara a cara com uma ideologia diferente e mais predominante. Aquilo me dilacerou.

— Que ideologia é essa? — perguntei, humildemente, minha voz tão baixa que quase não se ouvia.

— Um homem trouxe essa ideologia até mim — explicou. — Ou melhor, o espírito falou e agiu em mim por meio dele. Esse homem é um feiticeiro. Já escrevi sobre ele. Chama-se Juan Matus. Foi ele quem me fez encarar a minha mentalidade de classe média.

"Juan Matus um dia me perguntou uma coisa importante: "O que você pensa que é uma universidade?" Eu, claro, respondi como cientista social: "Um centro de ensino superior." Ele me corrigiu, dizendo que uma universidade deveria ser chamada de "Instituto da Classe Média", pois é a instituição que frequentamos para aperfeiçoar nossos valores de classe média. Frequentamos o instituto para nos tornarmos profissionais, disse ele. A ideologia de nossa classe social nos diz que devemos nos preparar para ocupar posições administrativas. Juan Matus disse que os homens vão ao instituto da classe média para se tornarem engenheiros, advogados, médicos etc., e as mulheres vão para lá para arranjar um bom marido que as sustente e seja pai de seus filhos. A noção de bom, naturalmente, é definida pelos valores da classe média.

Tive vontade de contradizê-lo. Tive vontade de gritar que eu conhecia gente que não estava necessariamente interessada numa carreira ou procurando casar, que conhecia pessoas que se interessavam por ideias, em aprender por aprender. Mas eu não conhecia ninguém assim. Senti uma pressão terrível em meu peito e tive um acesso de tosse seca. Não foi a tosse ou o desconforto físico que me fizeram contorcer no lugar e me impediram de discutir com ele. Foi a certeza de que ele estava falando de mim: eu frequentava a universidade exatamente para encontrar um homem que me servisse.

Tornei a me levantar, pronta para ir embora. Já tinha estendido a mão para me despedir dele, quando senti um puxão vigoroso em minhas costas. Foi tão forte que tive de me sentar para não cair. Eu sabia que ele não tinha me tocado, pois estava olhando-o o tempo todo.

Recordações de pessoas das quais eu não me lembrava bem e de sonhos que não havia esquecido de todo se acumulavam em minha cabeça, formando um padrão complexo do qual não conseguia me desprender. Rostos desconhecidos, frases ouvidas de modo incompleto, imagens escuras de lugares e imagens turvas de pessoas momentaneamente me lançaram numa espécie de limbo. Eu estava quase me lembrando de alguma coisa em todo aquele caleidoscópio de visões e sons, mas a lembrança se dissipou e fui dominada por uma sensação de calma e bem-estar, uma tranquilidade tão profunda que isolava todo o meu desejo de me impor.

Estiquei as pernas para a frente, como se não tivesse nenhuma preocupação no mundo — e no momento não tinha mesmo —, e comecei a falar. Não me recordo, jamais, de ter falado de mim mesma tão francamente e tampouco podia imaginar por que, de repente, me mostrava tão franca com ele. Contei-lhe sobre a Venezuela, meus pais, minha infância, minha inquietação, minha vida sem sentido. Contei coisas que eu não queria confessar nem a mim mesma.

— Estudo antropologia desde o ano passado. E nem sei mesmo por que — disse eu. Estava começando a me sentir um pouco sem jeito diante de minhas revelações. Mexi-me no banco, inquieta, mas não pude deixar de acrescentar: — Há dois assuntos que me interessam mais: a literatura espanhola e a alemã. Estar no departamento de antropologia vai contra tudo o que sei a meu respeito.

— Esse detalhe me intriga profundamente — disse ele. — Não posso explicar isso agora, mas parece que fui colocado aqui para você me encontrar ou vice-versa.

— O que significa tudo isso? — perguntei, e depois corei, percebendo que interpretava e centralizava tudo em vista de minha condição de mulher.

Ele parecia plenamente consciente do meu estado de espírito. Pegou minha mão e a apertou contra o seu coração.

— *Me gustas*, Nibelunga! — exclamou ele, num tom dramático, e, por prudência, traduziu as palavras para o inglês: — Estou apaixonadamente atraído por você, Nibelunga. — Ele me olhou com a expressão de um amante latino e depois deu uma gargalhada. — Você está convencida de que tenho de lhe dizer isso, mais cedo ou mais tarde, portanto, mais vale que seja agora.

Em vez de me zangar por ele implicar comigo, ri; o humor dele me dava muito prazer. As únicas Nibelungen que eu conhecia eram dos livros de mitologia alemã do meu pai. Sigfried e as Nibelungen. Ao que eu me lembrava, eram seres subterrâneos, mágicos, pigmeus.

— Está me chamando de pigmeia? — perguntei, brincando.

— Deus me livre! — protestou ele. — Estou chamando-a de um ser mítico alemão.

Pouco depois, como se fosse a única coisa que poderíamos fazer, subimos de carro as montanhas Santa Susana, o lugar em que nos conhecemos. Nenhum de nós disse uma palavra, ficamos sentados ali no penhasco contemplando, do alto, o cemitério dos índios. Movidos por um impulso de puro companheirismo, permanecemos ali sentados em silêncio, esquecidos da tarde que passava à noite.

7

Joe Cortéz estacionou sua caminhonete no sopé de uma colina. Deu a volta para abrir a minha porta e, com um gesto galante, me ajudou a saltar do carro. Senti alívio ao ver que, afinal, tínhamos parado, se bem que não soubesse por quê. Estávamos num lugar inteiramente ermo, viajando desde cedo. O calor do dia, o deserto plano, o sol inclemente e a poeira da estrada não passavam de uma vaga recordação quando respirei o ar frio e pesado da noite.

Agitado pelo vento, o ar girava em torno de nós como algo palpável, vivo. Não havia lua, e as estrelas, incríveis em quantidade e brilho, pareciam intensificar nosso isolamento. Sob aquele esplendor inquieto, os montes e o deserto se estendiam à nossa volta, quase invisíveis, cheios de sombras e ruídos murmurantes. Tentei me orientar olhando para o céu, mas não sabia identificar as constelações.

— Estamos de frente para leste — murmurou Joe Cortéz, como se eu tivesse falado em voz alta. Depois, com paciência, tentou me ensinar quais eram as principais constelações no céu de verão. Eu só me lembrava da estrela Vega, porque o nome me fazia lembrar um escritor espanhol do século XVII, Lope de Vega.

Enquanto permanecíamos calados em cima da caminhonete, olhando para o céu, meus pensamentos repassaram os acontecimentos da nossa viagem.

Menos de 24 horas antes, quando estávamos comendo num restaurante japonês no centro de Los Angeles, ele me perguntou, de repente, se eu queria acompanhá-lo para passar alguns dias em Sonora.

— Eu adoraria ir — disse, num impulso. — O período letivo já terminou. Estou livre. Quando você pretende partir?

— Esta noite — respondeu. — Aliás, logo depois que acabarmos de comer.

Ri, certa de que o convite fora uma brincadeira.

— Não posso partir assim tão de repente — argumentei. — Que tal amanhã?

— Esta noite — insistiu ele, baixinho, e depois estendeu a mão para apertar a minha, formalmente.

Só quando vi o prazer e a malícia em seus olhos é que me dei conta de que ele não estava se despedindo, mas selando um acordo.

— Quando se toma uma decisão, é preciso agir imediatamente — declarou ele, deixando as palavras penduradas no ar diante de mim. Nós dois ficamos olhando-as como se de fato pudéssemos ver seu tamanho e sua forma.

Meneei a cabeça, mal sabendo que havia tomado a decisão. A oportunidade estava ali, fora de mim, pronta, inevitável. Não tive de fazer coisa alguma para que acontecesse.

De repente, com nitidez estarrecedora, lembrei-me de minha outra viagem a Sonora, um ano antes. Meu corpo enrijeceu-se de medo e choque enquanto as imagens — desconexas em sua sequência — se agitavam bem no meu íntimo.

Os acontecimentos daquela estranha viagem desapareceram da minha mente consciente tão total e completamente que, até um minuto antes, era como se nunca tivessem ocorrido. Mas, agora, os acontecimentos mostravam-se tão claros em minha mente como no dia em que aconteceram.

Estremecendo, não de frio mas com um pavor indefinido, voltei o rosto para Joe Cortéz para lhe contar sobre aquela viagem. Ele me fitava com uma intensidade estranha, seus olhos pareciam túneis profundos e escuros, absorviam o meu desconcerto. Mas, também, faziam com que as imagens daquela viagem se distanciassem. Depois que elas perderam impulso, em minha cabeça ficou apenas um pensamento banal e vazio. Naquele instante acreditei, com meu habitual autoritarismo, que não podia contar nada a Joe Cortéz, pois uma aventura verdadeira sempre estabelece o seu próprio rumo, e os fatos mais memoráveis e empolgantes da minha vida foram aqueles em cujo rumo eu nunca interferira.

— Como você quer que o chame? Joe Cortéz ou Carlos Castaneda? — perguntei, com uma jovialidade feminina de dar nojo.

Seu rosto moreno se franziu num sorriso.

— Sou seu companheiro de infância. Pode me dar um nome. Eu vou chamá-la de Nibelunga.

Não consegui inventar um nome adequado. Perguntei, então:

— Existe algum método em seus nomes?

— Bem — respondeu, pensativo —, Joe Cortéz é cozinheiro, jardineiro, biscateiro; um homem solícito, ponderado. Carlos Castaneda é um homem do mundo acadêmico, mas creio que você ainda não o conheceu. — Ele me fitou fixamente e sorriu; havia algo de infantil e intensamente crédulo naquele sorriso.

Resolvi chamá-lo de Joe Cortéz.

Passamos a noite — em quartos separados — num motel em Yuma, Arizona. Depois de partir de Los Angeles, durante toda a longa viagem, eu me preocupara muito com as nossas acomodações para aquela noite. Em certos momentos, receara que me atacasse antes de chegarmos ao motel. Afinal, era um rapaz forte, muito confiante em si e agressivo. Eu não teria me preocupado tanto se ele fosse americano ou europeu, mas como era latino, bem sabia quais seriam as suas suposições. O fato de ter aceitado passar uns dias com ele representava a minha disposição em dormir com ele.

O seu comportamento solícito e atencioso para comigo, em toda a demorada viagem, foi um detalhe que correspondia perfeitamente ao que eu pensava e esperava dele: estava preparando o terreno.

Já era tarde quando chegamos ao motel. Ele foi ao escritório do gerente para tratar dos nossos quartos. Eu fiquei no carro, imaginando tramas e mais tramas sinistras.

Estava tão absorta em minhas fantasias que nem notei quando ele voltou do escritório. Ouvindo-o sacudir uma penca de chaves à minha frente, saltei do assento e deixei cair o saco de papel que, inconscientemente, segurava agarrado ao meu peito. Nele estavam meus artigos de toalete, que havíamos comprado na viagem.

— Eu arranjei um quarto nos fundos do motel para você — informou. — Fica afastado da estrada. — E apontou para a porta, a alguns passos de onde estávamos, acrescentando: — Eu durmo aqui, perto da rua. Estou

SONHOS LÚCIDOS

acostumado a dormir com qualquer barulho. — Ele riu sozinho. — Eram os dois únicos quartos que restavam.

Desapontada, peguei a chave da mão dele. Todas as minhas tramas se desfizeram. Eu não teria a oportunidade de repudiá-lo. Não que realmente quisesse fazê-lo, mas a minha alma clamava por uma vitória, por pequena que fosse.

— Não vejo por que precisamos de dois quartos — disse, com estudada naturalidade. Minha mão tremia ao pegar minhas coisas no chão e enfiá-las no saco de papel. O que eu dissera me parecia incrível e, no entanto, não consegui me impedir de falar. — O tráfego não permitirá que descanse e você precisa dormir tanto quanto eu. — Eu não acreditava mesmo que alguém conseguisse dormir com o barulho que vinha da estrada.

Sem encará-lo, saltei do carro e me ouvi a propor:

— Podíamos dormir no mesmo quarto... isto é, em duas camas.

Fiquei ali parada um instante, apatetada e horrorizada. Eu nunca havia feito uma coisa dessas nem tivera reação tão esquizoide. Dizia coisas que não queria dizer. Ou será que queria e não sabia o que estava sentindo?

Sua hilaridade acabou com a minha confusão. Riu tanto que acenderam a luz em um dos quartos e berraram para nos calarmos.

— Ficar no mesmo quarto, para você se aproveitar de mim no meio da noite! — disse ele, no meio das risadas. — E logo depois do meu banho de chuveiro! De jeito nenhum!

Corei tanto que minhas orelhas chegaram a arder. Quase morri de vergonha. Aquela não era uma de minhas tramas. Voltei para dentro do carro e bati a porta.

— Leve-me para o ônibus da Greyhound — disse, com raiva reprimida. — Por que, diabo, vim com você? Devia fazer um exame psiquiátrico!

Ainda rindo, ele abriu a porta e me puxou para fora, delicadamente.

— Vamos dormir, não só no mesmo quarto, mas na mesma cama. — Ele me olhou encabulado. — Por favor, deixe-me fazer amor com você! — pediu, como se estivesse falando sério.

Consternada, livrei-me das mãos dele e gritei:

— De jeito nenhum, porra!

— Pronto — disse ele. — Foi uma rejeição tão violenta que nem ouso insistir. — Pegou minha mão e beijou. — Você me recusou e me pôs em meu lugar. Não há mais problema. Você está justificada.

Dei-lhe as costas, com vontade de chorar. Minha mortificação não se devia a ele não querer passar a noite comigo — se ele pretendesse isso, eu nem saberia o que fazer —, mas ao fato de ele me conhecer melhor do que eu mesma. Eu me recusara a acreditar nisso, que eu pensava ser um meio de ele se gabar. Ele era capaz de enxergar dentro de mim. De repente, aquilo me assustou.

Ele se aproximou e me abraçou. Foi um abraço simples e doce. Conforme já acontecera antes, o meu tumulto desapareceu completamente, como se nunca tivesse existido. Abracei-o também e lhe disse algo mais incrível ainda:

— Esta é a aventura mais empolgante da minha vida. — Imediatamente, tive vontade de corrigir minha declaração. As palavras que tinham escapado não eram minhas. Nem sequer sabia o que queria dizer. Aquela não era a aventura mais empolgante da minha vida. Eu já fizera viagens interessantes. Já dera a volta ao mundo.

Minha irritação culminou quando ele me beijou, desejando-me boa noite, depressa e de leve, como se beija uma criança, e gostei daquilo, contra a minha vontade. Eu não tinha vontade. Ele me empurrou pelo corredor para o meu quarto.

Maldizendo-me, sentei-me na cama e chorei de frustração, de raiva e de autocomiseração. Desde que me lembrava de minha vida, sempre fiz o que queria. Estava acostumada a isso. Sentir-me confusa e não saber o que queria era uma sensação totalmente nova para mim, nada agradável.

Passei uma noite agitada, depois de ter pegado no sono ainda vestida, até que ele bateu à porta, de manhã cedo, para me acordar.

Viajamos o dia todo, passando por estradas secundárias. Conforme ele me dissera, Joe Cortéz era de fato um homem solícito. Durante toda a longa viagem, mostrou-se o companheiro mais gentil, atencioso e divertido que se poderia desejar. Mimou-me com comidas, canções e histórias. Tinha uma voz espantosamente grave, e no entanto límpida, de barítono, e conhecia todas as minhas músicas favoritas. Canções de amor sentimentais de todos os países sul-americanos, todos os seus hinos nacionais, velhas baladas e até mesmo cantigas de criança.

Suas histórias fizeram-me rir até que meus músculos abdominais começaram a doer. Como narrador, me deixou absorta a cada episódio de seus contos. Era um mímico nato. Sua imitação incrível de todos os sotaques sul-americanos imagináveis — inclusive o português peculiar do Brasil — era mais do que mímica, era mágica.

— É melhor baixarmos a capota do carro. — A voz de Joe Cortéz interrompeu o meu devaneio. — A noite é fria no deserto.

— É um ambiente duro — comentei, desejando poder voltar à caminhonete e ir embora. Sentindo-me pouco à vontade, fiquei a olhá-lo, enquanto pegava umas sacolas do carro. Havia comprado uma porção de presentes para as pessoas que íamos visitar. — Por que você parou aqui, onde não se vê coisa alguma?

— Você pergunta as coisas mais tolas, Nibelunga — respondeu ele. — Parei aqui porque é aqui que termina a nossa viagem de carro.

— Chegamos ao nosso misterioso destino de que você nem pode falar? — perguntei, com sarcasmo.

A única coisa que estragara aquela viagem encantadora fora a sua recusa em me contar aonde exatamente íamos.

Em alguns milésimos de segundo, fiquei tão zangada que tive vontade de lhe dar um soco no nariz. A ideia de que a minha irritação súbita era apenas consequência de um dia longo e exaustivo deu-me a necessária sensação de alívio.

— Estou ficando emburrada agora, mas não é de propósito — expliquei, num tom jovial que soou falso até para mim. Tão forçada era a minha voz que mostrava o quanto me custava controlar o mau humor. Fiquei preocupada ao perceber que podia ficar zangada com ele tão facilmente e tão depressa.

— Você realmente não sabe conversar — disse ele, com um largo sorriso. — Só sabe coagir.

— Ah, já sei! Joe Cortéz se retirou. Vai começar a me insultar de novo, Carlos Castaneda?

SONHOS LÚCIDOS

Ele deu uma risada alegre em face de meu comentário, que a essa altura não pretendia ser engraçado.

— Este lugar não é tão ermo assim — disse ele. — A cidade de Arizpe fica aqui perto.

— E a fronteira com os Estados Unidos fica para o norte — recitei. — E Chihuahua a leste. E Los Angeles fica em alguma parte a noroeste daqui.

Ele sacudiu a cabeça, desdenhosamente, e foi andando à frente. Calados, caminhamos pelo chaparral, que eu sentia mais do que via, por uma trilha estreita e sinuosa. O caminho foi-se alargando ao nos aproximarmos de uma grande clareira cercada por algarobeiras baixas. Distinguiam-se as silhuetas de duas casas no escuro. A maior tinha luzes acesas. A casa menor estava escura, e ficava a certa distância.

Andamos até a casa grande. Mariposas pálidas esvoaçavam à luz que vinha das vidraças.

— Devo prevenir que as pessoas que você vai conhecer são um pouco estranhas — cochichou. — Não diga nada. Deixe que eu fale.

— Eu sempre digo o que quero — afirmei. — E não gosto que me digam como devo me comportar. Não sou criança. Além disso, minhas maneiras em sociedade são impecáveis. Posso lhe garantir que não vou constrangê-lo.

— Deixe de besteira, que diabo! — disse ele, numa voz firmemente controlada.

— Não me trate como se eu fosse a sua esposa, Carlos Castañeda — berrei bem alto, pronunciando o sobrenome dele como achava que devia ser pronunciado: com um til no n, coisa que, eu sabia, ele detestava.

Mas ele não se zangou. Aquilo o fez rir, como acontecia muitas vezes quando esperava que fosse explodir de raiva. Isso nunca acontecia, pensei, e suspirei desapontada. Ele tinha a mais extraordinária serenidade. Nada, jamais, parecia irritá-lo ou fazê-lo se enraivecer. Mesmo quando gritava, sempre soava meio falso.

Quando ele ia bater, a porta se abriu. Um homem magro formava uma sombra negra no retângulo de luz. Com um gesto impaciente, indicou que entrássemos. Ingressamos num vestíbulo cheio de plantas. Rápido, como que receando mostrar o rosto, o homem passou à nossa frente e sem qualquer palavra de cumprimento abriu uma porta interna, com caixilhos de vidro barulhentos.

Nós o acompanhamos por um corredor comprido e escuro e passamos por um pátio interno, onde um rapaz, sentado numa cadeira de junco, tocava violão, cantando com uma voz suave, sofrida. Ele parou assim que nos viu. Não respondeu ao meu cumprimento e voltou a tocar assim que dobramos um canto e seguimos por outro corredor escuro.

— Por que todo mundo é tão mal-educado? — cochichei ao ouvido de Joe Cortéz. — Tem certeza de que estamos na casa certa?

Ele riu baixinho.

— Já lhe disse, são excêntricos — murmurou ele.

— Tem certeza de que conhece essas pessoas? — insisti.

— Que tipo de pergunta é essa? — retrucou ele, num tom calmo mas ameaçador. — Claro que conheço.

Chegamos a um vão de porta iluminado. As pupilas dele estavam brilhando.

— Vamos passar a noite aqui? — perguntei, inquieta.

— Não tenho ideia — cochichou ele ao meu ouvido e, depois, beijou a minha face. — E, por favor, não faça

SONHOS LÚCIDOS

mais perguntas. Estou fazendo o possível para efetuar uma manobra quase impossível.

— Que manobra? — cochichei de volta. Uma percepção repentina me deixou aflita e constrangida, mas também empolgada. A palavra manobra fora a deixa.

Parecendo conhecer os meus sentimentos mais íntimos, passou as sacolas que carregava para outro braço e delicadamente pegou minha mão e a beijou — o que provocou arrepios de prazer em meu corpo —, e me fez transpor o limiar da porta. Entramos numa sala grande, mal iluminada e pouco mobiliada. Não era o que eu esperava que fosse uma sala provinciana mexicana. As paredes e o teto baixo eram de uma brancura imaculada; não havia um quadro ou decoração nas paredes para manchar aquela brancura.

Encostado à parede diante da porta havia um sofá grande. Nele estavam sentadas três senhoras de idade, elegantemente vestidas. Não pude distinguir bem seus rostos, mas à luz fraca eram estranhamente parecidas — sem terem qualquer semelhança concreta — e vagamente minhas conhecidas. Fiquei tão perplexa com isso que mal notei as duas pessoas sentadas nas espaçosas poltronas ali perto.

Na minha ansiedade para chegar às três mulheres, involuntariamente dei um salto gigantesco. Não havia notado que a sala tinha o piso de tijolos em dois níveis. Quando me equilibrei, notei o lindo tapete oriental e a mulher sentada numa das poltronas.

— Delia Flores! — exclamei. — Meu Deus! Nem posso acreditar! — Toquei-a, pois precisava me assegurar de que não era imaginação minha. — O que está havendo? — perguntei, em vez de cumprimentá-la. Nesse

mesmo instante, dei-me conta de que as mulheres sentadas no sofá eram as mesmas que conhecera no ano anterior, na casa da curandeira.

Fiquei ali, boquiaberta, paralisada, minha mente
aturdida do choque. Um sorriso rápido e vago surgiu em
suas bocas, quando se voltaram para o velho de cabelos
brancos sentado na outra poltrona.

— Mariano Aureliano. — Minha voz era um sussurro
baixo e trêmulo. Toda a energia me abandonou. Virei-me
para olhar para Joe Cortéz e, com aquela mesma voz fraca, acusei-o de ter me ludibriado. Tive vontade de berrar
com ele, insultá-lo, fazer-lhe algum mal físico, mas não
me restavam forças nem para levantar o braço. Mal me
dei conta de que, como eu, ele estava petrificado, o rosto
pálido de choque e perplexidade.

Mariano Aureliano levantou-se de sua poltrona e se
dirigiu a mim, os braços estendidos para me abraçar.

— Estou tão feliz por tornar a vê-la. — A voz dele
era suave, e seus olhos brilhavam de entusiasmo e alegria.
Levantou-me do chão, num abraço apertado. Meu corpo
estava frouxo. Eu não tinha forças nem desejo de retribuir o abraço caloroso. Não conseguia dizer uma palavra.
Ele me repôs no chão e foi cumprimentar Joe Cortéz com
aquele mesmo carinho efusivo.

Delia Flores e suas amigas foram para onde eu estava.
Uma por uma, elas me abraçaram e cochicharam alguma
coisa em meu ouvido. Senti-me reconfortada com seus
gestos afetuosos e suas vozes suaves, mas não entendi
nada do que me disseram. Meus pensamentos não estavam comigo. Podia sentir e ouvir, mas não compreendia
o que sentia e ouvia.

SONHOS LÚCIDOS

Mariano Aureliano me olhou e disse, numa voz clara que penetrou pela névoa de minha mente:

— Você não foi ludibriada. Eu lhe disse, desde o princípio, que ia soprá-la para ele.

— Então você é... — Sacudi a cabeça, sem poder terminar a frase quando, afinal, percebi que Mariano Aureliano era o homem de quem Joe Cortéz tanto me falara: Juan Matus, o feiticeiro que mudara o rumo da vida dele.

Abri a boca para dizer alguma coisa, mas fechei-a. Tinha a sensação de estar sendo separada do meu próprio corpo. Minha mente não conseguia absorver mais nenhum espanto. Então vi o Sr. Flores surgindo dentre as sombras. Quando percebi que era o homem que nos recebera à porta, simplesmente desmaiei.

Quando voltei a mim, estava deitada no sofá. Sentia-me extraordinariamente descansada e livre de ansiedade. Sem saber por quanto tempo estive desacordada, sentei-me e levantei o braço para olhar meu relógio de pulso.

— Você esteve desacordada durante exatamente dois minutos e vinte segundos — declarou o Sr. Flores, olhando o seu pulso sem relógio. Ele estava acomodado num divã de couro perto do sofá. Sentado, parecia muito mais alto do que de pé, pois tinha as pernas curtas e o tronco comprido.

— Que coisa tão dramática, desmaiar — disse ele, indo sentar-se ao meu lado no sofá. — Sinto muito se a assustamos. — Seus olhos de um tom âmbar-amarelado, brilhantes e risonhos, desmentiam o tom de preocupação da sua voz. — E peço desculpas por não tê-la cumprimentado à porta. — O rosto dele mostrava uma confusão quase fascinada, enquanto puxava a minha trança. — Com os cabelos escondidos debaixo do chapéu e com esse casaco de couro pesado, pensei que fosse um rapaz.

Eu me levantei e tive de me apoiar no sofá. Ainda estava meio tonta. Insegura, olhei à minha volta. As mulheres não se encontravam mais na sala, nem tampouco Joe Cortéz. Mariano Aureliano estava sentado numa das poltronas, olhando fixamente para a frente. Talvez estivesse dormindo de olhos abertos.

— Quando vi vocês dois de mãos dadas — continuou o Sr. Flores —, receei que Charlie Spider tivesse virado homossexual. — Ele disse a frase inteira em inglês, pronunciando as palavras lindamente, com precisão e visível satisfação.

— Charlie Spider? — Ri daquele nome e de seu sotaque inglês tão formal. — Quem é ele?

— Você não sabe? — perguntou, os olhos arregalados, num espanto sincero.

— Não sei, não. Deveria saber?

Ele coçou a cabeça, perplexo com a minha negativa e depois perguntou:

— Com quem tem andado de mãos dadas?

— Carlos segurou minha mão quando entramos nesta sala.

— Pois é isso — disse o Sr. Flores, olhando para mim com uma aprovação extasiada, como se eu tivesse resolvido um quebra-cabeça difícil. — Carlos Castaneda não é só Joe Cortéz, é também Charlie Spider.

— Charlie Spider — murmurei baixinho. — É um nome muito interessante. — Dos três nomes era o que eu preferia, sem dúvida, pois gostava muito de aranhas.* Elas

---

* *Spider*: aranha, em inglês. (*N. do T.*)

SONHOS LÚCIDOS

não me assustam em absoluto, nem mesmo as aranhas grandes, tropicais. Os cantos do meu apartamento sempre tinham teias de aranha. Ao fazer a limpeza, não conseguia me obrigar a destruir aquelas teias vaporosas. — Por que ele se chama Charlie Spider? — perguntei, curiosa.

— Nomes diferentes para situações diferentes. — O Sr. Flores recitou a resposta como se fosse um lema. — Quem deve lhe explicar tudo isso é Mariano Aureliano.

— O nome do Sr. Aureliano também é Juan Matus?

O Sr. Flores meneou a cabeça enfaticamente.

— Por certo que é — respondeu, com um sorriso alegre. — Ele também tem nomes diferentes para situações diferentes.

— E o senhor, Sr. Flores? Também tem nomes diferentes?

— Meu único nome é Flores. Genaro Flores. — O tom dele era galanteador. Debruçou-se para mim e, num sussurro insinuante, propôs: — Pode me chamar de Genarito.

Sacudi a cabeça, sem querer. Havia nele alguma coisa que me assustava, mais do que Mariano Aureliano. Em um nível racional, eu não sabia o que me levava a sentir isso. Exteriormente, o Sr. Flores parecia muito mais acessível do que o outro homem. Era infantil, brincalhão e despreocupado. No entanto, eu não me sentia à vontade com ele.

— O motivo pelo qual só tenho um nome — disse o Sr. Flores, interrompendo meus pensamentos — é que não sou um *nagual*.

— E o que é um *nagual*?

— Ah, isso é muito difícil de explicar. — Ele sorriu, me desarmando. — Somente Mariano Aureliano ou Isidoro Baltazar podem explicar isso.

— Quem é Isidoro Baltazar?

— Isidoro Baltazar é o novo *nagual*.

— Não me conte mais nada, por favor — pedi, aflita. Levando a mão à testa, tornei a me sentar no sofá. — O senhor está me confundindo, Sr. Flores, e ainda estou meio fraca. — Olhei-o, com ar de súplica, e perguntei: — Onde está Carlos?

— Charlie Spider está tecendo algum sonho de aranha. — O Sr. Flores disse toda a frase com o seu inglês pronunciado extravagantemente e, depois, deu uma risada satisfeita, como se estivesse saboreando alguma piada especialmente inteligente. Voltou-se, alegre, para Mariano Aureliano, que continuava a olhar fixamente para a parede, depois para mim e, de novo, para o amigo. Deve ter sentido minha apreensão crescente, pois deu de ombros, com ar indefeso, levantou as mãos num gesto de resignação e disse: — Carlos, também conhecido como Isidoro Baltazar, foi visitar...

— Ele foi embora? — O meu grito fez com que Mariano Aureliano se virasse para olhar-me. Eu estava mais aflita por ter sido largada sozinha com os dois velhos do que por saber que Carlos Castaneda era conhecido por mais outro nome e que ele era o novo *nagual*, fosse isso o que fosse.

Mariano Aureliano levantou-se da poltrona, fez um cumprimento formal e, estendendo a mão para me ajudar a levantar, disse:

— O que poderia ser mais agradável e gratificante para dois velhos do que vigiá-la até você acordar de seus sonhos?

Seu sorriso cativante e sua cortesia antiquada eram irresistíveis. Eu relaxei imediatamente.

— Não consigo pensar em nada mais agradável — concordei, alegremente, e deixei que ele me conduzisse a uma sala de jantar bem iluminada, depois do corredor, até uma mesa oval de mogno do outro lado do cômodo. Gentilmente, puxou uma cadeira para mim, esperou até que me instalasse de modo confortável e disse que era tarde para jantar e que ele mesmo iria à cozinha trazer-me alguma coisa deliciosa para comer. Meu oferecimento para ajudá-lo foi recusado com amabilidade.

O Sr. Flores, em vez de caminhar até a mesa, fez estrelas acrobáticas pela sala, calculando a distância com tal precisão que parou a alguns centímetros da mesa. Sorrindo, sentou-se ao meu lado. Seu rosto não demonstrava qualquer traço de esforço; sequer ofegava.

— A despeito de negar que seja acrobata, creio que o senhor e seus amigos fazem parte de algum espetáculo de magia — disse eu.

O Sr. Flores levantou-se de um salto, o rosto contraído, com um ar travesso.

— Tem toda a razão. Fazemos parte de um espetáculo de magia! — exclamou, pegando uma das duas jarras de cerâmica que estavam no aparador comprido. Serviu-me uma xícara de chocolate quente. — Faço uma refeição comendo uma fatia de queijo com isso. — Ele me cortou uma fatia de queijo manchego.

A combinação era magnífica.

Queria repetir, mas ele não me ofereceu. Achei que uma xícara — e só pela metade — não bastava. Sempre gostei muito de chocolate e podia comer uma quantidade enorme sem sentir nada. Tinha certeza de que, se me concentrasse em meu desejo de comer mais daquilo, ele seria obrigado a me servir outra xícara, sem que eu tivesse de pedir. Em criança, conseguia fazer isso, quando queria alguma coisa de verdade.

Sofregamente, fiquei olhando enquanto ele retirava mais duas xícaras e dois pires de um guarda-louça alto. Notei que, entre os cristais, porcelanas e pratarias nas prateleiras, havia uma estranha coleção de figuras de barro pré-hispânicas e monstros pré-históricos de plástico.

— Esta é a casa das bruxas — segredou o Sr. Flores, num tom conspirador, como que para explicar a incongruência da decoração do armário.

— As esposas de Mariano Aureliano? — perguntei, ousadamente.

Ele não respondeu, mas indicou para que me virasse. Mariano Aureliano estava ali, bem atrás de mim.

— Elas mesmas — confirmou Mariano Aureliano, animado, colocando uma terrina de porcelana na mesa. — As mesmas bruxas que fizeram essa deliciosa sopa de rabada. — Com uma concha de prata, serviu-me um prato cheio e me sugeriu que adicionasse uma rodela de limão-galego e uma fatia de abacate.

Obedeci e devorei tudo em poucos goles. Tomei vários pratos, até me sentir fisicamente satisfeita, quase farta. Ficamos sentados à mesa por muito tempo. A sopa de rabada teve efeito sedativo sobre mim. Sentia-me à vontade. Alguma coisa que, em geral, era muito ruim em mim fora desligada. Todo o meu ser, corpo e espírito, estava grato por eu não ter de usar energia para me defender.

Meneando a cabeça, como que confirmando silenciosamente cada um de meus pensamentos, Mariano Aureliano me observava, divertido, com seus olhos penetrantes.

Estava a ponto de chamá-lo de Juan Matus, quando ele se antecipou à minha intenção e disse:

— Sou Juan Matus para Isidoro Baltazar. Para você, sou o *nagual* Mariano Aureliano. — Sorrindo, inclinou-se e murmurou, num tom confidencial: — O homem que a trouxe para cá é o novo *nagual*, o *nagual* Isidoro Baltazar. É esse nome que você deve usar quando falar com ele ou sobre ele.

"Você não está propriamente dormindo, mas também não está bem desperta — continuou a explicar Mariano Aureliano. — Portanto poderá entender e se lembrar de tudo o que lhe dissermos. — Percebendo que ia interrompê-lo, acrescentou severamente: — Hoje você não vai fazer perguntas estúpidas.

Não foi tanto o tom dele, mas uma força, uma agudeza nele que me esfriou. Paralisou a minha língua; minha cabeça, porém, agindo por si, fez um gesto de assentimento.

— Você precisa testá-la — lembrou o Sr. Flores ao amigo. Um brilho positivamente maléfico surgiu em seus olhos quando ele acrescentou: — Ou, melhor ainda, deixe que eu mesmo a teste.

Mariano Aureliano parou por um momento prolongado, cheio de possibilidades sinistras, e me olhou com ar crítico, como se minhas feições lhe pudessem dar uma pista para algum segredo importante.

Hipnotizada por aqueles olhos agudos e penetrantes, nem pisquei.

Ele meneou a cabeça, pensativo, e o Sr. Flores perguntou num tom grave:

— Você está apaixonada por Isidoro Baltazar?

E macacos me mordam se não respondi que sim, numa voz maquinal e sem ânimo.

O Sr. Flores aproximou-se até que nossas cabeças quase se tocaram e, num sussurro perturbado pelo riso reprimido, perguntou:

— Está mesmo loucamente, loucamente apaixonada por ele?

Eu disse que sim de novo, e os dois homens irromperam em gargalhadas alvoroçadas. O som do riso deles, girando pela sala como bolas de pingue-pongue, afinal quebrou meu estado de transe. Agarrei-me ao som e saí daquele encanto.

— Que diabo é tudo isso? — berrei o mais alto que pude.

Sobressaltados, os dois se levantaram de repente. Olharam para mim, depois um para o outro e tornaram a dar gargalhadas estrondosas. Quanto mais eloquentes os meus insultos, maior o riso deles. Havia nesse riso algo de tão contagioso que não pude deixar de dar uma risada também.

Assim que nos acalmamos, Mariano Aureliano e o Sr. Flores me bombardearam de perguntas. Estavam especialmente interessados em saber como e quando eu conhecera Isidoro Baltazar. Cada detalhezinho absurdo deixava-os superfelizes. Depois que contei os fatos pela quarta ou quinta vez, ou eu tinha melhorado e aumentado a minha história, a cada narrativa, ou me lembrava de detalhes que nem sonharia poder recordar.

— Isidoro Baltazar *viu* dentro de você e dentro da coisa toda — disse Mariano Aureliano, quando, afinal, concluí minhas várias narrativas. — Mas ainda não *vê* bastante bem. Nem podia conceber que eu havia mandado você para ele. — Olhou-me de modo travesso e se corrigiu. — Não fui propriamente eu que a mandei para ele. Foi o espírito. Mas o espírito me escolheu para fazer o que queria e a soprei para ele quando você estava mais poderosa, quando em meio ao seu *sonhar* desperta. — Ele falou de maneira serena, quase indiferente; somente seus olhos demonstravam a pressão de seu conhecimento. — Talvez o seu poder de *sonhar* desperta fosse o motivo pelo qual Isidoro Baltazar não tenha se dado conta de quem você era, embora a estivesse *vendo*. Apesar de o espírito tê-lo feito saber desde a primeira vez em que colocou os olhos em você. O surgimento de luzes no nevoeiro é a revelação final. Que estupidez a de Isidoro Baltazar não enxergar o óbvio.

Ele riu baixinho e eu concordei com a cabeça, sem saber com que estava concordando.

— Isso mostra que ser feiticeiro não é grande coisa — continuou ele. — Isidoro Baltazar é um feiticeiro. Ser um homem de conhecimento é outra coisa. Para isso, às vezes, os feiticeiros têm de esperar a vida toda.

— Qual é a diferença? — perguntei.

— Um homem de conhecimento é um líder — explicou, a voz baixa, sutilmente misteriosa. — Os feiticeiros precisam de líderes que nos conduzam para e através do desconhecido. Um líder é revelado por seus atos. Os líderes não têm etiquetas de preços na cabeça, o que significa que não há meios de comprá-los ou suborná-los ou bajulá-los ou iludi-los.

Ele se acomodou melhor na poltrona e prosseguiu, dizendo que todas as pessoas em seu grupo faziam questão de estudar os líderes através das eras para ver se algum deles atendia às exigências.

— Encontraram algum?

— Alguns — reconheceu ele. — Aqueles que encontramos poderiam ter sido *naguais*. — Ele pôs o dedo em meus lábios e acrescentou: — Os *naguais*, portanto, são homens de tremenda energia que se tornaram feiticeiros acrescentando mais um item ao seu repertório: o desconhecido. Se esses feiticeiros conseguem se tornar homens de conhecimento, então não há praticamente limites ao que possam fazer.

— As mulheres podem... — Ele não me deixou terminar.

— As mulheres, como um dia você vai aprender, podem fazer coisas infinitamente mais complexas do que isso — afirmou ele.

— Isidoro Baltazar a fez lembrar alguém que você conheceu antes? — interrompeu o Sr. Flores.

— Bem — comecei, expansivamente —, eu me senti muito à vontade com ele. Sentia-me como se o conhecesse a vida toda. Ele me lembrava alguém, talvez na minha infância, talvez um amigo de infância esquecido.

— Então você não se lembra mesmo de tê-lo conhecido antes? — interpôs o Sr. Flores.

— Quer dizer na casa de Esperanza? — perguntei, pensando se o teria visto na casa da curandeira e não me lembrava.

Ele sacudiu a cabeça, desapontado. Depois, aparentemente não se interessando mais pela minha resposta,

SONHOS LÚCIDOS 165

passou a perguntar se vi alguém acenando para nós a caminho da casa.

— Não — disse eu. — Não vi ninguém acenando para nós.

— Pense bem — insistiu ele.

Contei aos dois homens que, depois de Yuma, em vez de ir para leste, para Nogales, pela rodovia 8 — o caminho mais lógico —, Isidoro Baltazar se dirigira para o sul, para o México, depois para leste pelo "El Gran Desierto", novamente para o norte, rumo aos Estados Unidos, passando por Sonoyta, para Ajo, Arizona, e de volta ao México para Caborca, onde almoçamos uma deliciosa língua com molho de pimenta-malagueta verde.

— Depois de voltar ao carro, de estômago cheio, quase não prestei atenção à estrada — confessei. — Sei que passamos por Santa Ana, então fomos para o norte mais uma vez, rumo a Cananea e, a seguir, ao sul de novo. Uma verdadeira confusão, na minha opinião.

— Não se lembra de ter visto alguém na estrada? — insistiu o Sr. Flores. — Alguém acenando para vocês?

Fechei bem os olhos, num esforço para visualizar alguém acenando para nós. Mas a minha recordação da viagem era de histórias, canções e exaustão física. E, então, quando ia abrir os olhos, a imagem de um homem apareceu diante de mim. Contei-lhes que me lembrava, vagamente, de haver um rapaz nos arredores de uma dessas cidades que, pensei, estava querendo arranjar carona.

— Ele pode ter acenado para nós — disse eu —, mas não tenho certeza.

Os dois deram risadas como crianças, fazendo força para não revelar um segredo.

166 FLORINDA DONNER

— Isidoro Baltazar não tinha muita certeza se iria nos encontrar — comentou Mariano Aureliano, alegremente. — Foi por isso que seguiu esse caminho excêntrico. Percorreu o caminho dos feiticeiros, a trilha do coiote.

— Por que não tinha certeza de encontrar vocês? — interrompi.

— Não sabia se nos encontraria até ver o rapaz acenando para ele — explicou Mariano Aureliano. — Aquele rapaz é uma sentinela do outro mundo. O aceno dele foi um sinal de que podiam prosseguir. Isidoro Baltazar deveria ter sabido, naquele momento, quem você era na verdade, mas ele é muito parecido com você, extremamente cauteloso e, quando não o é, mostra-se extremamente descuidado. — Ele parou um momento, para deixar suas palavras serem assimiladas, e depois acrescentou, significativamente: — Andar entre esses dois pontos é o meio mais seguro de perder uma oportunidade. A cautela cega tanto quanto a negligência.

— Não entendo a lógica de tudo isso — murmurei, fatigada.

Mariano Aureliano elucidou:

— Sempre que Isidoro Baltazar traz um convidado, tem de ver o sinal da sentinela antes de poder continuar a viagem.

— Certa vez, trouxe uma moça por quem estava apaixonado. — O Sr. Flores deu uma risada, fechando os olhos como que transportado por sua recordação da moça. — Uma garota alta, de cabelos escuros. Garota forte, pés grandes, rosto bonito. Ele viajou por toda a Baja California, e a sentinela nunca o deixou passar.

— Quer dizer que ele traz as namoradas? — perguntei, com curiosidade mórbida. — Quantas já trouxe?

— Muitas — disse o Sr. Flores, com franqueza. — Fez isso, claro, inteiramente por conta dele. O seu caso é diferente — sentenciou. — Você não é namorada dele; você estava apenas voltando. Isidoro Baltazar quase morreu quando descobriu que, por ter sido tão estúpido, não percebeu todas as indicações do espírito. Ele foi apenas o seu motorista. Nós estávamos à sua espera.

— O que teria acontecido se a sentinela não estivesse lá?

— O que sempre ocorre quando Isidoro Baltazar vem acompanhado — respondeu Mariano Aureliano. — Ele não nos teria encontrado, pois não cabe a ele escolher quem trazer ao mundo dos feiticeiros. — A voz dele estava cativantemente suave ao acrescentar: — Apenas aqueles a quem o espírito indicou podem bater à nossa porta, após terem sido levados a ela por um de nós.

Eu ia interromper, mas, lembrando-me da sua advertência para não fazer perguntas idiotas, logo tapei a boca com a mão.

Sorrindo satisfeito, Mariano Aureliano passou a dizer que no meu caso Delia me trouxera ao mundo deles.

— Ela é uma das duas colunas, por assim dizer, que fazem a porta da nossa porta. A outra é Clara. Você vai conhecê-la em breve.

Nos olhos e na voz dele havia uma admiração sincera ao dizer:

— Delia atravessou a fronteira só para trazê-la para casa. A fronteira é um fato concreto, mas os feiticeiros a usam simbolicamente. Você estava do outro lado e precisava ser trazida para cá, para este lado. Lá do outro lado

168   FLORINDA DONNER

está o mundo cotidiano, aqui deste lado está o mundo dos feiticeiros. Delia trouxe você suavemente, um trabalho de profissional. Foi uma manobra impecável, que você há de apreciar cada vez mais, com o correr do tempo.

Mariano Aureliano ergueu-se um pouco da cadeira e estendeu o braço para a compoteira de porcelana no aparador. Colocou-a à minha frente.

— Sirva-se. São deliciosos.

Encantada, olhei os abricós secos e polpudos na compoteira pintada a mão, e depois experimentei um. Eram mais do que maravilhosos. Coloquei três na boca.

O Sr. Flores piscou para mim.

— Pode comer — insistiu. — Ponha-os todos na boca antes que tiremos a compoteira daí.

Eu corei e procurei me desculpar, a boca cheia de abricós.

— Não se desculpe! — exclamou Mariano Aureliano. — Seja você mesma, mas seja você mesma no controle. Se quiser acabar com os abricós, acabe, mas deve ser só isso. O que nunca deve fazer é acabar com eles e depois se arrepender disso.

— Bem, vou acabar com eles — disse eu, e isso os fez rir.

— Sabia que você conheceu Isidoro Baltazar ano passado? — disse o Sr. Flores. Ele estava equilibrado tão precariamente em sua cadeira inclinada que tive medo que caísse para trás, batendo no armário de louça. Um lampejo de prazer maldoso surgiu em seus olhos enquanto começava a cantarolar uma ranchera conhecida. Em vez de usar as palavras da canção, inventou outras que contavam a história de Isidoro Baltazar, um famoso cozinheiro em

Tucson. Um cozinheiro que nunca perdia a calma, mesmo quando acusado de colocar baratas mortas na comida.

— Ah! — exclamei. — O cozinheiro! O cozinheiro no café era Isidoro Baltazar! Mas isso não pode ser verdade — murmurei. — Não acho que ele... — Parei no meio da frase.

Fiquei olhando para Mariano Aureliano, na esperança de descobrir alguma coisa em seu rosto, naquele nariz aquilino, naqueles olhos penetrantes. Estremeci sem querer, como se de repente tivesse frio. Havia alguma coisa selvagem naqueles olhos frios.

— Então? — instigou ele. — Você não acha que ele... — Com um gesto, insistiu para que eu terminasse a frase.

Eu ia dizer, vagamente, que não achava que Isidoro Baltazar pudesse mentir para mim de modo tão desprezível. Mas não consegui falar nada.

Os olhos de Mariano Aureliano tornaram-se ainda mais duros, mas eu estava por demais perturbada, com pena de mim mesma, para ficar assustada.

— Então me ludibriaram, afinal — explodi, por fim, olhando-o furiosa. — Isidoro Baltazar sempre soube quem eu era. É tudo um jogo.

— É tudo um jogo — concordou Mariano Aureliano prontamente. — Mas é um jogo maravilhoso. O único jogo que vale a pena jogar. — Ele parou, como que para me dar tempo de reclamar mais um pouco. Mas, antes que eu pudesse fazê-lo, ele me lembrou da peruca que pusera sobre o meu cabelo. — Se você não reconheceu Isidoro Baltazar, que não estava disfarçado, o que a leva a pensar que ele a tenha reconhecido com os seus trajes de poodle?

Mariano Aureliano ficou me observando. Seus olhos não estavam mais duros, mas tristes e cansados.

— Você não foi ludibriada. Nem sequer foi induzida. Não que eu não pudesse fazê-lo, se considerasse necessário — comentou ele, num tom suave. — Eu lhe disse a verdade desde o princípio. Você testemunhou fatos estupendos, mas não os notou. Como a maior parte das pessoas, associa a feitiçaria a comportamentos excêntricos, rituais, drogas, encantamentos. — Ele se inclinou para mais perto de mim, abaixou a voz até um sussurro, e acrescentou que a verdadeira feitiçaria era uma manipulação da percepção muito sutil e singular.

— A verdadeira feitiçaria — interrompeu o Sr. Flores — não permite a interferência humana.

— Mas o Sr. Aureliano alega que me soprou para Isidoro Baltazar — comentei, com uma impertinência imatura. — Isso não é interferir?

— Eu sou um *nagual* — disse Mariano Aureliano, de modo simples. — Sou o *nagual* Mariano Aureliano, e o fato de ser o *nagual* me permite manipular a percepção.

Eu havia prestado muita atenção às palavras dele, mas não tinha a mais vaga ideia do que ele queria dizer por manipular a percepção. Movida por puro nervosismo, peguei o último abricó no prato.

— Você vai ficar doente — disse o Sr. Flores. — É tão pequena e, no entanto, é um pé no... olho.

Mariano Aureliano foi-se postar atrás de mim e depois comprimiu as minhas costas de um modo que me fez tossir e expelir o último abricó que tinha na boca.

8

A ESSA altura, a sequência dos fatos, conforme me lembro, se torna confusa. Não sei o que aconteceu em seguida. Talvez tenha adormecido sem saber ou, talvez, a pressão de Mariano Aureliano em minhas costas tenha sido tão forte que desmaiei.

Quando voltei a mim, estava deitada numa esteira no chão. Abri os olhos e, imediatamente, tive consciência da claridade intensa em volta de mim. Parecia haver sol na sala. Pisquei repetidamente, pensando se haveria algo de errado com os meus olhos. Não conseguia focalizá-los.

— Sr. Aureliano — chamei. — Parece que há alguma coisa com os meus olhos. — Tentei sentar-me, mas não consegui.

Não era o Sr. Aureliano nem o Sr. Flores que estava ao meu lado; era uma mulher. Inclinara-se sobre mim, por assim dizer, tapando a claridade. Seus cabelos pretos estavam soltos, pelos ombros; tinha o rosto redondo e um busto imponente. Mais uma vez tentei me sentar. Ela não me tocou e, no entanto, eu sabia que de algum modo estava me prendendo.

— Não o chame de Sr. Aureliano — disse ela. — Nem de Mariano. É muita falta de respeito de sua parte. Chame-o de *Nagual*, e quando falar dele, chame-o de *nagual* Mariano Aureliano. Ele gosta do nome todo. — A sua voz era melodiosa. Gostei dela.

Eu me sentia mal-humorada. Queria perguntar por que toda aquela tolice de desrespeito. Ouvira Delia e todas as outras mulheres o chamarem pelos nomes e apelidos mais ridículos e lhe fazerem agrados como se fosse seu boneco favorito. E ele certamente havia gostado de tudo aquilo, mas eu não conseguia me lembrar de onde nem quando vira isso.

— Está entendendo? — perguntou a mulher.

Eu quis dizer que sim, mas não tinha voz. Tentei, sem sucesso, abrir a boca e dizer algo. Quando ela insistiu em saber se eu havia entendido, o máximo que pude fazer foi menear a cabeça.

Ela me ofereceu a mão para ajudar-me a levantar. Antes que me tocasse, eu já me levantara, como se o meu desejo de me erguer tivesse se antecipado ao contato real com a mão dela, puxando-me para uma posição sentada antes que ela o fizesse.

Espantada com aquele fato, quis lhe perguntar sobre isso, porém mal conseguia me manter ereta. E, quanto a falar, as palavras simplesmente se recusavam a vir à minha boca.

Ela ficou afagando os meus cabelos. Era evidente que estava completamente consciente da minha situação. Sorriu com amabilidade e disse:

— Você está *sonhando*.

Eu não a ouvi dizer isso, mas sabia que suas palavras passaram direto da mente dela para a minha. A mulher meneou a cabeça e disse que, de fato, eu podia ouvir seus pensamentos e ela os meus. Garantiu-me que ela era como uma invenção da minha imaginação e, no entanto, podia agir comigo ou sobre mim.

— Preste atenção! — ordenou ela. — Não estou movendo os meus lábios, entretanto estou falando com você. Faça o mesmo.

A sua boca não se movia de todo. Imaginando se eu conseguiria sentir movimentos em seus lábios quando enunciasse as palavras silenciosamente, tive vontade de encostar meus dedos em sua boca. Ela, na verdade, era muito bonita, mas ameaçadora. Pegou a minha mão e a encostou em seus lábios sorridentes. Não senti coisa alguma.

— Como posso falar sem meus lábios? — pensei.

— Você tem um buraco entre as pernas — disse ela, diretamente dentro da minha cabeça. — Focalize a sua atenção nele. A boceta fala.

Aquele comentário me pareceu cômico. Ri tanto que perdi o fôlego e desmaiei de novo.

A mulher me sacudiu para me despertar. Eu continuava na mesma esteira no chão, mas apoiada numa almofada grossa às minhas costas. Pisquei e estremeci, depois respirei fundo e a olhei. Ela estava sentada no chão ao meu lado.

— Não sou dada a desmaios — expliquei, aturdida ao ver que conseguia pronunciar as palavras. O som da minha própria voz foi tão tranquilizador que ri alto e repeti a mesma frase várias vezes.

— Já sei, já sei — acalmou-me. — Não se preocupe, pois não está inteiramente acordada. Eu sou Clara. Já nos conhecemos, da casa de Esperanza.

Eu devia ter protestado ou perguntado o que ela queria dizer. Em vez disso, sem duvidar por um instante, aceitei o fato de que ainda dormia e que tínhamos nos conhecido na casa de Esperanza.

Recordações, pensamentos turvos, visões de pessoas, de lugares, começaram a surgir, devagar. Uma ideia nítida me passou pela cabeça: certo dia havia sonhado que a conhecera. Era um sonho. Assim, realmente, nunca havia pensado nisso em termos de acontecimentos reais. No momento em que me agarrei a essa ideia, lembrei-me de Clara.

— Claro que nos conhecemos — disse eu, triunfante. — Mas nos conhecemos num sonho, de modo que você não é real. Devo estar sonhando agora e, portanto, não posso me lembrar de você.

Suspirei, contente, ao ver que tudo podia ser explicado tão facilmente, e descansei sobre a almofada. Outra recordação clara de um sonho emergiu em minha mente. Não conseguia recordar exatamente quando sonhara aquele sonho, mas me lembrava tão claramente como se o fato tivesse acontecido de verdade; nele, Delia me havia apresentado a Clara. Ela descrevera Clara como a mais gregária das *sonhadoras*. "Ela tem amigas que a adoram", confidenciara Delia.

A Clara daquele sonho era bem alta, forte e vigorosa. Ela me havia observado insistentemente, como se observa um membro de uma espécie desconhecida, com olhos atentos e sorrisos nervosos. E, no entanto, apesar do exame exigente, gostara muito dela. Seus olhos eram reflexivos, verdes e sorridentes. O que mais me impressionou, na sua vigilância intensa, foi que me olhara com a imperturbável fixidez de um gato.

— Sei que isso é apenas um sonho, Clara — repeti, como se precisasse garantir aquilo a mim mesma.

— Não, não é apenas um sonho, é um sonho especial — Clara me contradisse, com vigor. — Você está errada em pensar essas coisas. Os pensamentos têm poder; tenha cuidado com eles.

— Você não é real, Clara — insisti, a voz forçada e aguda. — Você é um sonho. É por isso que não posso me lembrar de você quando estou acordada.

Minha insistência obstinada fez Clara rir.

— Você nunca tentou se lembrar de mim — explicou ela, afinal. — Não havia motivo para isso. Nós, mulheres, somos extremamente práticas. É nosso grande defeito ou nossa grande qualidade.

Preparava-me para perguntar qual era o aspecto prático de me lembrar dela agora, quando Clara se antecipou à minha indagação.

— Já que estou à sua frente, você tem de se lembrar de mim. E se lembra. — Ela se abaixou e, fixando-me com seu olhar de gata, acrescentou: — E não vai mais se esquecer de mim. Os feiticeiros que me criaram disseram-me que as mulheres precisam de dois de cada coisa para solidificá-las. Duas visões de algo, duas leituras, dois sustos etc. Você e eu já nos encontramos duas vezes. Agora eu sou sólida e real.

Para provar como era real, arregaçou as mangas da blusa e flexionou os bíceps.

— Toque neles — disse.

Rindo, toquei-os. Ela, de fato, possuía músculos duros, poderosamente definidos. Pareciam bem reais. Também me fez tocar nos músculos de sua coxa e panturrilha.

— Se este é um sonho especial — perguntei, com cautela —, o que faço nele?

— Tudo o que o seu coração desejar — disse ela. — Você está indo bem, por enquanto. Mas não posso orientá-la, pois não sou sua mestra de *sonhar*. Sou apenas uma bruxa gorda que toma conta das demais bruxas. Foi minha parceira, Delia, que trouxe você ao mundo dos feiticeiros, como uma parteira. Mas não foi ela quem primeiro a encontrou. Foi Florinda.

— Quem é Florinda? — perguntei, dando risadinhas incontrolavelmente. — E quando me encontrou?

— Florinda é outra bruxa — respondeu Clara, com naturalidade, e depois começou a dar risadinhas também. — Você já a conhece. É aquela que a levou a *sonhar* em casa de Esperanza. Lembra-se do piquenique?

— Ah — disse eu, com admiração. — É aquela mulher alta, de voz rouca? — Eu me senti radiante. Sempre admirei mulheres altas.

— A mulher alta de voz rouca — confirmou Clara. — Ela a encontrou há alguns anos, numa festa em que você estava com seu namorado. Um jantar elegante em Houston, Texas, na casa de um homem do petróleo.

— O que estaria uma bruxa fazendo numa festa na casa de um homem do petróleo? — perguntei. Então senti todo o impacto das palavras dela. Fiquei pasma. Se bem que não me lembrava de ter visto Florinda, recordava-me perfeitamente da festa. Fui com um amigo que viera de Los Angeles, no jato particular dele, apenas para ir àquela festa e voar de volta no dia seguinte. Fui intérprete para ele, pois havia vários empresários mexicanos lá que não falavam inglês.

Sonhos lúcidos

— Jesus! — exclamei baixinho. — Que reviravolta estranha dos fatos!

Detalhadamente, descrevi a festa a Clara. Era a primeira vez que eu ia ao Texas. Como uma fã de astros do cinema, fiquei olhando para os homens, não porque fossem bonitões, mas porque me pareciam tão extravagantes com seus chapéus Stetson, ternos em tons pastel e botas de vaqueiro. O homem do petróleo havia contratado artistas que fizeram um show de variedades digno de Las Vegas, na boate instalada numa gruta especialmente preparada para aquela ocasião. Tudo vibrava com a música alta e as luzes eletrônicas. E a comida era magnífica.

— Mas por que Florinda foi a uma festa dessas? — indaguei.

— O mundo dos feiticeiros é a coisa mais estranha que existe — disse Clara, como resposta. Ela se levantou de um salto, passando da posição sentada para a de pé sem usar os braços, como uma acrobata. Começou a andar pela sala, de um lado para outro, diante de minha esteira. Tinha um aspecto impressionante com sua saia escura e larga, um blusão de jeans de vaqueiro, com bordados coloridos nas costas, e resistentes botas de vaqueiro. Um chapéu australiano, bem puxado sobre a testa, como que para protegê-la do sol do meio-dia, dava o último toque de excentricidade ao seu aspecto extravagante. — Gosta dos meus trajes? — perguntou, parando à minha frente, o rosto radiante.

— É formidável — exclamei. Ela certamente tinha o porte e a confiança para usar qualquer tipo de roupa. — É legal mesmo.

Ela ajoelhou-se ao meu lado na esteira e, num sussurro confidencial, disse:

— Delia está morrendo de inveja. Estamos sempre competindo para ver quem arranja a roupa mais maluca. Tem de ser doida sem ser idiota. — Ela calou-se por um instante, olhando para mim, pensativa. — Você também pode competir — convidou. — Quer entrar no nosso jogo?

Meneei a cabeça, com ênfase, e ela me ditou as regras.

— Originalidade, praticidade, preço baixo e despretensão — foi dizendo. Depois tornou a levantar-se e deu umas voltas pela sala. Rindo, caiu ao meu lado e disse: — Florinda acha que eu devia encorajá-la a participar. Disse que, naquela festa, descobriu que você tinha jeito para arranjar trajes muito práticos.

Ela mal conseguiu terminar a frase, sendo acometida de uma explosão de riso.

— Florinda falou comigo lá? — perguntei, olhando-a de modo dissimulado, imaginando se me diria o que eu havia omitido do meu relato, informações que eu não pretendia dar.

Clara sacudiu a cabeça e depois me deu um sorriso divertido, querendo impedir mais perguntas sobre a festa.

— Como é que Delia estava no batizado em Nogales, no Arizona? — perguntei, passando aos acontecimentos da outra festa.

— Florinda mando-a até lá — admitiu Clara, enfiando todo o cabelo solto sob o chapéu australiano. — Penetrou na festa dizendo a todos que fora com você.

— Espere aí! — eu a interrompi. — Isto não é um sonho. O que está querendo fazer comigo?

SONHOS LÚCIDOS

179

— Estou tentando instruí-la — insistiu Clara, sem alterar o seu ar de indiferença. Seu tom era igual, quase displicente. Não parecia estar interessada no efeito que suas palavras exerciam sobre mim. No entanto, me observou atentamente ao acrescentar: — Isto é um sonho, e certamente estamos conversando no seu sonho, porque eu também estou *sonhando* o seu sonho.

O fato de que essas declarações absurdas bastaram para me acalmar constituía prova suficiente de que eu estava realmente *sonhando*. Minha mente ficou calma, sonolenta e capaz de aceitar a situação.

— Não havia forma de Florinda saber que eu ia de carro para Nogales — disse eu. — O convite da minha amiga foi aceito num impulso.

— Eu sabia que isso lhe seria incompreensível — admitiu Clara, com um suspiro. Depois, olhando bem nos meus olhos e pesando as palavras com cuidado, declarou: — Florinda é sua mãe, mais do que qualquer outra mãe que você tenha tido.

Achei aquilo absurdo, mas não consegui dizer uma palavra.

— Florinda sente você — continuou Clara. Com um brilho diabólico no olhar, acrescentou: — Ela dispõe de algo que conduz você de volta a casa. Sempre sabe onde você está.

— Que coisa é essa de voltar para casa? — perguntei, minha mente de repente sob controle absoluto. A ideia de que alguém sempre pudesse saber o que eu estava fazendo me encheu de medo.

— Os sentimentos dela por você são um meio de voltar a casa — explicou Clara, com simplicidade graciosa e num tom tão suave e harmonioso que fez desaparecer a minha ansiedade.

— Que sentimentos por mim, Clara?

— Quem sabe, filha? — respondeu pensativa. Ela encolheu as pernas, abraçou-as com os braços e pousou o queixo sobre os joelhos. — Nunca tive uma filha assim.

Passei abruptamente do deleite à apreensão. À maneira racional e bem pensada que era do meu feitio, comecei a me preocupar com as insinuações sutis das palavras de Clara. E foram exatamente essas considerações racionais que, novamente, provocaram as minhas dúvidas. Aquilo não podia ser um sonho. Eu estava acordada; minha concentração era aguçada demais para que não estivesse.

Deslizando pela almofada colocada às minhas costas, cerrei os olhos. Fiquei observando Clara por entre minhas pestanas, imaginando se ela desapareceria como as pessoas e as cenas desaparecem nos sonhos. Isso não aconteceu. Senti-me momentaneamente tranquilizada ao pensar que estava acordada, e Clara também.

— Não, não estamos acordadas — ela me contradisse, intrometendo-se de novo em meus pensamentos.

— Consigo falar — disse eu, revalidando meu estado de consciência total.

— Grande coisa! — tagarelou ela. — Agora vou fazer algo que vai acordá-la, para você continuar a conversa quando estiver de fato desperta. — Ela enunciou essa última palavra com muito cuidado, de modo exagerado.

— Espere. Espere, Clara — pedi. — Dê-me tempo para me adaptar a tudo isso. — Eu preferia a minha incerteza ao que Clara pudesse me fazer.

SONHOS LÚCIDOS

Indiferente ao meu pedido, Clara levantou-se e pegou a jarra d'água que estava sobre uma mesinha ali perto. Ainda rindo, ela se inclinou sobre mim, segurando a jarra sobre a minha cabeça. Tentei rolar para o lado, mas não consegui. Meu corpo não me obedecia; parecia estar grudado à esteira. Antes que ela chegasse a despejar a água sobre mim, senti um borrifo suave e frio em meu rosto. O frio, mais do que a umidade, produziu uma sensação muito esquisita. Primeiro, turvou o rosto de Clara, debruçada sobre mim, assim como as ondulações encrespam a superfície da água; depois, o frio centralizou-se em meu estômago e me puxou para dentro, como uma manga que é puxada do avesso para o direito. Meu último pensamento foi o de que me afogaria numa jarra d'água. Bolhas e mais bolhas de escuridão giraram em volta de mim, até que tudo ficou negro.

Quando voltei a mim, não estava mais deitada na esteira e sim no sofá da sala. Duas mulheres estavam de pé junto a mim, fitando-me com olhos arregalados e curiosos. Florinda, a mulher alta, de cabelos brancos e voz rouca, estava sentada ao meu lado, cantarolando uma velha canção de ninar — ou foi o que me pareceu — e afagando meus cabelos, meu rosto, meus braços, com muita ternura.

O toque dela e o som de sua voz me detiveram. Fiquei ali deitada, os olhos fixos nos dela, sem piscar, certa de estar tendo um de meus sonhos vívidos, que sempre começavam como sonhos e terminavam como pesadelos. Florinda falava comigo. Dizia-me para olhar dentro dos seus olhos. Suas palavras se moviam sem ruído, como asas de borboleta. Mas, seja o que for que vi nos olhos dela, me encheu com uma sensação conhecida — o pavor irracional, abjeto, que sentia nos meus pesadelos. Levantei-me de um salto e fugi direto para a porta. Era a reação automática, animal, que eu sempre tivera num pesadelo.

— Não se assuste, minha querida — disse a mulher alta, seguindo-me. — Relaxe. Estamos todos aqui para ajudá-la. Não precisa ficar tão perturbada. Vai machucar o seu corpinho com sustos desnecessários.

Eu havia parado junto à porta, não porque ela me tivesse convencido a ficar, mas porque não conseguira abrir a maldita. Freneticamente, puxei e empurrei a porta, que não se moveu. A mulher alta estava logo atrás de mim. Minha agitação aumentou. Tremia tanto que o meu corpo todo doía, e meu coração batia com tanta força, e tão desordenadamente, que eu sabia que iria explodir em meu peito.

— *Nagual!* — chamou a mulher alta, virando a cabeça por cima do ombro. — É bom você fazer alguma coisa. Ela vai morrer de susto.

Não vi com quem ela estava falando, mas na minha busca desenfreada por algum meio de fuga, vi outra porta no lado oposto da sala. Eu tinha certeza de possuir forças suficientes para dar uma corrida até lá, mas minhas pernas cederam. Como se a vida tivesse abandonado o meu corpo, caí ao chão. Meu último alento escapou de mim. Os braços compridos da mulher desceram sobre mim como as asas de uma grande águia. Ela me segurou, encostou sua boca na minha e inspirou ar dentro de mim.

Devagar, meu corpo relaxou; meus batimentos cardíacos voltaram ao normal. Enchi-me de estranha paz, que logo se transformou numa excitação extraordinária. Não era o medo que me enchia de excitação, e sim a respiração dela. Era quente; queimou a minha garganta, meus pulmões, meu estômago, minha virilha, chegando até minhas mãos e meus pés. Num lampejo, vi que a mulher era exatamente igual a mim, só que mais alta, tão alta quanto eu desejaria ser. Senti tanto amor por ela que fiz uma coisa extravagante: beijei-a apaixonadamente.

Senti que seus lábios se abriam num sorriso. Então ela lançou a cabeça para trás e deu uma risada.

— Esse ratinho me beijou — disse, voltando-se para as demais.

— Estou *sonhando*! — exclamei, e todas se riram, numa descontração infantil.

A princípio não pude deixar de rir também, mas dali a momentos voltei ao meu normal, constrangida após um de meus atos impulsivos e zangada por ter sido surpreendida nele.

A mulher alta me abraçou.

— Sou Florinda — disse-me, levantando-me e pondo-me no colo como se eu fosse um bebê. — Você e eu somos iguais — continuou ela. — Você é pequena como eu gostaria de ser. É uma grande desvantagem ser alta. Ninguém jamais nos põe no colo. Eu tenho 1,78m.

— E eu tenho 1,58m — confessei, e rimos porque nos entendíamos perfeitamente. Eu não chegava a ter os cinco centímetros finais, mas sempre arredondava. E tinha a certeza de que Florinda media mais do que 1,78m, mas arredondava para menos. Beijei suas faces e seus olhos. Eu a amava com um amor incompreensível para mim; era um sentimento não corrompido por dúvidas, ou medos, ou expectativas. Era o amor que a gente sente nos sonhos.

Parecendo concordar plenamente comigo, Florinda deu uma risada baixinha. A luz fugidia em seus olhos, a brancura espectral de seus cabelos eram como uma recordação esquecida. Parecia conhecê-la desde o dia do meu nascimento. Ocorreu-me que as crianças que gostam de suas mães devem ser crianças perdidas. O amor filial aliado à admiração pelo ser físico da mãe deve resultar numa sensação de amor total, como o amor que eu sentia por aquela mulher alta e misteriosa.

Ela me pôs no chão.

— Esta é Carmela — disse, virando-me para uma mulher linda, de cabelos e olhos escuros. Suas feições eram delicadas e a pele perfeita; tinha a palidez suave e cremosa de quem passa muito tempo dentro de casa.

— Só tomo banhos de lua — cochichou ela em meu ouvido, ao me abraçar. — Você devia fazer o mesmo. É clara demais para se expor ao sol; está estragando a sua pele.

Foi a voz dela, mais que qualquer outra coisa, que eu reconheci. Era a mesma mulher que fizera todas aquelas perguntas francas e pessoais no piquenique. Lembrava-me dela numa posição sentada, quando me parecera pequena e frágil. Para meu espanto, era uns oito a dez centímetros mais alta do que eu. Seu corpo forte e musculoso fez com que me sentisse comparativamente insignificante.

Passando o braço em torno do meu ombro, Florinda me levou para a segunda mulher que estava de pé junto do sofá quando acordei. Era musculosa e alta, mas não tão alta quanto Florinda. Não tinha uma beleza con-

SONHOS LÚCIDOS 185

vencional — suas feições eram muito marcadas para isso — e, no entanto, havia algo de impressionante e muito atraente nela, inclusive a vaga sombra de buço no lábio superior, que ela evidentemente não se dava ao trabalho de tirar com cera nem descolorir. Senti nela uma força tremenda, uma agitação sob total controle, mas ainda assim presente.

— Esta é Zoila — disse-me Florinda.

Zoila não fez qualquer menção de me apertar a mão ou de me abraçar. Carmela riu-se e falou por Zoila:

— Muito prazer em tornar a vê-la.

A boca de Zoila curvou-se no mais encantador dos sorrisos, mostrando dentes brancos, grandes e regulares. Quando sua mão comprida e fina, brilhando com anéis preciosos, afagou meu rosto, vi que se tratava daquela cujo rosto estivera escondido sob uma massa de cabelos desgrenhados. Era quem havia costurado a renda belga em volta da toalha de lona onde nos sentamos no piquenique.

As três mulheres me rodearam e me fizeram sentar no sofá.

— Logo que a conhecemos você estava *sonhando* — disse Florinda. — Por isso não tivemos tempo para interagir. Desta vez, porém, você está acordada, portanto conte-nos sobre você.

Eu já ia interrompê-la, dizendo que aquilo era um sonho e que no piquenique, dormindo ou desperta, havia contado tudo quanto valia a pena conhecerem sobre mim.

— Não, não, você está enganada — disse Florinda, como se eu tivesse expressado meus pensamentos em voz alta. — Você agora está inteiramente acordada. E o que queremos saber é o que fez desde o nosso último encontro. Conte-nos especificamente sobre Isidoro Baltazar.

— Quer dizer que isto não é um sonho? — perguntei, timidamente.

— Isto não é um sonho — garantiu ela. — Você estava *sonhando* há alguns minutos, mas agora é diferente.

— Não vejo a diferença.

— Isso é porque você é uma boa *sonhadora* — explicou ela. — Seus pesadelos são reais; você mesma disse isso.

Todo o meu corpo ficou tenso e, depois, como se soubesse que não poderia suportar outro acesso de susto, desistiu: largou-se ao momento. Repeti para elas o que, antes, havia contado e recontado a Mariano Aureliano e ao Sr. Flores. Dessa vez, porém, lembrei-me de detalhes inteiramente esquecidos na vez anterior, como os dois lados do rosto de Isidoro Baltazar, os dois estados de espírito simultâneos que ele demonstrava e que eram plenamente revelados em seus olhos. O esquerdo era sinistro, ameaçador; o direito era simpático, aberto.

— É um homem perigoso — garanti, enlevada por minhas observações. — Tem um poder especial para direcionar os fatos na direção em que quiser, enquanto fica de fora, vendo a gente se debater.

As mulheres mostraram-se fascinadas com o que eu dizia, Florinda acenou para que eu continuasse.

— O que torna as pessoas tão vulneráveis ao seu encanto é que ele é um homem generoso — continuei. — E a generosidade, talvez, seja a única virtude a que nenhum de nós consegue resistir, porque somos despojados, seja qual for a nossa origem.

SONHOS LÚCIDOS   187

Dando-me conta do que dissera, parei de repente e fiquei olhando-as, consternada.

— Não sei o que é que me deu — murmurei, tentando desculpar-me. — Na verdade, nem sei por que disse isso, quando eu mesma nunca pensei em Isidoro Baltazar nesses termos. Nem sequer sou capaz de fazer esse tipo de julgamento.

— Não importa, filha, de onde você busca esses pensamentos — declarou Florinda. — Evidentemente, está buscando na própria fonte. Todos fazem isso... buscam na própria fonte... mas é preciso ser feiticeiro para ter consciência disso.

Não compreendi o que ela estava querendo me dizer. Tornei a declarar que não tinha a intenção de falar demais.

Florinda riu e me olhou por uns momentos, pensativa.

— Aja como se estivesse num sonho. Seja ousada e não se desculpe — disse ela.

Senti-me uma idiota, incapaz de analisar o que estava sentindo. Florinda meneou a cabeça, como que concordando, depois virou-se para suas companheiras e disse:

— Contem a ela sobre nós.

Carmela pigarreou e, sem olhar para mim, disse:

— Nós três e Delia formamos uma unidade. Tratamos do mundo cotidiano.

Eu estava atenta a cada palavra sua, mas não compreendi nada.

— Somos a unidade de feiticeiras que trata com as pessoas — esclareceu Carmela. — Há outra unidade de quatro mulheres que não lida com pessoas, sob qualquer condição. — Ela colocou a minha mão na dela e examinou a palma, como se fosse ler a minha sorte, depois fechou-a delicadamente, formando um punho, e disse: — Você é igual a nós, de modo geral. Isto é, sabe lidar com as pessoas. E é como Florinda, em especial. — Mais uma vez parou e, com uma expressão sonhadora, repetiu o que Clara já havia me dito: — Foi Florinda quem a encontrou — disse ela. — Portanto, enquanto permanecer no mundo dos feiticeiros, pertencerá a ela. Ela guiará e cuidará de você. — O tom dela encerrava tanta certeza que me deixou realmente preocupada.

— Não pertenço a ninguém — retruquei. — Nem preciso de alguém que cuide de mim. — Minha voz estava tensa, insegura, fora do normal.

Caladas, as mulheres me observavam, sorrisos pensativos nos rostos.

— Pensam que preciso de orientação? — perguntei, em tom de desafio, olhando de uma para outra. Os olhos delas estavam semicerrados, os lábios abertos naqueles mesmos sorrisos de contemplação. Os movimentos imperceptíveis de seus queixos demonstravam claramente que elas estavam aguardando que eu terminasse o que tinha a dizer. — Acho que me dou muito bem na vida por minha conta — concluí, meio sem jeito.

— Lembra-se do que fez na festa onde a encontrei? — perguntou-me Florinda.

Enquanto eu olhava para ela, pasma, Carmela cochichou em meu ouvido:

— Não se preocupe, você sempre pode arranjar um meio de explicar tudo.

Ela agitou o dedo para mim, nada perturbada. Enchime de pânico ao pensar que sabiam que, naquela festa, eu havia ficado despida na frente de dezenas de pessoas.

SONHOS LÚCIDOS

Até aquele momento sentia, se não orgulho pelo meu comportamento extravagante, pelo menos aceitação. Segundo minha maneira de pensar, o que fiz naquela festa expressava a minha personalidade espontânea. Primeiro, dera um longo passeio a cavalo com o meu anfitrião, de vestido de noite e sem sela, para lhe mostrar — depois que ele me desafiou, apostando que eu não conseguiria — que a cavalo eu era tão hábil quanto qualquer caubói. Eu tinha um tio na Venezuela que possuía um haras, e montava a cavalo desde os 3 anos. Quando ganhei a aposta, tonta do esforço e do álcool, dei um mergulho na piscina — nua.

— Eu estava junto à piscina quando você mergulhou nua — disse Florinda, estando evidentemente a par das minhas recordações. — Você roçou suas nádegas nuas em mim. E escandalizou a todos, inclusive a mim. Gostei da sua audácia. Acima de tudo, gostei que tivesse caminhado despida desde o outro lado da piscina só para roçar em mim. Considerei isso uma indicação de que o espírito estivesse apontando você para mim.

— Não pode ser verdade — murmurei. — Se você estivesse naquela festa, eu me lembraria, pois é alta demais e marcante demais para não ser notada. — Eu não pretendia elogiá-la, queria convencer-me de que estava sendo ludibriada, manipulada.

— Gostei do fato de que você estava se matando só para se exibir — continuou Florinda. — Era uma palhaça, querendo chamar a atenção para si a todo custo, especialmente quando subiu em uma mesa e dançou alguns instantes, sacudindo as nádegas sem pudor, enquanto o dono da casa berrava como um doido.

Em vez de me envergonhar, os comentários dela me injetaram uma incrível sensação de prazer. Senti-me liberada. O segredo estava revelado, o segredo que eu nunca ousara confessar, o de que eu era uma exibida, que faria qualquer coisa para chamar a atenção. Fui dominada por um novo estado de espírito, positivamente mais humilde, menos defensivo. No entanto, receava que tal estado de espírito não durasse. Sabia que as percepções e realizações a que eu chegara nos sonhos nunca duravam. Mas talvez Florinda tivesse razão e aquilo não fosse sonho, e o meu novo estado de espírito permanecesse.

Parecendo conhecer os meus pensamentos, as três mulheres menearam as cabeças enfaticamente. Em vez de me sentir encorajada com a concordância delas, aquilo só fez reavivar as minhas incertezas. Conforme previra, o meu estado de espírito perceptivo teve vida breve. Dentro de instantes, ardia em dúvidas. E queria um alívio.

— Onde está Delia? — perguntei.

— Está em Oaxaca — informou Florinda e acrescentou, significativamente: — Ela só estava aqui para recebê-la.

Eu achava que, se mudasse de assunto, conseguiria uma folga e poderia ter uma chance de recuperar a minha força. Agora, defrontava-me com algo contra o qual não tinha recursos para lutar. Não podia acusar Florinda diretamente — como normalmente teria feito com qualquer pessoa — de mentir, a fim de me manipular. Não podia dizer que desconfiava de que me puseram grogue, levando-me de quarto em quarto enquanto estava inconsciente.

— O que está dizendo é realmente um absurdo, Florinda — ralhei. — Não posso acreditar que você espere que a leve a sério. — Mastigando meu lábio por dentro, olhei bem para ela. — Sei que Delia está escondida num dos aposentos.

Os olhos de Florinda pareciam me dizer que ela compreendia o meu dilema.

— Você não tem outra opção senão me levar a sério — sentenciou ela. Embora o seu tom fosse ameno, era definitivo.

Virei-me para as outras duas mulheres, na esperança de obter alguma resposta, qualquer coisa que aliviasse a minha apreensão crescente.

— Se alguma outra pessoa orientar você, na verdade é muito fácil *sonhar* — confidenciou Carmela —, o único senão é que essa pessoa tem de ser um *nagual*.

— Já ouvi falar muito de *nagual* — disse eu. — O que é um *nagual*?

— Um *nagual* é um feiticeiro de grande poder que pode conduzir outros feiticeiros através e para fora da escuridão — explicou Carmela. — Mas o próprio *Nagual* lhe disse tudo isso ainda há pouco. Não se lembra?

Florinda intercedeu, enquanto o meu corpo se contorcia num esforço para recordar.

— Os acontecimentos que vivemos na vida cotidiana são fáceis de lembrar. Temos bastante prática em fazer isso. Mas os fatos vividos nos sonhos são outra coisa. Temos de lutar muito para trazê-los de volta, apenas porque o corpo os guarda em lugares diferentes. No caso das mulheres, que não têm o seu cérebro sonâmbulo — comentou ela —, as instruções para *sonhar* começam a fazer com que tracem um mapa de seus corpos... um trabalho penoso que revela onde as visões dos sonhos estão depositadas em seus corpos.

— Como é que se traça esse mapa, Florinda? — perguntei, sinceramente interessada.

— Tocando sistematicamente em cada centímetro de seu corpo — respondeu ela. — Mas não posso lhe contar mais que isso. Sou sua mãe, não sua mestra de *sonhar*. Bem, ela recomenda um martelinho de madeira para as batidas. E recomenda, também, que só se bata nas pernas e nos quadris. É muito raro que o corpo guarde essas recordações no peito ou na barriga. O que se guarda no peito, nas costas e na barriga são as recordações da vida cotidiana. Mas isso é outro assunto.

"Tudo quanto lhe interessa agora é que a lembrança dos sonhos tem a ver com a pressão física no local específico em que essa visão está guardada. Por exemplo, se você empurrar a sua vagina pressionando seu clitóris, vai se lembrar do que Mariano Aureliano lhe disse — concluiu ela, com uma espécie de satisfação simples.

Olhei-a consternada, depois rompi em risadinhas nervosas. Não ia empurrar coisa alguma.

Florinda também riu, alegre, parecendo se divertir com o meu constrangimento.

— Se não quiser fazer isso — ameaçou —, vou pedir a Carmela para fazê-lo por você.

Virei-me para Carmela. Com um meio sorriso, pronto para transformar-se numa risada, ela me garantiu que de fato empurraria minha vagina por mim.

— Não é preciso! — exclamei, desalentada. — Lembro-me de tudo! — E, de fato, lembrava. E não só o que Mariano Aureliano dissera, mas também outros fatos.

— O Sr. Aureliano...

— Clara já lhe disse para se referir a ele como *nagual* Mariano Aureliano — interrompeu Carmela, no meio da frase.

— Os sonhos são portas para o desconhecido — disse Florinda, afagando a minha cabeça. — Os *naguais* orientam por meio de sonhos. E o ato de *sonhar* com um propósito é a arte dos feiticeiros. O *nagual* Mariano Aureliano ajudou você a entrar nos sonhos que nós todos *sonhamos*.

Pisquei várias vezes. Sacudi a cabeça, depois me recostei nas almofadas do sofá, chocada com o absurdo de tudo quanto estava recordando.

Lembrei-me que *sonhara* há um ano, em Sonora, um sonho que me parecera durar para sempre. Naquele sonho, conheci Clara, Nelida e Hermelinda. O outro grupo, as *sonhadoras*. Elas me disseram que a líder desse grupo era Zuleica, mas que eu ainda não podia *sonhar* com ela.

Quando a recordação daquele sonho se tornou clara em minha cabeça, também ficou evidente que, entre aquelas mulheres, nenhuma era mais nem menos importante do que a outra. O fato de uma mulher em cada grupo ser a líder não era de modo algum uma questão de poder, de prestígio, de realização, mas apenas de eficiência. Não sabia por que, mas estava convencida de que só o que importava para elas era a profunda afeição que sentiam umas pelas outras.

Naquele sonho todas me disseram que Zuleica era a minha mestra de *sonhar*. Era só isso que consegui lembrar. Conforme Clara me contou, eu precisava vê-las ou *sonhar* com elas mais uma vez para poder solidificar meu conhecimento delas. No momento, eram apenas recordações desencarnadas.

Vagamente, ouvi Florinda dizer que, após mais algumas tentativas, eu teria maior êxito em passar da minha recordação dos sonhos para o sonho que estava *sonhando* e, depois, para o estado normal de desperta.

Ouvi Florinda dar uma risada, mas eu não estava mais naquela sala, porém lá fora, andando pelo chaparral. Caminhava devagar por uma trilha invisível, um pouco nervosa, pois não havia luz, nem lua, nem estrelas no céu.

Atraída por alguma força invisível, entrei numa sala grande. Lá dentro estava escuro, a não ser os raios de luz entrecruzando-se de parede a parede sobre os rostos das pessoas sentadas em dois círculos, um interno e outro externo. A luz ficou forte e depois fraca, como se alguém no círculo estivesse brincando com o interruptor elétrico, ligando e desligando-o.

Reconheci Mariano Aureliano e Isidoro Baltazar sentados, de costas um para o outro, no centro do círculo interno. Não reconheci propriamente seus rostos, mas, sim, a sua energia. Não que fosse mais brilhante ou diferente da dos outros, apenas havia mais energia; era maciça. Era uma massa grande e esplêndida de brilho inextinguível.

A sala reluzia de brancura. Havia nitidez nas coisas, uma solidez em cada borda e canto. Era tal a claridade da sala que tudo se destacava isoladamente, por si, especificamente os raios de luz ligados às pessoas sentadas no círculo — ou que emanavam delas. As pessoas estavam conectadas por linhas de luz e pareciam ser os pontos de suspensão de uma gigantesca teia de aranha. Todas se comunicavam sem palavras, por meio da luz. Fui atraída para aquela silenciosa tensão elétrica, até que também me tornei um ponto naquela teia de luminosidade.

— O que vai acontecer? — perguntei, olhando para Florinda. Eu estava deitada no sofá, minha cabeça em seu colo.

Ela não respondeu; tampouco responderam Carmela ou Zoila, sentadas ao seu lado, com os olhos fechados. Repeti minha pergunta várias vezes, mas só o que ouvi foi a respiração suave das três mulheres. Eu tinha certeza de que estavam dormindo e, no entanto, sentia sobre mim os seus olhos tranquilos e aguçados. A escuridão e o silêncio moviam-se pela casa como uma coisa viva, levando com eles um vento gelado e o cheiro do deserto.

9

TREMENDO de frio, enrolei-me bem no cobertor e me sentei. Estava numa cama estranha, num quarto estranho, mobiliado apenas com a cama e uma mesinha de cabeceira; no entanto, tudo em volta de mim exalava uma sensação de coisas conhecidas. Mas eu não conseguia descobrir por que tudo me parecia tão familiar. Talvez ainda esteja dormindo, pensei. Como vou saber que isso não é um sonho? Tornei a me afundar nos travesseiros. Fiquei ali deitada com os braços atrás da cabeça e deixei que passassem por minha mente os fatos bizarros que vira e vivera, metade sonho, metade recordação.

Tudo começara, claro, no ano anterior, quando fui de carro, com Delia Flores, à casa da curandeira. Ela dissera que o piquenique de que eu participara com todos ali tinha sido um sonho. Ri, descartando suas declarações como absurdas.

No entanto, ela estava com razão. Eu agora sabia que o piquenique tinha sido um sonho. Não meu sonho, mas um *sonho sonhado* por outros e ao qual eu fora convidada; era uma convidada participante. O meu engano o tempo todo fora tentar negá-lo terminantemente, descartá-lo

FLORINDA DONNER

como falso, sem saber o que queria dizer com falso. Só o que consegui foi bloquear esse fato tão completamente de minha mente que nunca tive percepção dele.

O que eu tinha de fazer era aceitar que temos uma trilha para os sonhos, um sulco onde só correm os sonhos. Se eu tivesse me proposto a lembrar do sonho tido em Sonora, como nada mais do que um sonho, teria conseguido reter o assombro do que tinha ocorrido enquanto o sonho estava sendo *sonhado*.

Quanto mais eu fazia conjecturas a esse respeito, bem como de todas as coisas que me sucediam agora, maior era o meu desconforto. Entretanto, o que mais me surpreendia era que, na verdade, não tinha medo de toda aquela gente. Embora me apoiasse, era uma turma assustadora, de qualquer ponto de vista. De repente, dei-me conta do motivo por que não estava com medo: eu os conhecia muito bem. A prova, para mim, era a de que eles expressaram o sentimento estranho, mas reconfortante, que eu tinha tido: estava voltando para casa.

Mas logo descartei todos esses pensamentos. Assim que surgiram, supus, sinceramente, que talvez estivesse com um desequilíbrio mental e que eles haviam descoberto um meio de focalizar isso, intensificando a coisa. De modo sério e sistemático, revi a história da minha família, fazendo esforço para me lembrar de tudo quanto poderia ter ouvido sobre doenças mentais.

Havia o caso de um tio-avô materno que, de Bíblia em punho, pregava pelas esquinas. Depois, tanto o meu bisavô quanto o meu avô, no princípio da Primeira e da Segunda Guerras Mundiais, respectivamente, se suicidaram ao verem que estava tudo perdido para eles. Uma de minhas avós deu um tiro na cabeça quando percebeu que perdera a beleza e a atração sexual.

Eu gostava de acreditar que havia herdado a minha sensação de distanciamento por ser a neta verdadeira de todos esses doidos. Sempre acreditara que esse sentimento de distanciamento é que me dava a minha audácia.

Essas ideias mórbidas me deixaram tão aflita que saltei da cama. Com movimentos nervosos e abruptos, me livrei do cobertor. Inteiramente perplexa, vi que estava com uma pesada camisola de flanela, meias três-quartos de lã grossa, luvas sem dedos e um casaco de malha.

— Devo estar doente — murmurei para mim mesma. — Se não, por que haveria de estar com frio, com toda essa roupa? — Normalmente dormia despida, fosse qual fosse o clima.

Só então é que notei o sol no quarto; entrava pela janela espessa, meio opaca. Eu estava certa de que a luz brilhando em meus olhos é que havia me acordado. E estava precisando muito encontrar o banheiro. Receando que a casa não tivesse água encanada, fui para a porta de correr do outro lado do quarto, que estava aberta; de fato, era o banheiro com um urinol tampado.

— Diabos! Não posso usar um banheiro com urinol! — berrei.

A porta abriu-se e Florinda entrou.

— Tudo bem — disse ela, me abraçando. — Há um banheiro lá fora. Isso aí é uma relíquia do passado.

— Que bom que já é de manhã — comentei, rindo. — Ninguém vai ficar sabendo que tenho medo de ir à privada externa.

Florinda me lançou um olhar estranho e depois desviou-o. Por fim, perguntou, num sussurro:

— O que a faz pensar que é de manhã?

— O sol me acordou ainda há pouco — respondi, indo até a janela. Sem entender, olhei para o escuro lá fora.

O rosto de Florinda animou-se. Ela pareceu controlar-se, mas depois seus ombros se sacudiram com o riso, enquanto ela apontava para as lâmpadas atrás da cama. Eu confundira a luz da lâmpada com o sol.

— Por que tem tanta certeza de que está acordada? — perguntou ela.

Virei-me para olhá-la e disse:

— A minha necessidade incontrolável de ir ao banheiro.

Ela me pegou pelo braço.

— Deixe levá-la à privada antes que você passe vergonha.

— Não vou a lugar algum antes de você me dizer se estou acordada ou *sonhando*! — gritei.

— Mas que gênio! — exclamou Florinda, abaixando a cabeça até que sua testa encostou na minha. Mantinha os olhos arregalados. — Você está *sonhando* desperta — acrescentou, pronunciando as palavras com cuidado.

A despeito da minha apreensão crescente, comecei a rir. O som do meu riso, que reverberou em volta do quarto como um eco distante, desfez a minha aflição. Nesse momento não me preocupava mais em saber se *sonhava* ou estava acordada. Toda a minha atenção centralizava-se em chegar à privada.

— Onde fica? — resmunguei.

SONHOS LÚCIDOS 201

— Você sabe onde é — respondeu Florinda, cruzando os braços. — E nunca vai chegar lá a tempo a não ser que deseje estar lá. Mas não traga a privada para a sua cama. Chama-se a isso *sonhar* preguiçoso e é o meio mais certo de sujar sua cama. Vá você mesma à privada num piscar de olhos.

Inteiramente horrorizada, vi que não conseguia alcançar a porta quando tentei. Meus pés não tinham confiança para andar. Devagar, inseguros, como se não conseguissem resolver para onde ir, eles se moveram, passo a passo. Não querendo aceitar o fato de que meus pés não obedeciam mais ao meu comando, tentei acelerar meus movimentos levantando um pé após o outro com as mãos.

Florinda não parecia estar interessada no que me acontecia. Lágrimas de frustração e de pena de mim mesma encheram meus olhos, enquanto ficava ali pregada no mesmo lugar. Meus lábios formaram a palavra socorro, mas de minha boca não saiu som algum.

— O que é que há? — perguntou ela, pegando um de meus braços e me puxando delicadamente para o chão. Retirou minhas meias de lã grossa e examinou-me os pés; agora parecia sinceramente preocupada. Eu queria explicar que a minha incapacidade em me mover deviase a estar emocionalmente exausta, porém, por mais que tentasse, não conseguia exprimir meus pensamentos por meio de palavras. Enquanto lutava para emitir algum som, vi que havia alguma coisa errada com a minha visão: meus olhos não conseguiam mais focalizar nada. O rosto de Florinda estava borrado e turvo, por mais que comprimisse meus olhos ou por mais que eu aproximasse o meu rosto do dela.

— Sei o que há com você — murmurou Florinda em meu ouvido. — Você precisa ir ao banheiro. Pois faça isso! Deseje estar lá!

Meneei a cabeça enfaticamente. Sabia que estava de fato *sonhando* desperta ou, antes, que estava vivendo em outra realidade que ainda não me pertencia plenamente, mas a qual tinha acesso por meio daquela gente. Então senti-me inexplicavelmente à vontade. E depois, de repente, eu estava na privada lá fora, não uma *sonhada*, mas de verdade.

Levei muito tempo para verificar onde me encontrava, a fim de me certificar de que aquilo era real. E era.

Em seguida estava de volta ao quarto, mas não sei como. Florinda disse alguma coisa lisonjeira sobre a minha capacidade de *sonhar*. Não prestei muita atenção às suas observações, pois me distraí com o monte de cobertores empilhados contra a parede. Eu não reparara neles ao acordar, e no entanto tinha certeza de tê-los visto antes.

Minha sensação de bem-estar desapareceu rapidamente quanto tentei me lembrar de onde vira aqueles cobertores. Minha angústia aumentou. Eu não sabia mais se ainda estava na mesma casa a que havia chegado antes, com Isidoro Baltazar, ou em outro lugar.

— De quem é este quarto? — perguntei. — E quem foi que me embrulhou em toda esta roupa? — Fiquei apavorada ao ouvir a minha própria voz.

Florinda afagou meus cabelos e, numa entonação bondosa e suave, disse que, por enquanto, aquele era meu quarto. E que ela me agasalhara para eu não sentir frio. Explicou que o deserto é enganador, especialmente à noite.

SONHOS LÚCIDOS 203

Olhou-me com uma expressão enigmática, como se estivesse sugerindo outra coisa. E aquilo me perturbou, pois as suas palavras não me davam qualquer indicação quanto ao que se referia. Meus pensamentos estavam descontrolados. A palavra-chave, resolvi, era *deserto*. Eu não sabia que o lugar das bruxas era no deserto. Havíamos chegado por um caminho tão tortuoso que eu não localizara exatamente onde ficava a casa.

— De quem é esta casa, Florinda? — perguntei.

Ela parecia estar lutando com algum problema profundo, sua expressão passando de pensativa a preocupada várias vezes.

— Você está em casa — respondeu, por fim, a voz grave de emoção. Antes que pudesse lembrar-lhe que não respondera à minha pergunta, ela fez um gesto para que eu me calasse e apontou um dedo para a porta.

Alguma coisa sussurrava no escuro lá fora. Podia ser o vento e as folhas, mas eu sabia que não era nada disso. Era um ruído conhecido e confortante; trouxe-me de volta a recordação do piquenique. Em especial, trouxe de volta as palavras de Mariano Aureliano: "Vou soprar você, como soprei os outros, para a única pessoa que, hoje, tem o mito em suas mãos."

Aquelas palavras ressoavam em meus ouvidos; virei-me para olhar, pensando se Mariano Aureliano talvez tivesse entrado no quarto e as estivesse repetindo em voz alta naquele instante.

Florinda meneou a cabeça. Lera os meus pensamentos. E seus olhos, fixos nos meus, obrigavam-me a reconhecer a minha compreensão da declaração dele. No piquenique, eu não havia dado muita atenção às suas afirmativas; tinham sido absurdas demais. Agora, estava tão curiosa em descobrir quem eram, de fato, "os outros" que não podia deixar escapar aquele assunto.

— Isidoro Baltazar falou de algumas pessoas que trabalham com ele — comecei, com cuidado. — Disse que foram confiadas a ele e era seu dever sagrado ajudá-las. São as que... sopraram para ele? — perguntei, hesitando.

Florinda concordou com a cabeça, com um leve sorriso, como se achasse engraçada a minha relutância em mencionar a palavra *sopraram*.

— Essas são as que o antigo *Nagual* soprou para o novo *Nagual*; são mulheres e são como você.

— Como eu? — perguntei, insegura. Desejei não ter estado tão absorta com as minhas intrigantes mudanças de ânimo e sentimentos para com Isidoro Baltazar durante a viagem e prestado mais atenção a tudo quanto ele revelara sobre o seu mundo. — De que forma essas mulheres são como eu? — perguntei. E emendei: — Você as conhece?

— Já as vi — respondeu, evasiva.

— Quantas mulheres já foram sopradas para Isidoro Baltazar? — perguntei, mal disfarçando o meu aborrecimento. No entanto, a simples ideia de que existissem era, ao mesmo tempo, excitante e alarmante.

Florinda ficou positivamente alegre diante da minha reação.

— Algumas. Não se parecem com você fisicamente, mas são como você. O que quero dizer é que se parecem umas com as outras assim como as minhas companheiras feiticeiras e eu nos parecemos — explicou Florinda. — Você mesma não ficou surpresa ao ver como nos parecíamos, logo que nos conheceu?

SONHOS LÚCIDOS

Vendo que eu concordava, ela passou a dizer que o que a tornava tão parecida com as suas companheiras — a despeito das óbvias diferenças físicas — era o seu comprometimento irrestrito ao mundo dos feiticeiros.

— Somos unidas por um afeto que, por enquanto, ainda é incompreensível para você.

— Pode apostar que é — completei, com o maior cinismo que pude. Aí não resisti à minha curiosidade e empolgação quanto às mulheres sopradas para Isidoro Baltazar. — Quando vou conhecê-las?

— Quando as encontrar — disse Florinda. A voz dela, embora baixa, tinha uma força extraordinária que quase me fez calar por um momento.

— Como vou encontrá-las, se não as conheço? É impossível.

— Não para uma bruxa — comentou, com naturalidade. — Como já disse, vocês não se parecem fisicamente, mas o brilho dentro de você é igual ao brilho dentro delas. Você as reconhecerá por esse brilho. — Seus olhos fitavam-me intensamente, como se ela visse o brilho dentro de mim. — É o brilho dos feiticeiros. — O rosto estava grave, a voz anormalmente baixa.

Tive vontade de fazer algum comentário insolente, mas alguma coisa no jeito dela me alarmou.

— Eu posso ver esse brilho? — perguntei.

— Precisamos do *Nagual* para isso — explicou Florinda e apontou para o *nagual* Mariano Aureliano, que estava no canto sombrio do quarto. Eu não o notara de qualquer modo, mas não achei nada alarmante o seu súbito aparecimento.

Florinda lhe disse o que eu queria. Ele acenou para que eu o acompanhasse ao centro do quarto.

— Vou lhe mostrar esse brilho. — Ao falar, agachou-se e, levantando ambas as mãos, indicou para que eu montasse em suas costas.

— Vamos andar de cavalinho? — Nem tentei disfarçar a minha decepção. — Não vai me mostrar o brilho dos feiticeiros? — Embora eu me lembrasse claramente que ele dissera que a verdadeira feitiçaria não consiste em comportamentos bizarros, rituais, drogas ou encantamentos, ainda assim eu esperava um espetáculo, uma demonstração do poder dele, como misturar fórmulas mágicas ou plantas medicinais sobre o fogo.

Sem fazer caso da minha desilusão, Mariano Aureliano mandou que eu pusesse os braços em volta de seu pescoço, de leve, para não sufocá-lo.

— Você não acha que estou um pouco crescida para ser carregada por aí? — adverti.

O riso de Mariano Aureliano gorgolejou de dentro dele, explodindo num prazer absurdo. Com um movimento rápido, ergueu-se. Passando os braços por trás dos meus joelhos, colocou-me numa posição confortável e saiu para o saguão, mas minha cabeça não bateu no caixilho da porta.

Ele andava tão depressa e sem esforço que eu tinha a impressão exata de estar flutuando pelo corredor escuro e comprido. Curiosa, olhei em volta. No entanto, estávamos nos movendo depressa demais para ter mais do que breves vistas da casa. Um aroma suave mas persistente permeava tudo: uma fragrância de flores de laranjeira e o frescor do ar frio.

Lá fora a névoa encobria o pátio. Eu só conseguia distinguir uma massa uniforme de silhuetas escuras. Nuvens de névoa transformavam cada espaço, revelando e depois apagando estranhas formas de árvores e pedras. Não estávamos na casa das bruxas, disso eu tinha certeza.

Eu não ouvia nada a não ser uma respiração ritmada. Não sabia dizer se era a do *nagual* Mariano Aureliano ou a minha. O som se espalhava por todo o pátio. Fazia tremer as folhas das árvores, como se uma brisa farfalhasse por entre os galhos. Esse tremor penetrava em meu corpo a cada respiração minha. Fiquei tão tonta que apertei bem meus braços em volta dos ombros dele, para não desmaiar. Antes que eu pudesse lhe dizer o que estava sentindo, o nevoeiro se condensou em volta de mim e me senti dissolver em nada.

— Apoie o queixo no alto da minha cabeça. — A voz do *nagual* Mariano Aureliano vinha aparentemente de muito longe. As palavras dele me chocaram, pois eu já havia esquecido que estava montada nas suas costas. — Aconteça o que acontecer, não me largue — acrescentou ele, num tom muito urgente, enquanto me empurrava para cima, para a minha cabeça ficar acima da dele.

— O que poderia acontecer se eu o largasse? — perguntei, demonstrando a minha crescente apreensão. — Eu cairia no chão, não é isso? — Minha voz estava incrivelmente estridente.

Mariano Aureliano deu uma risada baixinho, mas não respondeu. Com calma, ficou andando de um lado para outro no pátio grande, com passos leves e macios, quase numa espécie de dança. E então, por um momento, tive a impressão exata de que nos elevávamos no ar; ficamos sem peso. Senti que, por um momento passageiro, estávamos realmente viajando através da escuridão, até perceber que estávamos em terra firme através do corpo de Mariano Aureliano. Não pude saber se a névoa se dissipara ou se estávamos em outro pátio, mas alguma coisa mudara. Talvez fosse apenas o ar que estava mais pesado; era mais difícil respirar.

Não havia lua, e as estrelas cintilavam debilmente; no entanto, o céu brilhava como se estivesse sendo iluminado de algum ponto distante. Aos poucos, como se alguém desenhasse no ar, os contornos das árvores ficaram nítidos.

Cerca de um metro e meio, diante de um pé de sapoti, especialmente alto e frondoso, Mariano Aureliano parou de repente. Ao pé daquela árvore reunia·se um grupo de pessoas, talvez umas 12 ou 14. As folhas compridas, pesadas devido à garoa, sombreavam seus rostos. Uma estranha luz verde, vinda da árvore, tornava cada pessoa anormalmente nítida. Seus olhos, narizes, todas as suas feições cintilavam àquela luz verde e, no entanto, eu não conseguia distinguir seus rostos. Não reconheci nenhuma delas. Nem sequer consegui saber se eram homens ou mulheres; eram simplesmente pessoas.

— O que estão fazendo? — cochichei ao ouvido de Mariano Aureliano. — Quem são?

— Fique com o queixo sobre a minha cabeça — sussurrou ele.

Pousei meu queixo com firmeza sobre a sua cabeça, receando que, se a empurrasse demais, todo o meu rosto afundaria no crânio dele.

Na esperança de reconhecer alguém pela voz, disse boa noite às pessoas.

SONHOS LÚCIDOS

Vagos sorrisos apareceram em seus lábios. Em vez de retribuir minha saudação, viraram os rostos. Um som estranho surgiu entre eles. Um som que lhes deu energia, pois também, como a árvore, começaram a reluzir. Não a luz verde, mas um brilho dourado que se aglutinava e fulgurava até que todos se fundiram numa grande bola dourada que ficou pairando, ali, sob a árvore.

Então a bola dourada se dissolveu em fragmentos de luminosidade. Como gigantescos vaga-lumes, apareciam no meio das árvores, semeando luz e sombra ao passarem.

— Lembre-se desse brilho — murmurou Mariano Aureliano. A voz dele ressoou em minha cabeça. — É o brilho... do surem.

Uma súbita rajada de vento dispersou suas palavras. O vento tinha vida; brilhava contra o negror do céu. Soprava com muita violência, com um ruído estranho, dilacerante. Então o vento virou-se contra mim; tive certeza de que pretendia aniquilar-me. Soltei um grito de dor quando uma rajada especialmente gelada crestou meus pulmões. O frio espalhou-se pelo meu corpo até que o senti enrijecer-se.

Se foi Mariano Aureliano quem falou ou o próprio vento, não sei dizer. O vento bramia em meus ouvidos, eclipsando tudo ao meu redor. Em seguida, estava dentro de meus pulmões. Contorcia-se como uma coisa viva, ansiosa em devorar cada célula do meu corpo. Sentia-me desfalecer e intuía que iria morrer. Entretanto, o bramido cessou. Foi tão súbito o silêncio que cheguei a ouvi-lo. Ri ruidosamente, grata por ainda estar viva.

10

A CAMA era grande e confortavelmente macia. Um resplendor dourado enchia o quarto. Esperando prolongar aquele momento de bem-estar um pouco mais, fechei os olhos e afundei numa felicidade sonolenta em meio aos lençóis perfumados e a fronhas cheirando sutilmente a lavanda.

Senti cada músculo, cada osso em meu corpo ficarem tensos ao relembrar os fatos daquela noite, fragmentos desconexos de algum sonho pavoroso. Não havia continuidade, nenhuma sequência linear para tudo o que experimentara naquelas horas intermináveis. Acordara duas vezes durante a noite, em camas diferentes, quartos diferentes, até mesmo numa casa diferente.

Como se tivessem vida própria, essas imagens desconexas se amontoaram e expandiram de repente num labirinto que, não sei como, pude abranger de uma só vez. Isto é, percebi todos os fatos simultaneamente. A sensação daquelas imagens brotando do meu crânio para formar um toucado enorme, extravagante, foi tão real que me levantei da cama de um salto e corri pelo quarto até a penteadeira de aço e vidro. O espelho de três faces estava coberto por papel de arroz. Tentei descascar um dos cantos, mas o papel estava agarrado ao vidro como uma pele.

Quando vi a escova de cabelo com a parte de trás de prata, o pente combinando, os vidros de perfume e os potes de cosméticos na penteadeira, aquilo teve um efeito calmante sobre mim; eu também teria arrumado os vidros e potes por tamanho, numa fila, como acessórios. Não sei como percebi que estava no quarto de Florinda, na casa das bruxas; saber aquilo devolveu-me o senso de equilíbrio.

O quarto de Florinda era enorme; a cama e a penteadeira eram os únicos móveis. Ficavam em cantos opostos, afastados das paredes e em ângulo, deixando um espaço triangular atrás de si. Pensei por algum tempo na disposição da cama e da penteadeira, mas não consegui calcular se seguia algum tipo de desenho esotérico, cujo significado me escapava, ou se era apenas o resultado de um capricho estético de Florinda.

Curiosa para saber onde davam as três portas do quarto, experimentei-as todas. A primeira estava trancada por fora. A segunda dava para um pequeno pátio, retangular e murado. Intrigada, olhei para o céu, até que afinal percebi que não era de manhã, como eu supusera ao acordar, e sim de tardinha. Não me perturbou o fato de ter dormido o dia todo; pelo contrário, fiquei exultante. Convencida de que sofria de insônia crônica, sempre ficava feliz quando dormia demais.

A terceira porta dava para o corredor. Aflita para encontrar Isidoro Baltazar, fui para a sala de estar; estava vazia. Havia algo desagradável na arrumação limpa e meticulosa da mobília. Nada revelava que alguém se sentara

SONHOS LÚCIDOS

no sofá e nas poltronas na véspera. Até mesmo as almofadas estavam duras, como que em posição de sentido.

A sala de jantar, do outro lado do corredor, parecia igualmente abandonada, igualmente austera. Nenhuma cadeira estava fora do lugar. Nenhuma migalha, nenhuma mancha na superfície polida da mesa de mogno, nada revelava que me sentara ali, na noite anterior, com o *nagual* Mariano Aureliano e o Sr. Flores, jantando.

Na cozinha, separada da sala de jantar por um vestíbulo em arco e um saguão estreito, encontrei uma jarra meio cheia de champurrado e um prato coberto com algumas tamales doces. Estava com fome demais para me dar ao trabalho de esquentá-las. Servi-me de uma caneca do chocolate grosso e comi três dos bolinhos de milho diretamente de seus invólucros de palha de milho. Recheados com abacaxi, passas e amêndoas picadas, estavam deliciosos.

Pareceu-me inconcebível que me tivessem deixado sozinha na casa. No entanto, não podia ignorar o silêncio que me rodeava. Não era a paz reconfortante que se sente quando as pessoas estão fazendo silêncio propositadamente; parecia mais a falta total de ruído num lugar deserto. A possibilidade de que eu realmente tivesse sido abandonada ali me fez engasgar com um pedaço de tamale.

Ao voltar para o quarto de Florinda, parei diante de todas as portas pelas quais passei.

— Há alguém aí? — perguntei, batendo repetidamente à porta. Não obtive resposta.

Dirigia-me para fora quando ouvi, perfeitamente, alguém perguntar:

— Quem está chamando?

A voz era grave e áspera, mas não identifiquei se era homem ou mulher falando. Não sabia de que direção vinha a voz, quanto mais de qual quarto.

Retornei e novamente chamei bem alto, indagando se havia alguém ali. Quando cheguei ao final do corredor, hesitei por um instante diante de uma porta fechada. Girei a maçaneta, depois abri a porta um pouquinho e me esgueirei para dentro.

Com os olhos bem fechados, encostei-me à parede e esperei que meu coração voltasse a bater normalmente. E se alguém me pilhasse ali, pensei, sentindo-me culpada. Mas a curiosidade venceu a minha noção de fazer algo errado quando aspirei o ar de mistério, de encantamento, que permeava o aposento.

As cortinas pesadas e escuras estavam cerradas e a única luz vinha de uma lâmpada alta para leitura. O grande abajur, com franjas, lançava um círculo de luz amarela sobre a espreguiçadeira junto à janela. No meio do quarto havia uma cama de colunas, com dossel e cortinado, que dominava tudo como se fosse um trono. As estatuetas orientais, de bronze e madeira entalhada, colocadas sobre as quatro mesas redondas em cada um dos cantos, pareciam montar guarda no quarto, como divindades celestiais.

Livros, jornais e revistas estavam empilhados na escrivaninha francesa com tampo corrediço e na cômoda. Na penteadeira em forma de rim não havia espelho e, em vez de pente e escova, ou frascos de perfume e de cosméticos, havia um aparelho de frágeis xicarazinhas de café sobre o revestimento de vidro. Colares de pérolas, correntes de ouro, anéis e broches transbordavam das taças de bordas douradas como algum tesouro abandonado. Reconheci dois dos anéis; já os vira na mão de Zoila.

Deixei para o final o exame da cama. Quase com reverência, como se fosse de fato um trono, puxei o cortinado e soltei uma exclamação de prazer: as almofadas coloridas sobre a colcha de seda verde me lembraram flores silvestres num campo.

No entanto, um arrepio involuntário percorreu meu corpo, ali no meio do quarto. Não pude deixar de sentir que o calor, o mistério e o encantamento que o quarto exalava não passavam de ilusão.

A sensação de ter entrado numa espécie de miragem acentuou-se ainda mais no terceiro quarto. Também ele, a princípio, pareceu quente e acolhedor. O próprio ar era terno e carinhoso. Ecos de risos pareciam saltar das paredes. Contudo, esse ambiente de calor foi apenas uma impressão tênue e passageira, como o sol poente entrando pelas janelas sem vidraça, com cortinas de gaze.

Como no outro quarto, a cama dominava o espaço. Também esta tinha dossel e estava enfeitada com almofadas de cores vivas, espalhadas com displicência.

Junto a uma das paredes havia uma máquina de costura velha, de pedal, pintada a mão. Próximo a ela, uma alta estante de livros. Em vez de livros, nas prateleiras havia peças dos mais finos algodões, sedas e tecidos de lã e gabardina, tudo arrumado segundo as cores e os tecidos.

Seis perucas de cores diferentes, todas esticadas em cabaças em suportes, estavam enfileiradas numa mesinha baixa sob a janela. Entre elas, a loura que vira Delia Flores usar e a escura e crespa que Mariano Aureliano aplicara em minha cabeça junto do café em Tucson.

O quarto aposento ficava um pouco mais afastado dos demais e do lado oposto do saguão. Comparado aos outros dois, dava a impressão de estar vazio. Os últimos raios do sol da tarde, filtrando-se por uma parede de treliça, formavam no chão um tapete de luz e sombras, um quadrado trêmulo de desenhos retangulares.

Os poucos móveis estavam arrumados tão habilmente que faziam o espaço parecer maior do que era. Estantes de livros baixas, com portas de vidro, forravam as paredes. Em uma extremidade, numa alcova, havia uma cama estreita. O cobertor xadrez, branco e cinza, pendia até embaixo e combinava com as sombras no chão. A delicada secretária de pau-rosa com a cadeirinha de pau-rosa ebanizado com ouropel não destoavam da impressão geral de severidade do quarto, pelo contrário, realçavam-na. Vi que era o quarto de Carmela.

Eu teria gostado de verificar os títulos dos livros por trás dos painéis de vidro, mas minha angústia era grande demais. Como se alguém me perseguisse, corri para o corredor e fui para o pátio interno. Sentei-me numa das cadeiras de junco; tremia e transpirava e, no entanto, minhas mãos estavam geladas. Não era o sentimento de culpa que me fazia tremer — eu não me importaria de ser pilhada vasculhando a casa —, mas sim a sensação estranha, do outro mundo, que emanava desses quartos lindamente mobiliados. A quietude que se agarrava às paredes era uma quietude anormal. Não tinha nada a ver com a ausência de seus moradores, mas com a ausência de sentimentos e emoções que, em geral, permeiam os espaços habitados.

Cada vez que alguém se referia às mulheres como feiticeiras e bruxas, eu intimamente ria; elas nem agiam

SONHOS LÚCIDOS   217

nem se pareciam com o que eu esperava que agissem e
se parecessem as bruxas, exuberantemente dramáticas e
sinistras. Mas, agora, sabia que de verdade elas eram diferentes dos outros seres humanos. Assustava-me o fato
de serem diferentes de maneiras que eu não conseguia
entender nem conceber.

Um ruído baixo e áspero pôs fim aos meus pensamentos perturbadores. Acompanhando o barulho claramente soturno, segui pé ante pé pelo corredor, longe dos
quartos, na outra extremidade da casa. Aquele ruído de
raspagem vinha de um cômodo nos fundos da cozinha.
Aproximei-me lentamente, mas o ruído cessou no instante em que encostei o ouvido à porta. Tornou a soar
assim que me afastei. Intrigada, mais uma vez encostei
o ouvido à porta, e o ruído parou prontamente. Eu me
afastei e me aproximei várias vezes e, como se o ruído de
raspagem dependesse de meus atos, ele ou começava ou
parava.

Resolvida a descobrir quem estava se escondendo —
ou, pior, quem estava propositadamente querendo me
assustar —, estendi a mão para a maçaneta. Sem conseguir abrir a porta, mexi nela por alguns minutos até que
percebi que estava trancada e que a chave tinha sido deixada na fechadura.

A ideia de que alguém perigoso poderia estar preso
naquele quarto, por algum bom motivo, só me ocorreu
depois que entrei. Uma semiobscuridade opressiva pairava sobre as cortinas pesadas e cerradas, como alguma
coisa viva que estivesse atraindo as sombras de toda a casa
para aquele aposento imenso. A luz ficou mais fraca; as
sombras se espessaram em volta do que pareciam ser pe-

ças de mobílias descartadas e estátuas de aspecto curioso, grandes e pequenas, feitas de madeira e metal.

O mesmo ruído de raspar que me atraíra àquele quarto quebrou o silêncio. Semelhantes a felinos, as sombras rondavam o quarto como que buscando uma presa. Apavorada, fiquei olhando para as cortinas; estavam pulsando e respirando como um monstro de meus pesadelos.

De repente o ruído e o movimento cessaram; o silêncio imóvel era ainda mais assustador. Virei-me para sair dali e o barulho pulsátil, de raspagem, recomeçou. Resolvida, atravessei o quarto e puxei a cortina. Ri alto ao descobrir o caixilho de vidro quebrado na porta-janela. O vento estava alternadamente sugando e soprando a cortina pelo espaço aberto.

A luz fraca da tarde, entrando pela cortina semiaberta, rearrumou as sombras no quarto e revelou um espelho oval na parede, meio escondido por uma das estátuas esquisitas de metal. Eu me espremi entre a escultura e a parede, e olhei extasiada no velho espelho veneziano; ele estava embaçado e manchado com a idade e distorcia minha imagem tão grotescamente que me afastei do quarto correndo.

Saí da casa pela porta dos fundos. A larga clareira atrás da casa estava deserta. O céu continuava claro, mas as altas árvores frutíferas que cercavam o terreno já assumiam a cor do crepúsculo. Um bando de corvos passou voando; suas asas pretas a bater extinguiram a claridade do céu, e a noite caiu depressa sobre o pátio.

Com a sensação do mais completo desalento e desespero, sentei-me no chão e chorei. Quanto mais chorava, mais prazer sentia em me lamentar em altos brados.

O barulho de um ancinho me arrancou da minha autocomiseração. Levantei os olhos e vi uma pessoa franzina varrendo folhas em direção a uma pequena fogueira nos fundos da clareira.

— Esperanza! — exclamei, correndo ao seu encontro, mas parando de repente ao ver que não era ela, e sim um homem. — Sinto muito — murmurei, desculpando-me. — Eu o confundi com outra pessoa. — Estendi a mão e me apresentei. Procurei não olhá-lo fixamente, mas não consegui; não tinha certeza de que não fosse Esperanza disfarçada de homem.

Ele apertou a minha mão de leve e disse:

— Sou o zelador. — Não me deu seu nome.

A mão dele me pareceu frágil como asa de passarinho na minha. Era um homem magro, com ar de velho. O rosto também era de passarinho, aquilino e de olhos penetrantes. Os cabelos brancos pareciam tufos leves. Não eram apenas o seu corpo franzino e o aspecto de pássaro que me faziam lembrar de Esperanza, mas também o rosto enrugado e sem expressão, os olhos brilhantes e límpidos como os de uma criança, e os dentes pequenos, quadrados e muito brancos.

— Sabe onde está Florinda? — perguntei. Ele sacudiu a cabeça e eu acrescentei: — Sabe onde estão todos os outros?

Ele ficou calado por algum tempo e, depois, como se não lhe tivesse perguntado nada, repetiu que era o zelador.

— Eu tomo conta de tudo.

— É mesmo? — duvidei, olhando-o desconfiada. Ele era tão franzino e miúdo que não me parecia capaz de tomar conta de coisa alguma, inclusive de si mesmo.

— Eu tomo conta de tudo — repetiu, sorrindo docemente, como se assim pudesse dissipar todas as minhas dúvidas. Ia dizer mais alguma coisa, porém, em vez disso, mordeu o lábio pensativo, então virou-se e continuou a varrer as folhas fazendo um montinho, com gestos rápidos e hábeis.

— Onde estão todos? — perguntei.

Apoiando o queixo na mão, em concha sobre o cabo do ancinho, ele me olhou com ar distraído. Então, rindo como um tolo, olhou em volta, como se a qualquer momento alguém pudesse aparecer por trás das árvores.

Suspirando alto e com impaciência, virei-me para sair dali.

Ele pigarreou e, numa voz vacilante e rouca pela idade, informou:

— O antigo *Nagual* levou Isidoro Baltazar para as montanhas. — Ele não olhou para mim; seus olhos estavam focalizados em algum lugar a distância. — Vão voltar daqui a uns dias.

— Dias! — gritei, indignada. — Tem certeza de que ouviu direito? — Desalentada, imaginando que o meu pior receio se concretizara, só consegui murmurar: — Como é que ele pôde me deixar aqui sozinha?

— Foram ontem à noite — explicou o velho, puxando de volta uma folha que o vento soprara do monte à sua frente.

— Isso é impossível — retruquei com violência. — Só chegamos aqui ontem à noite. E tarde — frisei.

Indiferente ao meu tom positivamente agressivo e à minha presença, o velho ateou fogo ao montinho de folhas à sua frente.

SONHOS LÚCIDOS 221

— Isidoro Baltazar não deixou recado para mim? — perguntei, agachando-me ao lado dele. — Não deixou um bilhete ou alguma coisa? — Senti vontade de gritar, mas, por algum motivo, não tive coragem. Alguma coisa estranha no aspecto do velho me deixava desconcertada. A ideia de que ele fosse Esperanza disfarçada continuava a me perseguir.

— Esperanza foi com eles para as montanhas? — perguntei. Minha voz tremeu porque, de repente, me deu uma vontade louca de rir. A não ser que ele baixasse as calças e me mostrasse a sua genitália, não havia nada que pudesse fazer que me convencesse de que era de fato homem.

— Esperanza está na casa — murmurou ele, a atenção fixa no montinho de folhas ardendo. — Está na casa com as outras.

— Não seja ridículo; ela não está na casa — disse eu, com grosseria. — Não há ninguém na casa. Passei a tarde toda procurando-as. Verifiquei em todos os quartos.

— Ela está na casa pequena — repetiu o velho, de modo obstinado, vigiando-me tão atentamente quanto vigiara as folhas ardendo. O brilho de divertimento em seus olhos me deu vontade de lhe dar um pontapé.

— Que casa pequena... — Minha voz morreu quando me lembrei da outra casa, a que vira quando chegamos. Senti uma dor física de verdade ao pensar naquele lugar.

— Podia ter me dito logo que Esperanza estava na casa pequena — disse eu, impertinente. Disfarçadamente, olhei em volta, mas não consegui ver o lugar. As árvores altas e o muro mais além a escondiam. — Vou ver se Esperanza está mesmo lá, como você diz — disse, levantando-me.

O velho também se levantou e, virando-se para a árvore mais próxima, estendeu a mão e pegou um lampião a querosene e um saco de aniagem pendurados de um galho baixo.

— Receio não deixar que você vá sozinha — disse ele.

— Não vejo por que — retruquei, melindrada.

— Talvez você não saiba, mas sou convidada de Florinda. Fui levada à casa pequena, ontem à noite. — Parei, e depois acrescentei, por cautela: — Estive lá, com toda a certeza.

Ele ouviu atentamente, mas sua expressão era de dúvida.

— É difícil chegar lá — ele me avisou, por fim. — Tenho de preparar o caminho para você. Tenho de... — Ele pareceu se interromper no meio de uma ideia que não queria exprimir. Deu de ombros e depois repetiu que tinha de preparar o caminho para mim.

— O que é preciso preparar? — perguntei, irritada. — Tem de abrir caminho pelo chaparral com uma machadinha?

— Sou o zelador, preparo o caminho — repetiu ele, obstinadamente, e sentou-se no chão para acender o lampião. Por um instante, o lampião piscou no ar e logo começou a queimar com força. As feições do zelador pareceram quase descarnadas, sem rugas, como se a luz tivesse apagado as marcas do tempo. — Assim que acabar de queimar essas folhas, eu mesmo levo você até lá.

— Vou ajudá-lo — ofereci. Era evidente que o homem estava senil e precisava que tivessem paciência com ele. Eu o acompanhei pela clareira, ajudando-o a juntar as folhas em montinhos, que ele logo ia queimando. As-

Sonhos lúcidos

sim que as cinzas esfriavam, eram varridas para o saco de aniagem. O saco era forrado de plástico. Foi esse detalhe especial, o forro de plástico, que me trouxe à lembrança uma recordação de infância meio esquecida.

Enquanto varríamos os montes de cinzas para dentro do saco, contei-lhe que, quando criança, morando numa aldeia perto de Caracas, muitas vezes era despertada pelo ruído de um ancinho. Eu, então, me levantava da cama na ponta dos pés e ia pelo corredor, passando pelos quartos de meus pais e meus irmãos, para a sala, que dava para a plaza. Tomando cuidado com as dobradiças, que rangiam, abria os painéis de madeira que cobriam as janelas e me esgueirava através das grades de ferro. O velho encarregado da limpeza da plaza estava sempre ali, para me receber com um sorriso desdentado, e, juntos, varríamos em montinhos as folhas que tivessem caído durante a noite — os outros detritos eram postos em latas de lixo. Queimávamos esses montinhos e, assim que as cinzas esfriavam, nós as varríamos para dentro de um saco de aniagem forrado de seda. Dizia ele que as fadas da água, que moravam num riacho sagrado nas montanhas próximas, transformavam as cinzas em ouro em pó.

— Você também conhece fadas que transformam as cinzas em ouro em pó? — perguntei, vendo como o zelador ficara encantado com a minha história.

Ele não respondeu, mas deu uma risada com tanto prazer que não pude deixar de rir também. Quando vi, já tínhamos chegado ao último montinho de cinzas, junto a um portal recuado, em arcada, construído na parede; o estreito portão de madeira estava bem aberto.

Mais adiante do chaparral, quase escondida nas sombras, estava a outra casa. Não se via luz alguma vindo das janelas e ela parecia estar se afastando para longe de mim. Pensando se a casa não seria apenas imaginação minha, um lugar recordado num sonho, pisquei várias vezes e esfreguei os olhos. Havia alguma coisa errada, pensei, lembrando-me de quando caminhei até a casa das bruxas na noite anterior, com Isidoro Baltazar. A casa menor ficava à direita da maior. Então, pensei, como é que agora via a casa do quintal das bruxas? Num esforço para me orientar, movi-me de um lado para o outro, mas não consegui estabelecer nenhuma referência. Esbarrei no velho, que estava agachado diante do monte de cinzas, e caí por cima dele.

Com uma agilidade espantosa, ele se levantou e me ajudou.

— Você está cheia de cinzas — disse ele, limpando meu rosto com o punho dobrado de sua camisa cáqui.

— Lá está ela! — exclamei. Bem nítida, destacando-se contra o céu, a casa fugidia parecia estar a apenas alguns passos de distância. — Lá está — repeti, pulando, como se assim pudesse manter a casa no lugar, detê-la no tempo. — Aquela é a verdadeira casa das bruxas — acrescentei, ficando parada na frente do velho para ele continuar a limpar as cinzas do meu rosto. — A casa grande é apenas uma fachada.

— A casa das bruxas — disse o velho devagar, saboreando as palavras. Depois cacarejou, parecendo achar graça. Varreu o resto das cinzas para o saco de aniagem e, depois, fez sinal para que eu o acompanhasse pelo portão.

Havia duas laranjeiras do outro lado do portão, afastadas da parede. Uma brisa fresca farfalhava pelos galhos em flor, mas as flores não se mexiam, não caíam ao chão. Contra a folhagem escura, as flores pareciam gravadas, como se fossem feitas de quartzo leitoso. Como sentinelas, as duas árvores montavam guarda no caminho estreito, que era branco e muito reto, como uma linha desenhada com régua na paisagem.

O velho me entregou o lampião, depois pegou um punhado de cinzas de seu saco de aniagem e passou-o de uma mão para a outra — como se o estivesse pesando —, antes de espalhá-las pelo chão.

— Não faça perguntas e proceda como eu disser — determinou ele. A sua voz não estava mais rouca; parecia afetada, enérgica e convincente. Ele se debruçou um pouco e, andando de costas, deixou que o resto das cinzas caísse direto do saco de aniagem no caminho estreito. — Fique com os pés na linha das cinzas — advertiu ele. — Se não fizer isso, nunca chegará até a casa.

Tossi, para disfarçar o meu riso nervoso. Estendendo os braços, equilibrei-me na estreita linha das cinzas como se fosse uma corda bamba. Cada vez que parávamos, para que o velho tomasse fôlego, eu me virava para olhar a casa que acabáramos de deixar; ela parecia estar recuando na distância. E a que estava à nossa frente não parecia estar mais próxima. Tentei me convencer de que era apenas uma ilusão de ótica, mas tinha a vaga certeza de que nunca iria chegar sozinha a qualquer das casas.

Como que sentindo a minha inquietação, o velho afagou meu braço, confortando-me.

— É por isso que estou preparando o caminho. — Olhou para dentro do saco de aniagem e disse: — Agora não falta muito para chegarmos lá. Lembre-se de manter os pés sempre na linha das cinzas. Se fizer isso, poderá se movimentar para a frente e para trás, em segurança.

Minha mente me dizia que ele era maluco, mas meu corpo sabia que eu estaria perdida sem ele e suas cinzas. Eu estava tão absorta em manter os pés naquela linha tênue que fui tomada de surpresa quando, afinal, chegamos à frente da porta.

O velho pegou o lampião da minha mão, pigarreou, depois bateu de leve no painel entalhado, com os nós dos dedos. Não esperou resposta: abriu a porta e foi entrando.

— Não ande tão depressa! — exclamei, com medo de ser deixada para trás. Acompanhei-o para dentro de um pequeno vestíbulo. Ele deixou o lampião numa mesinha baixa. Depois, sem dizer palavra ou olhar para trás, abriu uma porta na outra extremidade e desapareceu no escuro.

Guiada por alguma vaga recordação, entrei na sala mal iluminada e fui direto para a esteira no chão. Agora não tinha dúvidas de que estivera ali na noite anterior, e que havia dormido naquela mesma esteira. O que não sabia ao certo era como chegara àquela sala. Lembrava-me perfeitamente que Mariano Aureliano me carregara nas costas através do chaparral. Também tinha certeza de que acordei naquela sala — antes de ser carregada pelo antigo *Nagual* — com Clara sentada ao meu lado na esteira.

Certa de que dentro de alguns momentos tudo me seria explicado, sentei-me na esteira. A luz no lampião piscou e depois se apagou. Senti, sem ver, coisas e pessoas se movendo em torno de mim. Ouvi um murmúrio de vozes, sons intangíveis vindos de cada canto. Em todos esses ruídos, reconheci um farfalhar de saias conhecido e uma risada baixinha.

— Esperanza? — cochichei. — Deus! Como estou contente por vê-la!

Embora esperasse vê-la, mesmo assim fiquei pasma quando ela sentou-se na esteira ao meu lado. Timidamente, toquei em seu braço.

— Sou eu — garantiu ela.

Só depois de ouvir-lhe a voz é que me convenci de que, de fato, era Esperanza e não o zelador que havia trocado as calças e a camisa cáqui pelas anáguas farfalhantes e o vestido branco. Depois que senti o toque de sua mão em meu rosto, esqueci tudo sobre o zelador.

— Como foi que cheguei aqui? — perguntei.

— O zelador a trouxe para cá — respondeu, rindo. — Não se lembra? — Ela virou-se para a mesinha e reacendeu o lampião.

— Estou falando de ontem à noite — expliquei. — Sei que estive aqui. Acordei nesta esteira. Clara estava comigo. E depois Florinda esteve aqui e as outras mulheres... — Minha voz sumiu quando me lembrei que em seguida acordei na sala da outra casa e, de novo, numa cama. Sacudi a cabeça, como se assim pudesse pôr em ordem as minhas recordações. Desalentada, olhei Esperanza, desejando que ela pudesse preencher as lacunas. Falei-lhe das dificuldades que estava tendo para me lembrar dos fatos da noite numa sequência.

— Você não devia ter problemas — disse ela. — Entre na trilha dos sonhos; você agora está *sonhando* desperta.

— Quer dizer que estou dormindo agora, neste instante? — perguntei, zombando. Inclinei-me para ela e perguntei: — Você também está dormindo?

— Não estamos dormindo — repetiu, pronunciando as palavras com cuidado. — Você e eu estamos *sonhando* despertas. — Ela levantou as mãos, num gesto de desamparo. — Eu lhe disse o que fazer no ano passado. Lembra-se?

De repente, um pensamento salvador me ocorreu, como se alguém o tivesse soprado em meu ouvido: quando na dúvida devemos separar as duas trilhas, a trilha para os assuntos comuns e a trilha para os sonhos, já que cada qual tem um estado de percepção diferente. Senti-me exultante, pois sabia que a primeira trilha que se deve testar é a trilha dos sonhos; se a situação em questão não se adaptar a essa trilha então não se está *sonhando*.

Minha exultação desapareceu rapidamente quando tentei testar a trilha dos sonhos. Eu não tinha ideia de como proceder, nem mesmo o que era a trilha dos sonhos. E, pior, não me lembrava de quem me tinha falado sobre isso.

— Fui eu — disse Esperanza, logo atrás de mim. — Você tem se movido muito no reino dos sonhos. Quase lembrou o que lhe contei ano passado, no dia seguinte ao piquenique. Eu lhe disse, então, que, quando em dúvida sobre se está num sonho ou se está desperta, deve testar a trilha em que andam os sonhos... quer dizer, a percepção que temos nos sonhos... sentindo a coisa com que está em contato. Se você estiver *sonhando*, a sua sensação volta para você como um eco. Se não voltar, é que você não está *sonhando*.

Sorrindo, ela beliscou minha coxa e disse:

— Experimente nessa esteira em que está deitada. Sinta-a com suas nádegas; se a sensação voltar, então está *sonhando*.

Não havia sensação alguma voltando às minhas nádegas. Aliás, eu estava tão entorpecida que nem sentia a esteira. Parecia-me que eu estava deitada nos ladrilhos do piso.

Tive muita vontade de dizer a ela que devia ser o oposto — se a sensação voltar, estamos despertos —, mas me controlei a tempo, pois sabia perfeitamente que o que ela queria dizer com "a sensação voltar" não tinha nada a ver com o nosso conhecimento geral do que é a sensação. A distinção entre estar acordada e *sonhar* desperta ainda me escapava e, no entanto, estava certa de que nada tinha a ver com o nosso meio comum de compreender a percepção.

Naquele momento, porém, as palavras saíram da minha boca sem qualquer controle de minha parte. Eu disse:

— Sei que estou *sonhando* desperta e pronto. — Senti que estava perto de um nível novo e mais profundo de compreensão; no entanto, não podia entendê-lo direito. — O que eu gostaria de saber é: quando é que adormeci? — perguntei.

— Já lhe disse, você não está dormindo. Está *sonhando* desperta.

Comecei a rir sem querer, de um jeito muito nervoso. Ela não pareceu notar nem se importar.

— Quando é que a transição ocorreu? — perguntei.

— Quando o zelador a fez atravessar o chaparral e você teve de se concentrar em manter os pés sobre as cinzas.

— Ele deve ter me hipnotizado! — exclamei, num tom não muito agradável. Comecei a falar de modo incoerente, me emaranhando nas palavras sem fazer muito sentido, até que acabei chorando e acusando a todos.

Esperanza ficou me observando, calada, as sobrancelhas levantadas, os olhos arregalados de surpresa.

Logo me envergonhei de minha explosão, mas ao mesmo tempo fiquei contente por ter falado, pois fui tomada de um alívio momentâneo, o tipo que vem depois de um confronto.

— Sua confusão — continuou ela — vem da grande facilidade que você tem de passar de um estado de percepção para outro. Se, como todos, você tivesse lutado para conseguir uma transição fácil, saberia que *sonhar* desperta não é apenas hipnose. — Ela parou um instante e depois concluiu, baixinho: — *Sonhar* desperto é o estado mais sofisticado que os seres humanos podem atingir.

Ela ficou olhando para o quarto como se uma explicação mais clara lhe pudesse ser dada por alguém escondido nas sombras. Depois virou-se para mim e perguntou:

— Comeu a sua comidinha?

Aquela mudança de assunto me pegou de surpresa e comecei a gaguejar. Quando me refiz, disse-lhe que, de fato, havia comido as tamales doces.

— Eu estava com tanta fome que nem as esquentei. Estavam deliciosas.

Brincando com o xale, Esperanza me pediu para contar o que eu fiz desde que acordara no quarto de Florinda.

Como se tivessem me dado um elixir da verdade, contei mais do que pretendia. No entanto, Esperanza não pareceu se incomodar com o fato de eu ter andado espionando os quartos das mulheres. Não ficou impressionada por eu saber a quem pertencia cada quarto.

Entretanto, o que a interessou sobremaneira foi o meu encontro com o zelador. Com um inconfundível sorriso de alegria, ficou escutando enquanto eu contava que havia confundido o homem com ela. Quando disse que, a certa altura, cheguei a pensar em lhe pedir que abaixasse as calças para eu verificar a sua genitália, ela se dobrou na esteira de tanto rir.

Ela se encostou em mim e cochichou sugestivamente no meu ouvido:

— Vou pô-la à vontade. — Havia um brilho maldoso em seus olhos ao acrescentar: — Eu lhe mostro a minha.

— Não é preciso, Esperanza — tentei dissuadi-la. — Não duvido que você seja mulher.

— Nunca se pode ter certeza absoluta do que se é — disse ela, sem fazer caso das minhas palavras. Não ligando para o meu constrangimento, causado não tanto pela sua nudez iminente, mas pela ideia de ter de olhar seu corpo velho e enrugado, ela deitou-se na esteira e, com grande destreza, lentamente levantou as saias.

Minha curiosidade venceu o meu constrangimento. Fiquei olhando para ela fixamente, boquiaberta. Ela estava sem calcinha. Não tinha pelos pubianos. Seu corpo era incrivelmente jovem, as carnes fortes e rijas, os músculos delicadamente delineados. Era toda de uma cor só, um rosa-acobreado uniforme. Em sua pele não havia sinais de estrias nem de varizes: nada maculava a lisura de seu estômago e de suas pernas.

Estendi a mão para tocá-la, como que para me certificar de que sua pele sedosa e lisa era real, e ela abriu os lábios da vagina com os dedos. Virei o rosto, não por constrangimento, mas devido às minhas emoções conflitantes. A nudez, masculina ou feminina, não era a questão. Eu me criara com muita liberdade em casa; ninguém tomava muito cuidado para não ser visto despido. Quando estava no colégio, na Inglaterra, fui convidada para passar umas semanas, no verão, na Suécia, em casa de uma amiga à beira-mar. Toda a família pertencia a uma colônia nudista e adoravam o sol com cada pedacinho de suas peles nuas.

Ver Esperanza despida à minha frente era outro assunto. Fiquei excitada, de modo muito especial. Eu, de fato, nunca focalizara meu interesse nos órgãos sexuais de uma mulher. Naturalmente que me examinara ao espelho de todos os ângulos possíveis. Também tinha visto filmes pornográficos, que não só me desagradaram como também considerei-os ofensivos. Ver Esperanza assim tão intimamente foi uma experiência arrasadora, pois nunca tivera dúvidas quanto às minhas reações sexuais. Eu achava que, como mulher, só poderia ser excitada por um homem. Meu tremendo desejo de saltar em cima dela tomou-me completamente de surpresa e foi contrabalançado pelo fato de eu não ter um pênis.

Quando Esperanza, de repente, se levantou da esteira e tirou a blusa, soltei uma exclamação, então fiquei olhando para o chão até que passasse a sensação febril e vibrante em meu rosto e pescoço.

— Olhe para mim! — ordenou Esperanza, impaciente. Os olhos dela brilhavam muito, as faces estavam coradas. Ela estava inteiramente despida. Seu corpo era delicado, embora maior e mais forte do que quando vestido. Seus seios eram cheios e pontudos.

— Toque neles! — mandou ela, num tom suave e tentador.

Suas palavras ressoaram pela sala como um som desencarnado, um ritmo magnetizante que passou a ser uma vibração no ar, uma pulsação de som mais sentido do que ouvido, que aos poucos foi se contraindo e acelerando até bater rápido e forte, como o ritmo do meu coração.

Então só o que ouvi foi a risada de Esperanza.

— O zelador estará escondido aqui, por acaso? — perguntei, quando consegui falar. De repente, senti-me desconfiada e culpada pela minha ousadia.

— Espero que não! — exclamou ela, com um ar de desalento que me fez rir.

— Onde é que ele está? — perguntei.

Ela arregalou os olhos, depois riu, como se fosse dar uma gargalhada. Mas apagou o riso do rosto e disse, séria, que o zelador estava em algum lugar do terreno e que tomava conta das duas casas, mas que não andava espionando as pessoas.

— Ele é mesmo zelador? — perguntei, tentando parecer cética. — Não quero fazer mau juízo, mas ele, na verdade, não parece ser capaz de tomar conta de coisa alguma.

Esperanza deu uma risada e, depois, disse que a fraqueza dele era ilusória.

— Ele é muito competente — garantiu. — Você precisa tomar cuidado; gosta de mocinhas, especialmente louras. — Ela se debruçou para mim e, como que receando que alguém pudesse ouvir, cochichou em meu ouvido: — Ele lhe fez alguma proposta?

— Céus, não! — eu o defendi. — Ele se mostrou extremamente educado e prestativo. É só que... — Minha voz sumiu num sussurro e comecei, estranhamente, a concentrar minha atenção na mobília da sala, que eu não podia ver, pois o lampião a querosene lançava mais sombras do que luz no ambiente.

Quando, afinal, consegui focalizar minha atenção sobre ela de novo, já não estava preocupada com o zelador. Só conseguia pensar, com uma persistência de que não podia me livrar, por que Isidoro Baltazar havia partido para as montanhas sem me avisar, sem me deixar um bilhete.

— Por que me deixou assim? — perguntei, virando-me para Esperanza. — Ele deve ter dito a alguém quando vai voltar. — Ao ver o sorriso sabido dela, perguntei, belicosa: — Tenho certeza de que você sabe o que está acontecendo.

— Não sei, não — insistiu ela, incapaz de compreender a minha situação. — Não me preocupo com essas coisas. E você também não devia se preocupar. Isidoro Baltazar se foi, e pronto. Voltará daqui a alguns dias ou daqui a algumas semanas. Quem sabe? Tudo depende do que acontecer nas montanhas.

— Tudo depende? — gritei. Achei abominável a falta de compreensão dela. — E eu? — perguntei. — Não posso passar semanas aqui.

— Por que não? — indagou Esperanza, com ar inocente.

Olhei-a como se estivesse demente, depois fui dizendo que não tinha roupa, que não havia nada para eu fazer aqui. Minha lista de reclamações era interminável, fui despejando-as até ficar exausta.

— Tenho de voltar para casa, para o meu meio normal — concluí. Senti as inevitáveis lágrimas e fiz o possível para reprimi-las.

— Normal? — Esperanza repetiu a palavra, devagar, como que provando-a. — Você pode partir a hora que quiser. Ninguém a está prendendo aqui. É fácil providenciar para que seja levada à fronteira, onde poderá tomar um ônibus da Greyhound com destino a Los Angeles.

Concordei com a cabeça, não confiando em mim mesma para falar. Isso eu também não queria. Não sabia o que queria, mas a ideia de partir era intolerável. Não sei como, mas eu sabia que, se partisse, nunca mais encontraria aquela gente de novo, nem mesmo Isidoro Baltazar em Los Angeles. Comecei a chorar incontrolavelmente. Eu não poderia exprimir aquilo em palavras, mas o vazio de uma vida, de um futuro sem eles era insuportável.

Não notei quando Esperanza saiu da sala nem percebi quando voltou. Não teria notado coisa alguma se não fosse o aroma delicioso do chocolate quente junto ao meu nariz.

— Você vai se sentir melhor depois que comer — garantiu ela, colocando uma bandeja no meu colo. Sorrindo suave e afetuosamente, sentou-se ao meu lado e me disse que não havia nada como o chocolate para espantar as tristezas.

Eu concordava plenamente com ela. Tomei alguns goles hesitantes e comi várias das tortillas com manteiga. Disse-lhe que, embora não a conhecesse bem ou aos seus amigos, não podia conceber a ideia de nunca mais tornar a vê-los. Confessei que sentia uma liberdade e uma tranquilidade com ela e seu grupo que nunca encontrara em lugar algum. Era uma sensação estranha, expliquei, em parte física, em parte psicológica, que desafiava inteiramente qualquer análise. Eu só conseguia descrever aquilo como uma sensação de bem-estar ou uma certeza de que afinal encontrara um lugar ao qual pertencia.

Esperanza sabia exatamente o que eu queria exprimir. Disse que fazer parte do mundo dos feiticeiros, mesmo por um breve período, era viciante. Não era a quantidade de tempo, garantiu, e sim a intensidade dos encontros que importava.

— E os seus encontros têm sido muito intensos — acrescentou.

— Têm? — perguntei.

Esperanza ergueu as sobrancelhas num espanto sincero, depois esfregou o queixo numa atitude exagerada, como se estivesse pensando num problema insolúvel. Após um silêncio prolongado, afinal declarou:

— Você vai se sentir mais tranquila depois que compreender plenamente que não pode voltar à sua vida antiga. — A voz dela, embora baixa, tinha uma força extraordinária. Seus olhos prenderam os meus por um momento e, nesse instante, soube o que significavam as suas palavras.

— Nada jamais será igual para mim de novo — concordei, baixinho.

Esperanza meneou a cabeça.

— Você vai voltar ao mundo, mas não ao seu mundo, à sua vida antiga — disse ela, levantando-se da esteira com a majestade abrupta que as pessoas pequenas possuem. Correu até a porta, mas parou de repente. — É muito empolgante fazer alguma coisa sem saber por que

SONHOS LÚCIDOS

o fazemos — prosseguiu, virando-se para olhar-me. — E ainda é mais empolgante se nos dispormos a fazer alguma coisa sem saber qual será o resultado final.

Eu não podia discordar dela mais, nesse ponto.

— Preciso saber o que estou fazendo — declarei. — Preciso saber em que estou me metendo.

Ela suspirou e levantou as mãos num gesto cômico de desaprovação.

— A liberdade é terrivelmente assustadora. — Ela falou com aspereza e, antes que eu pudesse responder, acrescentou delicadamente: — A liberdade exige atos espontâneos. Você nem tem ideia do que é a gente se abandonar espontaneamente...

— Tudo o que faço é espontâneo — interrompi. — Por que pensa que estou aqui? Acha que pensei se devia vir ou não?

Ela voltou à esteira e ficou me olhando por muito tempo, antes de falar.

— Claro que você não deliberou a respeito. Mas os seus atos de espontaneidade devem-se mais à falta de pensamento do que a um ato de abandono. — Ela bateu com o pé para impedir que eu a interrompesse de novo. — Um ato realmente espontâneo é um ato em que você se abandona completamente, mas só depois de uma deliberação profunda — continuou ela. — Um ato em que todos os prós e contras foram levados em consideração e devidamente descartados, pois você não espera nada, não se arrepende de nada. Com atos dessa natureza os feiticeiros acenam para a liberdade.

— Não sou feiticeira — resmunguei, baixinho, puxando a bainha de seu vestido para que não fosse embora.

Mas ela mostrou claramente que não tinha interesse em continuar a nossa conversa.

Acompanhei-a para fora da casa, atravessando a clareira, até o caminho que levava à outra casa.

Conforme o zelador já fizera antes, também ela insistiu para que eu mantivesse os pés na linha de cinzas.

— Se não fizer isso — advertiu ela —, cairá no abismo.

— Abismo? — repeti, insegura, olhando em volta de mim para a massa do chaparral escuro que se estendia de ambos os lados.

Senti uma brisa leve. Vozes e sussurros vinham de uma massa escura de sombras. Instintivamente, agarrei-me à saia de Esperanza.

— Está ouvindo? — perguntou ela, virando-se para ficar de frente para mim.

— Quem é que estou ouvindo? — murmurei, com a voz rouca.

Esperanza aproximou-se mais e depois, como que receando que pudessem ouvir-nos, cochichou em meu ouvido:

— Surems de outra época; usam o vento para vagar pelo deserto, sempre despertos.

— Quer dizer, fantasmas?

— Não existem fantasmas — disse ela, decisivamente, e recomeçou a caminhar.

Tratei de manter os pés na linha de cinzas e não larguei a sua saia, até que ela parou, de repente, no meio do pátio da casa grande. Por um instante vacilou, como se não se decidisse para que parte da casa deveria me levar. Depois subiu e desceu vários corredores e virou cantos, até que finalmente entramos num aposento imenso que escapara à minha exploração anterior da casa. As paredes estavam forradas de livros até o teto. Numa das extremidades da sala havia uma mesa de madeira, resistente e comprida; na outra, uma rede tecida a mão, branca, com babados.

— Que aposento magnífico! — exclamei. — De quem é?

— Seu — ofereceu Esperanza, amavelmente. Ela foi até a arca de madeira junto da porta e a abriu. — As noites são frias — avisou, entregando-me três mantas de lã.

— Quer dizer que posso dormir aqui? — perguntei, entusiasmada. Meu corpo todo estremeceu de prazer quando forrei a rede com as mantas e me deitei nela. Quando menina, muitas vezes dormi em rede. Suspirando de satisfação, eu me balancei, depois pus as pernas para cima e me espreguicei com volúpia. — Saber dormir em rede é como saber andar de bicicleta; a gente nunca esquece como é — disse-lhe. Mas não havia ninguém para me ouvir. Ela havia saído sem que eu notasse.

11

APAGUEI a luz e fiquei deitada muito quieta na minha rede, embalada pelos sons da casa, estranhos rangidos e o gotejar de água num filtro de barro do lado de fora da minha porta.

De repente, sentei-me ao ouvir o som inconfundível de passos ressoando no corredor. "Quem poderá ser a essa hora?", pensei. Pé ante pé atravessei o quarto e encostei o ouvido à porta. Os passos eram pesados. Meu coração bateu mais depressa e mais forte quando os passos se aproximaram. Eles pararam à frente da minha porta. A batida expressava urgência e, embora eu a estivesse esperando, assim mesmo me deu um sobressalto. Saltei para trás, derrubando uma cadeira.

— Você teve um pesadelo? — perguntou Florinda, entrando no quarto. Deixou a porta entreaberta e a luz do corredor brilhou lá dentro. — Pensei que fosse ficar contente ao ouvir o ruído dos meus passos — disse ela, zombando, e sorriu para mim. — Não queria chegar sem avisar. — Ela endireitou a cadeira e colocou uma calça cáqui e uma camisa sobre o encosto. — Saudações do zelador. Disse que você pode ficar com isso.

— Ficar com isso? — repeti, olhando para a roupa, desconfiada. Parecia limpa e passada a ferro. — O que é que há com os meus jeans?

— Você vai se sentir mais confortável com essas calças durante a longa viagem a Los Angeles — disse Florinda.

— Eu não quero ir embora! — exclamei, alarmada. — Vou ficar aqui até que Isidoro Baltazar volte.

Florinda riu e depois, vendo que eu ia chorar, completou:

— Isidoro Baltazar já voltou, mas você pode ficar mais, se quiser.

— Ah, não quero, não — fui dizendo. A aflição que eu sentira nesses dois últimos dias estava quase esquecida. Assim como todas as perguntas que desejava fazer a Florinda. Só conseguia pensar que Isidoro Baltazar estava de volta. — Posso vê-lo agora? — perguntei.

— Acho que não. — Florinda me impediu de sair do quarto.

Por um instante não entendi o que ela falou. Fiquei olhando-a, sem compreender, que repetiu que não era possível ver o novo *Nagual* naquela noite.

— Por quê? — perguntei, perplexa. — Tenho certeza de que ele iria querer me ver.

— Tenho certeza que sim — concordou ela prontamente. — Mas é que ele está dormindo profundamente, e você não pode acordá-lo. — Foi uma recusa tão positiva que fiquei a olhá-la, boquiaberta.

Florinda ficou olhando para o chão por muito tempo, depois para mim, com uma expressão triste. Por um instante, pensei que cederia e iria me levar para ver Isidoro

SONHOS LÚCIDOS

Baltazar, mas em vez disso repetiu, como quem encerra o assunto:

— Acho que você não pode vê-lo esta noite. — Depressa, como se tivesse medo de mudar de ideia, abraçou-me e beijou-me e, então, saiu do quarto. Desligou a luz lá fora e, virando-se entre as sombras do corredor para olhar para mim, disse: — Agora, vá dormir.

Virando e revirando-me, passei horas acordada. Perto do amanhecer, afinal, me levantei e vesti as roupas que Florinda me levara. Elas me couberam bem, a não ser as calças, que tive de amarrar na cintura com um cordão, pois não tinha cinto comigo.

Com os sapatos na mão, segui de mansinho pelo corredor, passando pelo quarto do zelador, rumo à porta dos fundos. Lembrando-me das dobradiças que rangiam, abri só uma fresta da porta com cuidado. Lá fora ainda estava escuro, mas um azul suave e radioso se espalhava pelo céu a leste. Corri para o portal em arco embutido no muro, parando um momento junto às duas árvores lá fora, que guardavam a trilha. O ar estava pesado com a fragrância de flores de laranjeira. Se eu ainda tivesse alguma dúvida quanto a atravessar o chaparral, ela se dissipou quando descobri que haviam espalhado cinzas novas pelo chão. Sem pensar mais, corri para a outra casa.

A porta estava entreaberta. Não entrei logo. Agachei-me debaixo de uma janela e esperei para ouvir algum ruído. Não tive de esperar muito: ouvi alguém roncando alto. Fiquei escutando um pouco e depois entrei. Guiada por aquele ruído peculiar de ronco, fui direto para o quarto nos fundos da casa. No escuro, mal pude distinguir o vulto que dormia na esteira de palha, mas não tive dúvida de que fosse Isidoro Baltazar. Achando que ele poderia se assustar se o acordasse muito de repente, voltei para a sala da frente e me sentei no sofá. Sentia-me tão excitada que não conseguia ficar quieta. Estava muito feliz por pensar que, a qualquer momento, ele acordaria. Por duas vezes voltei ao quarto, nas pontas dos pés, e olhei para ele. Ele se virara dormindo e não estava mais roncando.

Devo ter cochilado no sofá. Senti, no meio do meu sono agitado, que havia alguém na sala. Tentei me erguer para murmurar: "Estou esperando que Isidoro Baltazar acorde", mas sabia que não produzi som algum. Fiz um esforço consciente para me sentar. Cambaleei, tonta, até conseguir focalizar os olhos sobre o homem que estava de pé ao meu lado. Era Mariano Aureliano.

— Isidoro Baltazar ainda está dormindo? — perguntei.

O antigo *Nagual* ficou me olhando por muito tempo. Sem saber se eu estaria *sonhando*, ousadamente estendi a mão para pegar a dele, mas larguei-a de repente. Estava ardendo como se estivesse em fogo.

Ele ergueu as sobrancelhas, parecendo surpreendido com meus atos.

— Você só vai poder ver Isidoro Baltazar de manhã. — Falava devagar, como se tivesse de fazer muito esforço para pronunciar as palavras.

Antes que eu pudesse dizer que já era quase de manhã, e que iria esperar por Isidoro Baltazar no sofá, senti a mão ardente de Mariano Aureliano nas minhas costas, me empurrando pela porta.

— Volte para a sua rede.

SONHOS LÚCIDOS 245

Senti uma rajada de vento. Virei-me para protestar, mas Mariano Aureliano não estava mais ali. O vento reverberou em minha cabeça como um gongo grave. O ruído foi ficando cada vez mais baixo, até que não passava de tímida vibração. Abri minha boca para prolongar os últimos ecos vagos.

A manhã já estava no meio quando acordei na minha rede, com as roupas que Florinda me trouxera. Maquinalmente, quase sem pensar, fui para fora, atravessando a clareira para a casinha. A porta estava trancada. Bati várias vezes. Chamei, mas não obtive resposta. Tentei forçar as janelas, mas também estavam trancadas. Abalei-me tanto que fiquei a ponto de chorar. Desci o morro, correndo, para a pequena clareira ao lado da estrada, único local em que um carro poderia estar estacionado. A caminhonete de Isidoro Baltazar não estava lá. Andei pela estrada de terra por algum tempo, procurando marcas recentes de pneus, mas não achei nada.

Mais confusa do que nunca, voltei para a casa. Sabendo que seria inútil procurar as mulheres em seus quartos, fui para o meio do pátio e gritei, chamando Florinda, em altos brados. Não ouvi ruído algum, a não ser o eco da minha própria voz se acomodando em volta de mim.

Por mais que rememorasse o que Florinda havia dito, não encontrava uma resposta satisfatória. A única coisa de que tinha certeza era que Florinda fora ao meu quarto no meio da noite para me levar as roupas que eu estava usando. Isso e sua declaração de que Isidoro Baltazar havia voltado devem ter provocado um sonho vívido em mim.

Para me obrigar a parar de imaginar por que estaria sozinha na casa — nem mesmo o zelador parecia estar ali —, comecei a lavar os pisos. A faxina sempre tivera um efeito calmante sobre mim. Já tinha acabado todos os cômodos, inclusive a cozinha, quando ouvi o ruído característico de um motor Volkswagen. Corri morro abaixo e me atirei a Isidoro Baltazar, antes mesmo que ele saísse da caminhonete, quase derrubando-o ao chão.

— Ainda não consegui acreditar — disse ele, rindo, abraçando-me com força. — Você era a garota de quem o *Nagual* me falou tanto. Sabia que quase desmaiei quando eles a cumprimentaram?

Isidoro Baltazar não esperou por meu comentário, me abraçou de novo e, rindo, me levantou do chão. Então, como se alguma coisa tivesse se soltado dentro dele, começou a falar sem parar. Disse que há um ano sabia a meu respeito; o *Nagual* lhe dissera que lhe estava confiando uma garota fantástica. O *Nagual* descreveu a garota metaforicamente como "meio-dia num dia claro que não é nem ventoso nem calmo, nem frio nem quente, mas que se alterna entre tudo isso, levando a pessoa à loucura".

Isidoro Baltazar confessou que, sendo o burro pomposo que era, admitiu logo que o *Nagual* se referia à sua namorada.

— Quem é sua namorada? — eu o interrompi logo.

Ele fez um gesto brusco, evidentemente irritado com as minhas palavras.

— Esta não é uma história de fatos — retrucou, bruscamente. — É uma história de ideias. Portanto, dá para ver como sou idiota. — O aborrecimento dele logo cedeu lugar a um sorriso brilhante. — Cheguei a acredi-

SONHOS LÚCIDOS

tar que conseguiria descobrir por mim quem era aquela garota. — Ele parou um instante e depois acrescentou, baixinho: — Cheguei a envolver uma mulher casada, com filhos, na minha busca.

Ele deu um suspiro profundo e disse:

— A moral de minha história é que no mundo dos feiticeiros a gente tem de cancelar o ego, senão acabou-se para nós, pois nesse mundo não há meio de pessoas medianas como nós preverem qualquer coisa.

Então, vendo que eu estava chorando, afastou-me dele e me olhou, aflito.

— O que é que há, Nibelunga?

— Nada de mais — disse eu, rindo em meio aos soluços, enxugando as lágrimas. — Não tenho uma mentalidade abstrata que possa se ocupar com o mundo das histórias abstratas — acrescentei, cinicamente, no tom mais duro que consegui. — Eu me preocupo com o aqui e o agora. Você não tem ideia de tudo o que passei nesta casa.

— Naturalmente, tenho uma ideia muito clara — retrucou ele, com aspereza propositada. — Há anos que venho fazendo isso. — Ele me contemplou com uma expressão de inquisidor. — Quero saber por que você não me contou que esteve com eles antes?

— Ia contar, mas achei que não fosse importante — murmurei, confusa. Depois minha voz ficou firme enquanto as palavras jorravam de mim, involuntariamente. — Acontece que conhecê-los foi a única coisa importante que já fiz na vida. — Para disfarçar o meu espanto, comecei a reclamar que tinha sido deixada na casa por conta própria.

— Não tive oportunidade de lhe dizer que ia para as montanhas com o *Nagual* — murmurou ele, com um sorriso repentino e irreprimível.

— Já me esqueci disso — garanti. — Estou falando é de hoje. Esta manhã, quando acordei, esperava encontrá-lo aqui. Tinha certeza de que você havia passado a noite na casa pequena, dormindo numa esteira de palha. Quando não consegui encontrá-lo, entrei em pânico.

Vendo sua expressão intrigada, contei a visita de Florinda no meio da noite, meu sonho subsequente, e que me vi sozinha na casa ao acordar de manhã. Eu parecia incoerente. Meus pensamentos e minhas palavras estavam todos embrulhados. No entanto, não conseguia parar de falar.

— Há tantas coisas que não posso aceitar — disse eu, por fim, pondo um ponto final na minha arenga. — No entanto, tampouco posso refutá-las.

Isidoro Baltazar não disse uma palavra. Ficou me fitando como que esperando que eu continuasse, as sobrancelhas erguidas num arco indagador, zombeteiro. Seu rosto estava abatido e cansado, cor de fumaça. A pele exalava um estranho frescor e um leve aroma de terra, como se ele tivesse passado os dias debaixo da terra, numa caverna.

Toda a origem do meu tumulto desapareceu quando me fixei em seu sinistro olho esquerdo, com sua expressão terrível e inclemente. Nesse momento, não importava mais qual era a verdade autêntica e qual era a ilusão, o *sonho* dentro de um *sonho*. Ri alto, sentindo-me leve como o vento. Senti que um peso insuportável se levantava de meus ombros enquanto eu olhava atentamente para seu olho de feiticeiro. Eu o reconheci. Florinda, Mariano Aureliano, Esperanza e o zelador, todos tinham esse olho. Predeterminado para sempre para ser sem sentimentos, sem emoção, esse olho espelha o vazio. Como se já tivesse revelado o suficiente, uma pálpebra interna — como no olho de um lagarto — fechou-se sobre a pupila esquerda.

Antes que eu pudesse comentar sobre seu olho de feiticeiro, Isidoro Baltazar fechou-os ambos por um instante. Quando os abriu de novo, os dois eram exatamente iguais, escuros e brilhantes de riso, o olho de feiticeiro apenas uma ilusão. Ele passou o braço por cima de meus ombros e subiu o morro comigo.

— Pegue suas coisas — disse ele, pouco antes de chegarmos a casa. — Espero por você no carro.

Achei estranho que não quisesse entrar comigo, mas no momento nem pensei em perguntar por quê. Só quando juntava meus poucos pertences é que me ocorreu que talvez tivesse medo das mulheres. Essa possibilidade me fez dar uma risada, pois, de repente, tive a certeza, que chegou a me surpreender, de que a única coisa de que Isidoro Baltazar não tinha medo eram as mulheres.

Ainda estava rindo quando cheguei à caminhonete na base do morro. Abri a boca para explicar a Isidoro Baltazar a causa do meu riso quando fui dominada por uma estranha e violenta emoção. Uma pontada tão forte que fiquei sem fala. O que senti não era paixão sexual. Tampouco era afeição platônica. Não era o sentimento que sentia em relação a meus pais ou irmãos ou amigos. Eu apenas o amava com um amor que não era afetado por qualquer expectativa, dúvida ou temor.

Como se eu tivesse falado em voz alta, Isidoro Baltazar me abraçou com tanta força que eu mal conseguia respirar.

Partimos muito devagar. Estiquei o pescoço para fora da janela, na esperança de ver o zelador no meio das árvores frutíferas.

— Acho estranho partir assim — comentei, recostando-me no assento. — De certo modo, Florinda se despediu de mim ontem à noite. Mas eu gostaria de ter agradecido a Esperanza e ao zelador.

A estrada de terra circundava o morro e, quando chegamos a uma curva fechada, os fundos da casa pequena apareceram. Isidoro Baltazar parou o carro e desligou o motor. Apontou para o velhinho franzino sentado num caixote à frente da casa. Eu quis saltar do carro e subir o morro correndo, mas ele me impediu.

— Basta acenar — murmurou.

O zelador se levantou do caixote. O vento fazia seu casaco e suas calças frouxas baterem em seus membros, como se fossem asas. Ele riu alto, depois se curvou para trás e, aparentemente com o impulso do vento, deu um salto duplo para trás. Por um momento, pareceu estar suspenso no ar. Não chegou a pousar no chão, mas desapareceu, como se o vento o tivesse sugado.

— Para onde ele foi? — murmurei, assombrada.

— Para o outro lado — disse Isidoro Baltazar, rindo com um prazer infantil. — Foi a maneira dele de lhe dizer adeus. — Tornou a pôr o carro em movimento. Como se estivesse me provocando, de vez em quando me olhava com um ar zombeteiro. — O que a está perturbando, Nibelunga? — perguntou, por fim.

SONHOS LÚCIDOS 251

— Você sabe quem ele é, não sabe? — disse eu, num tom acusador. — Não é o zelador, é?

Isidoro Baltazar fechou a cara e, após um silêncio demorado, me lembrou que, para mim, o *nagual* Juan Matus era Mariano Aureliano. Garantiu-me que devia haver um bom motivo para que eu o conhecesse por esse nome.

— Tenho certeza de que deve haver um motivo igualmente bom para que o velho não lhe revele seu nome.

Argumentei que, visto o meu conhecimento sobre quem era Mariano Aureliano, não via o propósito na pretensão do velho.

— E depois — frisei, com um ar complacente —, sei quem é o zelador. — Olhei de esguelha para ver a reação de Isidoro Baltazar, mas seu rosto não revelou nada.

— Como todas as pessoas no mundo dos feiticeiros, o zelador é um deles — disse ele. — Mas você não sabe quem ele é. — Virou-se para mim brevemente, depois tornou a prestar atenção à estrada. — Decorridos todos esses anos, não sei quem é qualquer deles, de verdade, inclusive o *nagual* Juan Matus. Enquanto estou com ele, penso que sei quem é. Mas no momento em que me dá as costas fico perdido.

Quase sonhando, Isidoro Baltazar passou a dizer que, no mundo cotidiano, nossos estados subjetivos são partilhados por todos os nossos semelhantes. Por esse motivo, sempre sabemos o que nossos semelhantes fariam, em dadas circunstâncias.

— Você está enganado, muitíssimo enganado — gritei. — Não saber o que os nossos semelhantes fariam em dadas circunstâncias é o que dá emoção à vida. Essa é uma das poucas coisas empolgantes que restam. Não me diga que quer acabar com isso.

— Não sabemos exatamente o que os nossos seme-lhantes fariam — explicou, pacientemente —, mas po-demos escrever uma lista de possibilidades que seriam válidas. Uma lista muito comprida, concordo, mas ainda assim uma lista finita. A fim de escrever essa lista, não precisamos perguntar aos nossos semelhantes quais as suas preferências. Basta nos colocarmos na posição de-les e escrever as possibilidades pertinentes a nós. Elas se aplicarão a todos, porque as partilhamos. Nossos estados subjetivos são partilhados por todos nós.

Ele disse que o nosso conhecimento subjetivo do mundo é identificado por nós como senso comum. Isso pode variar um pouco de grupo para grupo, de cultura para cultura, mas, a despeito de todas essas diferenças, o senso comum é suficientemente homogêneo para justifi-car a declaração de que o mundo cotidiano é um mundo intersubjetivo.

— No caso dos feiticeiros, porém, o senso comum a que estamos acostumados não funciona mais — frisou. — Eles têm outro tipo de senso comum, porque têm outros tipos de estados subjetivos.

— Quer dizer que são como seres de outros plane-tas? — indaguei.

Isidoro Baltazar riu.

— É. São como seres de outros planetas.

— É por isso que são tão dissimulados, ficando tudo em segredo?

— Não creio que dissimulados seja um bom termo — comentou ele, pensativo. — Eles lidam com o mundo co-tidiano de modo diferente. Seu comportamento nos parece reservado porque não partilhamos do mesmo significado, e, como não temos padrões para medir o que é senso comum para eles, optamos por acreditar que seu comportamento é reservado e secreto.

— Eles fazem tudo o que nós fazemos: dormem, cozinham suas refeições, leem — interrompi. — No entanto, nunca consegui pilhá-los no ato. Acredite, são dissimulados.

Sorrindo, Isidoro Baltazar sacudiu a cabeça.

— Você viu o que eles queriam que visse — insistiu. — E, no entanto, não estavam escondendo nada de você. Você não podia ver, só isso.

Estava a ponto de contradizê-lo, mas não queria que ele gostasse menos de mim. Não era tanto porque ele tivesse razão, pois eu, na verdade, não compreendia bem o que me dizia; além do mais, sentia que toda a minha bisbilhotice não me dera uma pista sobre quem eles eram ou o que faziam. Suspirando, fechei os olhos e encostei a cabeça no banco.

Enquanto viajávamos, tornei a contar o meu sonho. Como fora real tê-lo visto dormindo, roncando na esteira. Contei a minha conversa com Mariano Aureliano, o calor da mão dele. Quanto mais falava, mais me convencia de que não fora um sonho. Fui ficando agitada de tal modo que acabei chorando.

— Não sei o que me fizeram — protestei. — Não tenho certeza se estou acordada ou *sonhando*, nem mesmo agora. Florinda ficou me dizendo que eu estava *sonhando* desperta.

Isidoro Baltazar meneou a cabeça e depois disse, baixinho:

— O *nagual* Juan Matus refere-se a isso como consciência intensificada.

— Consciência intensificada — repeti.

As palavras saíram de minha boca com facilidade, embora parecessem exatamente o oposto de *sonhar* desperta. Lembrei-me vagamente de tê-las ouvido antes. Ou Florinda ou Esperanza usaram esse termo, mas não consegui me lembrar em relação a quê. As palavras pareciam prestes a sugerir algum significado, embora vago, mas meu cérebro já estava embotado demais por minhas tentativas frustradas de contar minhas atividades diárias na casa das feiticeiras.

Por mais que tentasse, havia certos episódios de que não conseguia me lembrar. Procurei palavras que, não sei como, se desbotavam e morriam defronte aos meus olhos, como uma visão meio vista e meio lembrada. Não que eu tivesse esquecido alguma coisa, mas as imagens me chegavam fragmentadas, como peças de um quebra-cabeça que não se encaixavam direito. Esse esquecimento era uma sensação física, como se uma névoa envolvesse certas partes de meu cérebro.

— Então, *sonhar* desperta e consciência intensificada são a mesma coisa? — Mais do que uma pergunta, era uma declaração cujo significado me escapava. Eu me remexi no assento e, colocando as pernas embaixo do corpo, fiquei sentada virada para Isidoro Baltazar. O sol delineava o perfil dele. Os cabelos negros e ondulados caindo sobre a testa alta, as maçãs do rosto esculpidas, o nariz e o queixo fortes, e os lábios finamente cinzelados lhe davam um aspecto romano.

— Eu ainda devo estar na consciência intensificada — observei. — Nunca havia reparado bem em você.

O carro balançou na estrada quando ele jogou a cabeça para trás e riu.

SONHOS LÚCIDOS 255

— Você, positivamente, está *sonhando* desperta — disse, batendo na perna. — Não se lembra que eu sou baixo, moreno e comum?

Dei uma risada. Não que concordasse com a sua discrição, mas porque era a única coisa de que me lembrava que tivesse dito na palestra que fez no dia em que o conheci formalmente. Meu riso foi logo substituído por uma estranha ansiedade. Parecia que meses haviam transcorrido, em vez de apenas dois dias, desde que chegamos à casa das bruxas.

— O tempo passa de modo diferente no mundo dos feiticeiros — disse Isidoro Baltazar, como se eu tivesse falado em voz alta. — E as pessoas o sentem de modo diferente. — Ele passou a explicar que um dos aspectos mais difíceis de sua aprendizagem era lidar com as sequências de fatos em termos de tempo. Muitas vezes todos se misturavam em sua mente, imagens confusas que desapareciam sempre que tentava focalizá-las. — Somente agora, com o auxílio do *Nagual,* é que me lembro de aspectos e fatos dos ensinamentos dele que aconteceram há anos — confessou.

— Como ele o ajuda? — perguntei. — Com hipnotismo?

— Ele me faz mudar de níveis de consciência — respondeu. — E quando faz isso, não só me lembro de fatos passados, como também torno a vivê-los.

— Como ele faz isso? — insisti. — Quero dizer, faz você mudar?

— Até há pouco tempo, eu acreditava que isso se realizava por meio de um forte tapa em minhas costas, entre as escápulas. Mas, agora, tenho certeza absoluta de que a sua simples presença me faz mudar de níveis de consciência.

— Então, ele o hipnotiza, sim — insisti.

Ele sacudiu a cabeça e disse:

— Os feiticeiros são especialistas em mudar os níveis de consciência. Alguns são tão hábeis que conseguem mudar os níveis de consciência dos outros.

Concordei com a cabeça. Dispunha-me a fazer muitas perguntas, mas ele gesticulou, me pedindo paciência.

— Os feiticeiros — continuou — fazem com que vejamos que toda a natureza da realidade é diferente do que acreditamos que seja; isto é, do que nos ensinaram que seja. Intelectualmente, estamos dispostos a brincar com a ideia de que a cultura predetermina quem somos, como nos comportamos, o que estamos dispostos a saber, o que somos capazes de sentir. Mas não estamos dispostos a encarnar essa ideia, a aceitá-la como uma proposta concreta e prática. E o motivo é que não estamos dispostos a aceitar que a cultura também predetermina o que somos capazes de perceber.

"A feitiçaria nos faz perceber diferentes realidades, diferentes possibilidades, não só quanto ao mundo, mas também quanto a nós mesmos, a tal ponto que não somos mais capazes de acreditar nem mesmo nas suposições mais sólidas sobre nós e nosso ambiente.

Fiquei espantada ao ver que podia absorver as palavras dele com tanta facilidade, quando na verdade não chegava a entendê-las.

— Um feiticeiro não só tem a percepção de diversas realidades — continuou ele —, como também usa esse conhecimento em coisas práticas. Os feiticeiros sabem,

SONHOS LÚCIDOS

não só intelectualmente, mas também na prática, que a realidade, ou o mundo como o conhecemos, consiste apenas em um acordo obtido de cada um de nós. Esse acordo pode ser forçado a desmoronar, já que é apenas um fenômeno social. E quando isso acontece, o mundo inteiro desmorona com ele.

Vendo que eu não conseguia acompanhar sua argumentação, ele tentou apresentá-la de outro ângulo. Disse que o mundo social define a percepção para nós em proporção à sua utilidade em nos guiar pela complexidade da experiência na vida cotidiana. O mundo social estabelece limites ao que percebemos, ao que somos capazes de perceber.

— Para um feiticeiro, a percepção pode ir além desses parâmetros combinados — frisou. — Esses parâmetros são construídos e fortalecidos por palavras, linguagem, pensamento. Isto é, por um acordo.

— E os feiticeiros não concordam? — perguntei, num esforço para compreender sua premissa.

— Concordam, sim — respondeu, sorrindo para mim —, mas o acordo deles é diferente. Os feiticeiros rompem o acordo normal, não apenas intelectualmente, mas também física ou praticamente, ou seja como for que se queira dizer. Os feiticeiros fazem desmoronar os parâmetros da percepção socialmente determinada e, para compreender o que os feiticeiros querem dizer com isso, é preciso tornar-se praticante. Isto é, a pessoa tem de estar comprometida; tem de dedicar o espírito, bem como o corpo. Tem de ser uma entrega consciente, destemida.

— O corpo? — perguntei, desconfiada, imediatamente pensando em que tipo de ritual isso importaria. — O que querem com o meu corpo?

— Nada, Nibelunga — disse ele, rindo. Então, num tom sério mas bondoso, acrescentou que nem meu corpo nem a minha mente estavam em condições de seguir o caminho árduo do feiticeiro. Vendo que eu ia protestar, admitiu depressa que não havia nada de errado nem com minha mente nem com meu corpo.

— Espere aí! — interrompi, com violência.

Isidoro Baltazar não fez caso da minha interrupção e passou a dizer que o mundo dos feiticeiros é um mundo sofisticado, que não bastava compreender seus princípios intuitivamente. Também era preciso assimilá-los intelectualmente.

— Ao contrário do que as pessoas acreditam — explicou —, os feiticeiros não são praticantes de rituais esotéricos obscuros, mas estão à frente de nossos tempos. E o método do nosso tempo é a razão. Somos homens racionais, de modo geral. Os feiticeiros, porém, são *homens de razão*, que é uma coisa inteiramente diferente. Os feiticeiros têm um romance com as ideias; cultivaram a razão até os limites dela, pois acreditam que somente compreendendo plenamente o intelecto podem encarnar os princípios da feitiçaria, sem perder de vista a sua própria sobriedade e integridade. É nisso que os feiticeiros diferem drasticamente de nós. Temos muito pouca sobriedade e ainda menos integridade.

Ele me olhou rapidamente e sorriu. Tive a desagradável impressão de que ele sabia exatamente o que eu estava pensando, ou antes, o que eu não conseguia pensar de todo. Havia compreendido as suas palavras, mas seu sentido tinha me escapado. Não sabia o que dizer. Nem sequer sabia o que perguntar. Pela primeira vez na vida,

SONHOS LÚCIDOS

sentia-me completamente obtusa. No entanto, isso não me fez sentir inadequada, pois me dei conta de que ele estava certo. Meu interesse pelas coisas intelectuais sempre fora superficial. Ter um romance com as ideias era um conceito totalmente estranho para mim.

Em poucas horas chegamos à fronteira dos EUA, no Arizona. No entanto, a viagem foi inexplicavelmente cansativa. Eu queria falar, mas não sabia o que dizer, ou melhor, não conseguia encontrar palavras para me expressar. Sentia-me, não sei como, intimidada com tudo o que havia acontecido. Era uma sensação nova para mim!

Sentindo a minha insegurança e o meu desconforto, Isidoro Baltazar começou a falar. Com franqueza, reconheceu que ficava perplexo diante do mundo dos feiticeiros até aquele dia, após tantos anos estudando e interagindo com eles.

— E quando digo estudando, quero dizer estudando mesmo. — Ele riu e bateu em sua coxa para enfatizar as palavras. — Ainda esta manhã, fui surrado pelo mundo dos feiticeiros de maneiras impossíveis de descrever.

Ele falava num tom meio afirmativo, meio queixoso, no entanto havia um poder encantador em sua voz, uma força interior tão maravilhosa que me senti animada. Ele me dava a impressão de que poderia fazer qualquer coisa, suportar tudo e não deixar que coisa alguma importasse. Senti nele uma vontade, uma capacidade de vencer todos os obstáculos.

— Imagine! Acreditei mesmo que só me ausentei com o *Nagual* por dois dias. — Rindo, virou-se para mim e me sacudiu com a mão livre.

Eu estava tão absorta com o som e a vitalidade da voz dele que não entendi o que estava dizendo. Pedi-lhe que repetisse. Ele repetiu e ainda assim não entendi o que queria dizer.

— Não sei o que o está empolgando tanto — observei, por fim, de repente irritada com minha incapacidade de entender o que ele estava querendo me dizer. — Você passou dois dias fora. E daí?

— O quê? — A exclamação dele, em tom alto, me fez saltar no assento e bati com a cabeça no teto da caminhonete.

Ele olhou bem dentro de meus olhos, mas não disse nada. Eu sabia que ele não estava me acusando de coisa alguma, e no entanto senti que zombava da minha lentidão, de meus estados de espírito alternantes, minha falta de atenção. Ele estacionou o carro à beira da estrada, desligou o motor e se virou no assento, para me encarar.

— Agora quero que você me conte tudo o que lhe aconteceu. — Na voz dele havia excitamento nervoso, inquietação, vitalidade. Garantiu-me que a sequência dos acontecimentos não significava coisa alguma.

O sorriso dele era tão cativante e tranquilizador que contei detalhadamente tudo de que me lembrava.

Ele escutou atentamente, rindo de vez em quando, animando-me a continuar com um movimento do queixo cada vez que eu vacilava.

— Então tudo isso lhe aconteceu... — Ele parou, olhando para mim com os olhos brilhando, e acrescentou com naturalidade: — Em dois dias?

— Foi — confirmei, com firmeza.

Ele cruzou os braços, num gesto expansivo.

— Pois bem, tenho notícias para você — anunciou. A expressão alegre de seus olhos contradizia seu tom sério e os lábios apertados. — Estive ausente por 12 dias. Mas pensei que fossem só dois. Pensei que você iria apreciar a ironia disso, por ter uma melhor contagem do tempo. Mas você é igual a mim. Perdemos dez dias.

— Dez dias — murmurei, perplexa, e depois virei-me para olhar pela janela. Não dei uma palavra o resto da viagem. Não porque duvidasse dele, não porque não quisesse falar. Não havia nada a dizer, mesmo depois de ter comprado o *Times* de Los Angeles na primeira banca de jornais que encontrei e ter corroborado que, de fato, havia perdido dez dias. "Mas estariam realmente perdidos?", foi o que me perguntei, mas não queria uma resposta.

12

O ESCRITÓRIO-ESTÚDIO de Isidoro Baltazar era um aposento retangular dando para um estacionamento, uma cozinha pequena e um banheiro de azulejos cor-de-rosa. Ele me levou para lá na noite em que voltamos de Sonora. Exausta demais para observar qualquer coisa, eu o acompanhei pelos dois andares de escadas, por um corredor atapetado e escuro, para o apartamento número 8. No instante em que minha cabeça encostou no travesseiro, adormeci e sonhei que ainda estávamos na estrada. Tínhamos viajado sem parar desde Sonora, alternando na direção, só parando para encher o tanque e comer.

O apartamento dispunha de poucos móveis. Além da cama de solteiro, tinha uma mesa de armar feita de madeira, comprida, que lhe servia de secretária, uma cadeira de armar e dois arquivos de metal em que guardava seus apontamentos de campo. Vários ternos e meia dúzia de camisas estavam pendurados nos dois grandes armários no saguão. O resto do espaço era ocupado por livros empilhados. Não havia estantes. Os livros pareciam nunca terem sido tocados e muito menos estudados. Os armários da cozinha também estavam cheios de livros, a não ser uma das prateleiras, reservada para um prato, uma caneca, uma faca, um garfo e uma colher. No fogão a gás havia uma chaleira e uma panela.

Dali a três semanas arranjei outro apartamento, a cerca de um quilômetro e meio do campus da UCLA, bem perto do escritório-estúdio dele. No entanto, continuei a passar a maior parte do meu tempo na casa dele. Ele instalou uma segunda cama de solteiro para mim, uma mesa de jogo e uma cadeira de armar — idêntica à dele — no outro lado do quarto.

Nos seis meses seguintes, Sonora tornou-se um lugar mitológico para mim. Não desejando mais bloquear minhas experiências, fiz a justaposição das recordações das duas vezes em que lá estive. Por mais que tentasse, porém, não conseguia me lembrar de coisa alguma dos 11 dias que havia perdido: um durante a primeira viagem, dez na segunda.

Isidoro Baltazar recusava-se firmemente a sequer mencionar a ideia de ter perdido esses dias. Por vezes, eu concordava plenamente com ele; o absurdo de considerá-los perdidos só porque não conseguia me lembrar tornou-se tão patente para mim que fiquei muito grata a ele por não dar importância a isso. Era evidente que ele estava me protegendo. Em outras ocasiões, porém, e sem motivo algum, eu sentia um ressentimento profundo. Era seu dever me ajudar, esclarecer-me sobre o mistério, eu repetia para mim mesma, até que me convenci de que ele estava propositadamente me escondendo coisas.

— Você vai enlouquecer se insistir nisso — disse ele, por fim. — Todo esse tumulto não terá valido a pena, pois não vai resolver nada. — Ele hesitou um instante,

SONHOS LÚCIDOS

como se relutasse em exprimir o que ia dizer, deu de ombros e acrescentou, num tom de desafio: — Por que não usa essa energia de modo mais prático, como listar e examinar os seus maus hábitos?

Em vez de admitir essa ideia, imediatamente contra-ataquei com a outra reclamação que vinha nutrindo dentro de mim. Eu ainda não conhecera as demais moças que lhe tinham sido confiadas pelo antigo *Nagual*.

Ele me contara tantas coisas sobre elas que era como se eu já as conhecesse. Sempre que eu perguntava a respeito delas, obtinha respostas detalhadas. Ele falava com ar enlevado. Com profunda admiração, obviamente sincera, dizia que um estranho as teria descrito como sendo atraentes, inteligentes, talentosas — todas tinham diplomas universitários —, confiantes e extremamente independentes. Para ele, entretanto, eram muito mais do que isso; eram seres mágicos que partilhavam do seu destino. Estavam ligadas a ele por laços de afeição e comprometimento que nada tinham a ver com a ordem social. Partilhavam a sua busca da liberdade.

Um dia, dei-lhe um ultimato.

— Você tem de me levar a elas, senão...

Isidoro Baltazar deu uma risada alegre e profunda, e disse:

— Só o que posso lhe dizer é que não é nada do que imagina. E não há meio de saber quando é que, afinal, vai conhecê-las. Você vai ter de esperar.

— Já esperei bastante! — gritei. Ao ver que não reagia, acrescentei, com sarcasmo: — Você está se iludindo se pensa que vou encontrar um bando de mulheres em Los Angeles. Nem sei onde devo começar a procurar.

— Você as encontrará do mesmo jeito que me encontrou — lembrou ele — e do mesmo jeito que encontrou Mariano Aureliano.

Olhei-o desconfiada. Não podia evitar, mas suspeitava que uma espécie de malícia secreta o envolvia.

— Eu não estava procurando você — comentei, irritada. — Tampouco estava procurando Mariano Aureliano. Acredite, meu encontro com vocês foi um simples acaso.

— Não há encontros casuais no mundo dos feiticeiros — retrucou ele, com displicência. Preparava-me para lhe dizer que não precisava desse tipo de conselho, quando ele acrescentou, num tom sério: — Você vai conhecê-las quando a ocasião for oportuna. Não é preciso sair à procura delas.

Olhando para a parede, contei até dez, depois me virei para ele, sorrindo, e disse docemente:

— O seu problema é que você é um latino típico. Amanhã sempre serve. Não tem nenhuma noção de como resolver as coisas. — Levantei a voz para impedir que me interrompesse. — Minha insistência em conhecer suas amigas é para apressar as coisas.

— Apressar as coisas? — repetiu ele, sem entender. — O que é que precisa ser apressado?

— Você me diz, todos os dias, que resta tão pouco tempo — lembrei-lhe. — Você mesmo está sempre dizendo como é importante para mim conhecê-las e, no entanto, age como se tivesse a eternidade pela frente.

— Se lhe digo isso constantemente, é porque quero que você se apresse em limpar o seu interior e não porque queira que faça coisas sem sentido o mais rápido possível — contrapôs ele, com impaciência. — Não cabe a mim apresentá-las a você. Se coubesse, não estaria sentado aqui ouvindo as suas tolices. — Fechou os olhos e deu um suspiro exagerado, fingindo resignação. Sorriu e depois murmurou, baixinho: — Você é burra demais para ver o que está acontecendo.

— Não está acontecendo nada — retruquei, insultada. — Não sou tão burra quanto pensa. Já notei esse ar de ambivalência em suas reações para comigo. Por vezes tenho a nítida impressão de que não sabe o que fazer comigo.

— Sei exatamente o que fazer — ele me contradisse.

— Então por que sempre parece indeciso quando proponho alguma coisa? — As palavras escaparam de meus lábios como que por si mesmas.

Isidoro Baltazar olhou bem para mim. Por um instante, pensei que fosse me atacar com aquelas palavras ásperas que sabia usar, arrasando-me com alguma crítica mordaz. Mas sua voz estava espantosamente suave quando disse que eu tinha razão na minha avaliação.

— Sempre espero até que os acontecimentos façam uma escolha por mim — afirmou ele. — E então ajo com rapidez e vigor. Eu a deixarei para trás, se não se cuidar.

— Eu já estou bem para trás — argumentei, num tom de autocomiseração. — Já que você não quer ajudar-me a conhecer essas mulheres, estou fadada a ficar para trás.

— Mas esse não é o problema real e premente — disse ele. — O que há é que você ainda não tomou a sua decisão. — Ele arqueou as sobrancelhas, numa expressão de expectativa, como se aguardasse a minha explosão iminente.

— Não sei o que quer dizer. O que tenho de decidir?

— Você não se decidiu a entrar para o mundo dos feiticeiros. Está no limiar, olhando para dentro, esperando para ver o que vai acontecer. Está esperando alguma coisa prática, que faça tudo valer a pena.

Palavras de protesto brotaram de minha garganta, mas, antes que eu pudesse dar vazão à minha profunda indignação, ele disse que eu tinha a ideia errônea de que me mudar para outro apartamento, e deixar para trás o meu antigo modo de vida, era uma modificação.

— O que é, então? — perguntei, com sarcasmo.

— Você não deixou nada para trás, a não ser os seus pertences — disse ele, sem fazer caso do meu tom. — Para algumas pessoas esse é um passo gigantesco mas, para você, não é nada. Você não faz caso de bens.

— É verdade — concordei, e depois insisti que, a despeito do que ele acreditava, eu havia decidido entrar para o mundo dos feiticeiros há muito tempo. — Por que pensa que estou sentada aqui, se ainda não o fiz?

— Você certamente se juntou a esse mundo corporalmente — disse ele. — Mas não em espírito. Agora está esperando algum tipo de mapa, algum projeto tranquilizador antes de tomar a decisão final. Enquanto isso, vai continuar a agradá-los. O seu principal problema é querer se convencer de que o mundo dos feiticeiros tem algo a lhe oferecer.

— E não tem? — perguntei logo.

Isidoro Baltazar virou-se para mim, o rosto contraído de riso.

— Sim, tem algo de muito especial a oferecer. Chama-se liberdade. No entanto, não há garantia alguma de

Sonhos lúcidos

que você consiga alcançá-la. Aliás, que qualquer um de nós a alcance.

Meneei a cabeça, pensativa, depois perguntei o que precisava fazer para convencê-lo de que, de fato, eu havia entrado para o mundo dos feiticeiros.

— Você não precisa me convencer. Tem de convencer o espírito. Tem de fechar a porta atrás de si.

— Que porta?

— A que ainda conserva aberta. A porta que vai lhe permitir escapar, se as coisas não correrem do seu agrado ou não corresponderem às suas expectativas.

— Está dizendo que eu partiria?

Ele me contemplou com uma expressão enigmática e, depois, deu de ombros, dizendo numa voz que não passava de um murmúrio:

— Isso é entre você e o espírito.

— Mas se você mesmo acredita que...

— Não acredito nada — ele me interrompeu. — Você entrou nesse mundo como todos os demais. Não foi obra de ninguém. E não será obra de ninguém se você ou outra pessoa qualquer resolver partir.

Olhei para ele, confusa.

— Mas certamente você vai tentar me convencer... se eu... — gaguejei.

Ele sacudiu a cabeça antes de eu acabar de falar.

— Não pretendo convencer você nem ninguém. Não haverá poder em sua decisão se precisar ser apoiada cada vez que vacilar ou duvidar.

— Mas quem vai me ajudar? — perguntei, abalada.

— Eu a ajudarei. Sou seu servo. — Ele sorriu, não com cinismo, mas com brandura e doçura. — Mas, primeiro, sirvo o espírito. Um guerreiro não é um escravo, mas um servo do espírito. Escravos não têm opção; os servos sim. A opção deles é servir impecavelmente.

"Minha ajuda é isenta de calculismo — continuou ele. — Não posso investir em você, nem você, é claro, pode investir em mim ou no mundo dos feiticeiros. Essa é a premissa básica desse mundo: nele nada é feito que possa ser interpretado como útil; só são permitidos atos estratégicos. É isso que o *nagual* Juan Matus me ensinou e é assim que vivo: um feiticeiro pratica o que prega. E, no entanto, nada é feito por motivos práticos. Quando chegar a entender e a praticar isso, você terá fechado a porta atrás de si.

Um silêncio prolongado e ansioso se instalou entre nós. Mudei de posição na cama onde estava sentada. As ideias fervilhavam em minha mente. Talvez nenhum dos feiticeiros acreditasse em mim, mas eu certamente havia mudado, uma mudança que, a princípio, fora quase imperceptível. Eu a percebi porque tinha a ver com a coisa mais difícil com que algumas de nós, mulheres, podem se defrontar: ciúmes e a necessidade de saber.

Meus acessos de ciúmes eram fingidos, não necessariamente conscientes, mas, não obstante, havia neles algo de artificial. Alguma coisa em mim exigia que eu sentisse ciúmes de todas as outras mulheres na vida de Isidoro Baltazar. Mas, então, alguma coisa em mim sentia fortemente que a vida do novo *Nagual* não era a vida de um homem comum, nem mesmo um que pudesse ter muitas esposas. O nosso relacionamento, se é que se poderia chamar assim, não se coadunava com qualquer tipo de padrão costumeiro, conhecido, por mais que eu tentasse

SONHOS LÚCIDOS   271

fazê-lo caber nesse molde. Para que os ciúmes e a posses-
sividade aflorem, é preciso haver um espelho, não só o
nosso, mas também o do parceiro. E Isidoro Baltazar não
refletia mais os impulsos, as necessidades, os sentimentos
e as emoções de um homem.

Minha necessidade de conhecer a vida de Isidoro Baltazar era uma necessidade imperiosa; eu me consumia ao
verificar que ele nunca me permitia realmente entrar em
seu mundo íntimo. E, no entanto, eu nada fazia a respeito. Teria sido bem simples segui-lo ou bisbilhotar seus
papéis, e descobrir de uma vez quem ele de fato era, pensei muitas vezes. Mas não conseguia fazer isso. Alguma
coisa em mim sabia que não poderia proceder com ele do
modo como normalmente procederia. O que me impedia, mais do que qualquer sentido de retidão, era a confiança que ele depositava em mim. Ele me dera um acesso
total a seus pertences, e isso o tornava inviolável, não só
na prática mas até em meus pensamentos.

Dei uma risada sonora. Compreendia, sim, o que era o
ato estratégico de um guerreiro. Isidoro Baltazar estava errado. Ele estava entendendo meu mau humor e minha into-
lerância germânica que caracterizaram a minha vida como
falta de comprometimento. Não importava. Eu sabia que,
pelo menos, começara a entender e a praticar a estratégia
do guerreiro, pelo menos quando ele estava presente, não
necessariamente no estúdio, mas em Los Angeles. Na sua
ausência, porém, eu muitas vezes começava a fraquejar e,
quando isso acontecia, em geral ia dormir em seu estúdio.

Uma noite, quando estava enfiando a chave na fechadura, senti um braço se estender e me puxar para dentro.
Gritei, apavorada.

— O que... o que... — balbuciei, quando a mão que me agarrava o braço me soltou. Tentando me equilibrar, encostei-me à parede, meu coração disparado. — Florinda! — Eu a fitei, perplexa. Ela vestia um robe comprido, preso na cintura, os cabelos soltos caindo pelos lados e pelas costas. Pensei se seria real ou apenas uma aparição nas sombras, orlada pela luz fraca atrás de seus ombros. Fui para junto dela e, disfarçadamente, toquei a sua manga. — É você, Florinda? Ou estarei *sonhando*?

— É real, meu bem. Sou eu mesma.

— Como chegou aqui? Está sozinha? — Eu bem sabia que era inútil lhe perguntar aquilo. — Se eu soubesse que você vinha, teria iniciado a faxina mais cedo — disse eu, tentando sorrir, mas meus lábios se grudavam aos dentes. — Gosto muito de limpar o estúdio de Isidoro Baltazar à noite. Sempre faço a limpeza à noite.

Em vez de fazer algum comentário, Florinda virou-se de lado, e a luz bateu em seu rosto. Um sorriso perverso de prazer surgiu em seus olhos.

— Eu lhe disse para nunca nos seguir nem entrar sem ser convidada. Você teve sorte — disse ela. — Teve sorte de não ser outra pessoa quem a puxou esta noite.

— E quem mais poderia ter me puxado? — perguntei, com uma coragem que estava longe de sentir.

Florinda me fitou por mais um momento e, virando-se, respondeu por cima do ombro:

— Alguém que não se importaria se você morresse de susto. — Ela moveu ligeiramente a cabeça e seu perfil se destacou à luz fraca. Riu baixinho e, agitando a mão no ar, como que para apagar as palavras, atravessou o quarto para a pequena cozinha. Parecia não estar andando, mas deslizando numa espécie de dança espontânea, que fazia seus cabelos longos e brancos, soltos e caídos nas costas, brilharem como uma cortina prateada à luz incerta.

Tentando imitar o seu andar gracioso, eu a acompanhei.

— Tenho uma chave, sabe — expliquei. — Tenho vindo aqui todos os dias, a qualquer hora, desde que voltamos de Sonora. Aliás, praticamente moro aqui.

— Isidoro Baltazar não lhe disse para não vir aqui enquanto ele estiver no México? — O tom de Florinda era neutro, quase displicente. Não estava me acusando e, no entanto, eu sentia que estava.

— Ele pode ter mencionado alguma coisa assim — comentei com estudada indiferença. Vendo que ela franzia a testa, senti-me obrigada a me defender. Contei que ficava ali sozinha muitas vezes, achando que não faria diferença se Isidoro Baltazar estivesse a cinco ou quinhentos quilômetros de distância. Encorajada por seus gestos de aquiescência repetidos, contei que, além de fazer meus trabalhos para a universidade ali, passava horas rearrumando os livros nos armários. Andara classificando-os por autor e assunto. — Alguns dos livros são tão novos que as páginas ainda estão intactas — expliquei. — Andei separando-os. Aliás, foi isso que vim fazer aqui esta noite.

— Às 3h da madrugada? — exclamou ela.

Corando, fiz que sim.

— Ainda há muitas páginas que precisam ser cortadas. Leva muito tempo, pois é preciso ter muito cuidado para não danificá-las. Mas é um trabalho calmante, me ajuda a dormir.

— Extraordinário — disse Florinda, baixinho.

Encorajada por sua aprovação evidente, continuei a falar.

— Estou certa de que você pode compreender o que é para mim estar aqui — disse eu. — Neste apartamento, sinto-me separada da minha vida antiga, de tudo e de todos, salvo Isidoro Baltazar e seu mundo mágico. O próprio ar me enche de uma sensação de isolamento total. — Suspirei alto e profundamente. — Aqui, nunca me sinto só, embora a maior parte do tempo fique sozinha. Alguma coisa na atmosfera deste apartamento me faz lembrar a casa das bruxas. Aquela mesma frieza e ausência de sentimento, que eu a princípio achei tão perturbadoras, permeiam as paredes. E é exatamente essa falta de calor, esse isolamento, que busco dia e noite. Acho isso estranhamente tranquilizador. Isso me dá forças.

— Incrível — sussurrou Florinda, como se não estivesse acreditando, e levou a chaleira para a pia. Disse alguma coisa, que não ouvi por causa do barulho da água, e colocou a chaleira com água no fogão. — Fico contente que você se sinta tão à vontade aqui — disse ela, suspirando, com ar dramático. — A segurança que deve sentir num ninho tão pequeno, sabendo que tem um companheiro. — Ela acrescentou, num tom muito jocoso, que eu devia fazer tudo o que pudesse para tornar Isidoro Baltazar feliz e isso incluía atividade sexual, que ela descreveu com uma franqueza horrenda.

Pasma ao ouvir essas coisas, fiquei olhando para ela, boquiaberta. Com a segurança e a eficiência de quem conhecia bem a peculiar arrumação da cozinha, ela pegou as duas canecas, meu bule de chá especial e o pacote de

SONHOS LÚCIDOS

biscoitos de chocolate que eu havia escondido nos armários, atrás dos grandes dicionários de alemão e francês Cassels.

Sorrindo, Florinda virou-se para mim e perguntou de repente:

— Quem é que você esperava encontrar aqui esta noite?

— Não você! — explodi, percebendo tarde demais que a minha resposta me denunciara. Passei a uma explicação prolongada e elaborada de por que achava que poderia encontrar ali, se não todas, pelo menos uma das outras moças.

— Elas vão atravessar o seu caminho quando a ocasião for propícia — disse Florinda. — Não cabe a você forçar um encontro com elas.

Antes de perceber o que estava dizendo, eu me vi culpando-a, bem como a Mariano Aureliano, por meus métodos furtivos. Disse-lhe que não era prático — por assim dizer, impossível — pensarem que eu esperaria até que alguma mulher desconhecida cruzasse o meu caminho, acreditando que chegaria a reconhecê-la por algo tão inconcebível quanto o seu brilho interior. Como sempre, quanto mais eu reclamava, melhor me sentia.

Florinda não fez caso de mim.

— Uma, duas colheres cheias, e uma para o bule — entoou ela, num sotaque exageradamente britânico, medindo o chá. Depois, com muita displicência, comentou que a única coisa excêntrica e pouco prática era eu tratar Isidoro Baltazar e pensar nele como homem.

— Não sei de que está falando — disse, na defensiva.

Ela olhou bem para mim, até eu corar.

— Você sabe perfeitamente o que estou dizendo — declarou, e serviu o chá nas canecas. Com um gesto rápido do queixo, indicou qual eu devia pegar. Segurando o pacote de biscoito na mão, sentou-se na cama de Isidoro Baltazar, a mais próxima da cozinha, e foi tomando o chá, devagar. Sentei-me ao seu lado e fiz o mesmo.

— Você não mudou nada — observou ela, de repente.

— Foi isso que Isidoro Baltazar me disse há alguns dias — respondi. — No entanto, sei que mudei muito.

Contei-lhe que o meu mundo fora todo revirado desde quando voltei de Sonora. Detalhadamente, expliquei que havia procurado outro apartamento, que me mudara, deixando para trás tudo o que possuía. Ela nem sequer mexeu a cabeça; ficou sentada, calada e imóvel como uma pedra.

— Na verdade, não mereço muito crédito por romper rotinas ou me tornar inacessível — reconheci, rindo nervosamente e pronunciando as palavras com hesitação, enquanto ela continuava calada. — Qualquer pessoa que tenha contato íntimo com Isidoro Baltazar se esquece de que há limites entre o dia e a noite, entre dias úteis e feriados. — Olhei para ela de esguelha, satisfeita com minhas palavras. — O tempo vai passando e cede lugar a... — Não consegui terminar a frase. Tinha sido acometida por um pensamento estranho. Ninguém, que eu me lembrasse, me falara em romper rotinas ou em me tornar inacessível. Olhei para Florinda com atenção e depois meu olhar oscilou involuntariamente. Seria obra dela?, perguntei-me. Onde é que fui arranjar essas ideias? E, o que era ainda mais intrigante, eu sabia exatamente o que elas significavam.

SONHOS LÚCIDOS

— Isso deve ser uma advertência de que alguma coisa está prestes a irromper de você — disse Florinda, como se tivesse acompanhado a sequência de meus pensamentos. Ela continuou dizendo que o que eu havia feito até então quando estava *sonhando* não impregnara as minhas horas despertas com a firmeza e a autodisciplina necessárias para viver no mundo dos feiticeiros.

— Nunca fiz nada assim na vida — disse eu. — Dê-me uma chance, sou nova nisso.

— Claro — concordou ela, prontamente. Deitou a cabeça nos travesseiros e fechou os olhos. Ficou calada por tanto tempo que pensei que tivesse adormecido, e portanto tive um sobressalto quando disse: — Uma mudança verdadeira não é uma mudança de estado de espírito ou de atitude ou de ponto de vista. A verdadeira mudança implica uma total transformação do ser.

Vendo que ia interrompê-la, ela encostou os dedos nos meus lábios e acrescentou:

— O tipo de mudança a que me refiro não se pode realizar em três meses, nem em um ano, nem em dez. Levará uma vida toda. — Disse, ainda, que era uma coisa extremamente difícil a pessoa tornar-se diferente daquilo que ela foi criada para ser.

— O mundo dos feiticeiros é um sonho, um mito, no entanto, é tão real quanto o mundo cotidiano — continuou Florinda. — A fim de perceber e funcionar no mundo dos feiticeiros, temos de tirar a máscara do cotidiano que foi colocada em nossos rostos desde o dia em que nascemos e colocar a segunda máscara, aquela que nos permite ver a nós mesmos e a nosso ambiente como somos de fato: acontecimentos empolgantes que desabrocham numa existência transitória uma vez e nunca mais são repetidos.

"Você mesma terá de fazer essa máscara." Florinda se instalou mais comodamente na cama e, pondo as mãos em concha em volta da caneca, que eu havia enchido de novo, tomou golezinhos barulhentos.

— Como é que faço essa máscara? — perguntei.

— *Sonhando* com o seu outro ser — murmurou. — Certamente não é tendo um novo endereço, roupas novas, livros novos. — Ela olhou para mim de lado e riu, com ar de troça. — E, certamente, não é acreditando que tem um novo homem.

Antes que eu pudesse negar a sua acusação brutal, esclareceu que, externamente, eu era uma pessoa fluida, capaz de me mover em grande velocidade. Mas por dentro era rígida e dura. Conforme Isidoro Baltazar já comentara, ela também afirmava que era um erro eu acreditar que o fato de me mudar para outro apartamento e dar compulsivamente tudo o que possuía fosse uma mudança.

Inclinei a cabeça, aceitando as críticas que me fazia. Sempre tive a mania de me livrar das coisas. E, conforme ela já mencionara, basicamente isso era uma compulsão. Para sofrimento de meus pais, periodicamente eu descartava minhas roupas e meus brinquedos, desde muito pequena. Meu prazer ao ver meu quarto e meus armários bem arrumados e quase vazios sobrepujava o prazer de possuir coisas.

Por vezes, a minha compulsão era tão forte que eu também chegava a atacar os armários de meus pais e irmãos. Esses artigos quase nunca faziam falta, pois sempre tomava o cuidado de dar cabo de roupas que não via em uso há algum tempo. Não obstante, algumas vezes, a casa

SONHOS LÚCIDOS

de repente explodia numa confusão repentina e total, quando meu pai ia de quarto em quarto, abrindo armários e gritando em busca de uma certa camisa ou calça.

Florinda riu e depois levantou-se e foi até a janela que dava para o beco. Ficou diante da cortina grossa, como se pudesse enxergar através dela. Olhando para trás, por cima do ombro, disse que era muito mais fácil para uma mulher do que para um homem romper os laços com a família e o passado.

— As mulheres — afirmou — não são responsáveis. Essa falta de responsabilidade dá às mulheres uma grande fluidez. Infelizmente, as mulheres raramente utilizam essa vantagem, quando a utilizam. — Ficou andando pelo quarto, passando a mão pelos grandes arquivos de metal e pela mesa de jogo. — A coisa mais difícil de entender quanto ao mundo dos feiticeiros é que ele oferece liberdade total. — Virou-se para mim e acrescentou baixinho: — Mas a liberdade não é de graça.

— Qual é o preço da liberdade?

— A liberdade lhe custará a máscara que você usa — respondeu Florinda. — A máscara que é tão confortável e tão difícil de tirar, não porque lhe assenta tão bem, mas porque você a vem usando há muito tempo.

Ela parou de andar pelo quarto e postou-se defronte da mesa de jogo.

— Você sabe o que é liberdade? — perguntou, retoricamente. — A liberdade é a total ausência de preocupação com você mesma — sentenciava ela, sentando-se ao meu lado na cama. — E o melhor meio de parar de se preocupar consigo mesma é se preocupando com os outros.

— Eu me preocupo — garanti. — Penso constantemente em Isidoro Baltazar e nas mulheres dele.

— Tenho certeza que sim — concordou Florinda, prontamente. Ela sacudiu a cabeça e bocejou. — Já está na hora de você começar a modelagem de sua nova máscara. A máscara que não pode ter a marca de ninguém, só a sua. Tem de ser talhada na solidão, senão não vai servir direito. Se não, sempre haverá ocasiões em que a máscara ficará apertada demais, ou frouxa demais, ou quente ou fria demais... — Sua voz foi sumindo enquanto ela enumerava os desconfortos mais absurdos.

Seguiu-se um longo silêncio e depois, nessa mesma voz sonolenta, ela disse:

— Escolher o mundo dos feiticeiros não é apenas uma questão de dizer que escolheu. Você tem de agir nesse mundo. No seu caso, tem de *sonhar*. Você *sonhou* desperta desde que voltou?

Num estado de espírito muito melancólico, confessei que não.

— Então você ainda não tomou a sua decisão — observou, severamente. — Não está talhando a sua nova máscara. Não está *sonhando* o seu outro ser. Os feiticeiros estão presos a seu mundo somente através de sua impecabilidade. — Um brilho definitivo apareceu em seus olhos, e ela acrescentou: — Os feiticeiros não têm interesse algum em converter as pessoas às suas ideias. Entre os feiticeiros não há gurus nem homens sábios, somente *naguais*. Eles são os líderes, não porque saibam mais ou porque sejam, de algum modo, melhores feiticeiros, mas apenas porque têm mais energia. Não estou me referindo necessariamente à força física — esclareceu —, mas

SONHOS LÚCIDOS

a certa configuração de seu ser que lhes permite ajudar qualquer pessoa a romper os parâmetros da percepção.

— Se os feiticeiros não estão interessados em converter as pessoas às suas opiniões, então por que Isidoro Baltazar é aprendiz do antigo *Nagual*? — interrompi.

— Isidoro Baltazar apareceu no mundo dos feiticeiros do mesmo modo que você — disse ela. — Não importa o que ou quem o tenha levado, não pôde ser ignorado por Mariano Aureliano. Era dever dele ensinar a Isidoro Baltazar tudo quanto sabia do mundo dos feiticeiros. — Ela explicou que ninguém estava procurando por Isidoro Baltazar ou por mim. O que nos levara ao mundo deles nada tinha a ver com as ações ou a vontade de qualquer pessoa. — Não há nada que qualquer um de nós possa fazer para conservá-los contra a sua vontade nesse mundo mágico — disse ela, sorrindo. — E, no entanto, faríamos qualquer coisa imaginável ou inimaginável para ajudá-los a permanecer nele.

Florinda virou-se de lado, como se quisesse esconder o rosto de mim. Um instante depois olhou para trás, por cima do ombro. Alguma coisa fria e imparcial apareceu em seus olhos, e aquela mudança de expressão foi tão notável que fiquei assustada. Instintivamente, afastei-me dela.

— A única coisa que não posso fazer, e não farei, nem tampouco fará Isidoro Baltazar, é ajudá-la a ser o seu ser antigo, feio, ansioso e indulgente. Isso seria uma caricatura.

Como que para atenuar o insulto, ela passou o braço pelos meus ombros e me abraçou.

— Vou lhe dizer de que precisa — sussurrou, ficando calada por tanto tempo que pensei que se esquecera do que ia dizer. — Você precisa de uma boa noite de sono — murmurou ela, por fim.

— Não estou nada cansada — respondi. Minha reação foi automática, e percebi que a maior parte das minhas reações era uma contradição ao que estava sendo dito. Para mim, era uma questão de princípio estar certa.

Florinda riu baixinho e tornou a me abraçar.

— Não seja tão germânica — murmurou ela. — E não espere que tudo lhe seja explicado clara e precisamente. — Acrescentou que nada no mundo dos feiticeiros era claro e preciso; ao contrário, as coisas se desenrolavam vaga e lentamente. — Isidoro Baltazar vai ajudá-la — garantiu-me. — No entanto, lembre-se de que ele não o fará do modo que você espera ser ajudada.

— Como assim? — perguntei, livrando-me dos seus braços para poder olhar para ela.

— Ele não lhe dirá o que quer ouvir. Não lhe dirá como deve comportar-se, pois, como já sabe, não há nem normas nem regulamentos no mundo dos feiticeiros. — Deu uma risada alegre, parecendo divertir-se com a minha crescente frustração. — Lembre-se sempre, só há improvisações — acrescentou e depois, bocejando muito, esticou-se na cama e pegou um dos cobertores dobrados e arrumados no chão. Antes de se cobrir, apoiou-se no cotovelo e me olhou atentamente. Havia algo de hipnótico em sua voz sonolenta, enquanto me contava que eu devia ter sempre em mente que eu trilhava o mesmo caminho do guerreiro Isidoro Baltazar.

Ela fechou os olhos e, numa voz quase fraca demais para ser ouvida, disse:

— Nunca o perca de vista. Os atos dele a guiarão de modo tão hábil que você nem perceberá. Ele é um guerreiro impecável e inigualável.

Sacudi-lhe o braço, num ímpeto. Estava com medo de que ela adormecesse antes de acabar de falar.

Sem abrir os olhos, Florinda prosseguiu:

— Se você o observar com cuidado, verá que Isidoro Baltazar não procura amor ou aprovação. Verá que ele permanece impassível em todas as circunstâncias. Não exige nada e, no entanto, está disposto a dar qualquer coisa de si. Procura avidamente um sinal do espírito, sob a forma de uma palavra amiga, um gesto apropriado e, quando o recebe, exprime sua gratidão redobrando seus esforços.

"Isidoro Baltazar não julga. Ferozmente se reduz a nada a fim de escutar, observar, para poder conquistar e ser humilhado por sua conquista, ou ser derrotado e enaltecido por sua derrota.

"Se observar atentamente, verá que Isidoro Baltazar não se rende. Pode ser vencido, mas nunca há de se render. E, acima de tudo, Isidoro Baltazar é livre.

Estava louca para interrompê-la, dizer-lhe que já me contara tudo isso, mas antes que pudesse lhe perguntar mais alguma coisa, Florinda estava dormindo profundamente.

Receando não vê-la na manhã seguinte, se voltasse ao meu apartamento, sentei-me na outra cama.

Pensamentos estranhos povoaram a minha consciência. Fiquei relaxada. Larguei-me completamente e percebi que eles estavam separados de meus pensamentos normais. Eu os vi como faixas de luz, lampejos de intuição.

Seguindo um desses lampejos de intuição, resolvi sentir com o meu traseiro a cama em que estava sentada. E, para meu grande espanto, minhas nádegas pareciam ter se afundado na própria cama. Por um instante, eu era a cama e a cama estendia-se para alcançar as minhas nádegas. Apreciei aquela sensação por algum tempo. Percebi, então, que estava *sonhando*, e compreendi com toda a clareza que acabara de sentir o que Esperanza descrevera como "minha sensação me sendo devolvida". E, então, todo o meu ser se dissolveu, ou melhor, explodiu.

Tive vontade de rir alto, por pura alegria, mas não queria acordar Florinda. Eu me lembrava de tudo! Agora não tinha dificuldade alguma em recordar o que fizera na casa das bruxas durante aqueles dez dias perdidos. Eu tinha *sonhado*! Sob o olhar vigilante de Esperanza, eu tinha *sonhado* sem parar com ter acordado na casa das bruxas ou na de Esperanza ou às vezes em outros lugares que, no momento, eu não conseguia ver direito.

Clara insistira em dizer que, antes que alguma coisa específica que eu visse quando estivesse *sonhando* pudesse ser fixada permanentemente em minha memória, eu teria de vê-la duas vezes. Eu vira todas as mulheres mais de duas vezes; elas estavam permanentemente gravadas em minha memória. Sentada ali na cama, vendo Florinda dormir, lembrei-me das outras mulheres da festa dos feiticeiros com quem eu interagira num estado de sonho durante aqueles dias esquecidos. Eu as vi claramente, como se tivessem surgido por magia à minha frente, ou melhor, como se eu tivesse sido transportada corporalmente para aqueles acontecimentos passados.

SONHOS LÚCIDOS

Para mim a mais impressionante era Nelida, que se parecia tanto com Florinda que, a princípio, pensei que fossem gêmeas. Não só era alta e magra como Florinda, como tinha a mesma cor de olhos, cabelos e pele; até mesmo a expressão delas era a mesma. Em temperamento também eram iguais, só que Nelida era menos forte, mais quieta. Parecia não ter a sabedoria e a força energética de Florinda. E, no entanto, Nelida possuía uma força paciente e silenciosa que era muito tranquilizadora.

Hermelinda poderia facilmente passar por irmã mais moça de Carmela. Seu corpo magro, de 1,57m, era delicadamente arredondado, e suas maneiras eram igualmente delicadas. Ela parecia ser menos segura de si do que Carmela. Tinha uma fala macia e se movia em gestos rápidos que se dissolviam em graciosidade. As suas companheiras me disseram que sua timidez e calma despertavam o que havia de melhor nos outros, e que ela não conseguia lidar com um grupo nem mesmo com duas pessoas ao mesmo tempo.

Clara e Delia formavam um excelente time de brincalhonas. Não eram realmente tão grandes quanto pareciam à primeira vista. Era a sua robustez, seu vigor e sua energia que levavam as pessoas a achar que fossem mulheres grandes, indestrutíveis. E disputavam os jogos competitivos mais interessantes. Desfilavam suas roupas excêntricas e absurdas ao menor pretexto. Ambas tocavam violão muito bem e tinham lindas vozes; cantavam, uma querendo sobrepujar a outra, não só em espanhol, mas também em inglês, alemão, francês e italiano. Seu repertório incluía baladas, canções folclóricas e todo tipo imaginável de canção popular, inclusive as últimas músicas pop. Bastava que eu cantarolasse ou recitasse a primeira linha de uma música e imediatamente Clara ou Delia acabavam de cantá-la para mim. Além disso, tinham seus concursos de escrever poesia de acordo com a ocasião.

Escreveram poemas para mim, que colocaram debaixo da porta, sem assinatura. Eu tinha de adivinhar quem os havia escrito. Cada qual dizia que, se eu a amava de verdade, como ela me amava, intuitivamente saberia quem era a autora.

O que tornava seu espírito de competição encantadoramente atraente era que não havia rispidez alguma nele. Pretendia divertir, não derrubar uma a outra. Não é preciso dizer que Clara e Delia se divertiam tanto quanto o seu público.

Quando gostavam de alguém, como pareciam ter gostado de mim, não havia limites para seu afeto e lealdade. Ambas me defendiam com espantosa perseverança, mesmo quando eu estava errada. Aos olhos delas, eu era perfeita e não podia errar. Devido a ambas, aprendi que era uma responsabilidade dupla manter aquela confiança. Não que receasse decepcioná-las e tentasse corresponder às suas expectativas; para mim, a coisa mais natural era acreditar que eu era perfeita e proceder com elas de maneira impecável.

A mais estranha de todas as mulheres feiticeiras era a minha mestra de sonhar, Zuleica, que nunca me ensinou coisa alguma. Ela não falava comigo ou, talvez, nem tivesse reparado na minha existência.

Como Florinda, Zuleica era muito bonita; talvez não tão impressionante, mas linda de um modo mais etéreo. Era pequena; os olhos escuros com as sobrancelhas ar-

SONHOS LÚCIDOS

queadas e o narizinho e a boca perfeitos eram emoldurados por cabelos escuros e ondulados, que estavam ficando grisalhos, o que lhe acentuava a aura sobrenatural.

A beleza dela não era comum, mas sublime, temperada por seu autocontrole implacável. Tinha perfeita consciência do componente cômico de ser bonita e atraente aos olhos dos outros. Aprendera a reconhecer isso e a usá-lo como um prêmio que recebera. Ela era, portanto, inteiramente indiferente a tudo e a todos.

Zuleica aprendera a ser ventríloqua e fizera disso uma arte superior. Segundo ela, as palavras pronunciadas pelo movimento dos lábios se tornam mais confusas do que já são.

Fiquei encantada com o hábito de Zuleica falar como ventríloqua com as paredes, mesas, cadeiras, louça ou qualquer outro objeto à sua frente, de modo que costumava segui-la sempre que aparecia. Ela andava pela casa sem parecer tocar no chão, sem parecer agitar o ar. Quando perguntei às outras feiticeiras se isso era uma ilusão, explicaram-me que Zuleica detestava deixar pegadas.

Depois que encontrei e interagi com todas as mulheres, elas me explicaram a diferença entre os *sonhadores* e os *espreitadores*. Chamavam a isso os dois planetas. Florinda, Carmela, Zoila e Delia eram *espreitadoras*: seres poderosos com uma grande quantidade de energia física; empreendedoras; trabalhadoras infatigáveis; especialistas naquele estado de consciência extravagante que chamam de *sonhar* desperto.

O outro planeta — as *sonhadoras* — era composto das quatro outras mulheres: Zuleica, Nelida, Hermelinda e Clara. Elas possuíam qualidades mais etéreas. Não que fossem menos poderosas ou menos enérgicas: é que sua energia era simplesmente menos aparente. Projetavam uma sensação de sobrenaturalidade, mesmo quando empenhadas nas atividades mais mundanas. Eram especialistas em outro estado de consciência especial a que chamavam de "*sonhar* em mundos outros que não este". Disseram-me que era o estado de consciência mais complexo que as mulheres podiam alcançar.

Quando as *sonhadoras* e as *espreitadoras* trabalhavam juntas, as *espreitadoras* eram como uma camada externa protetora e dura, que ocultava um núcleo profundo. As *sonhadoras* eram esse núcleo profundo; eram como uma matriz delicada que acolchoava a camada externa dura.

Durante aqueles dias, na casa das bruxas, tomaram conta de mim como se eu fosse o seu encargo mais precioso; elas me mimaram e me trataram como se eu fosse um bebê. Cozinharam meus alimentos preferidos; me fizeram as roupas mais elegantes e de bom caimento que eu jamais tinha tido. Encheram-me de presentes, coisas tolas e joias valiosas, que guardavam, esperando o dia em que eu despertasse, disseram.

Havia mais duas mulheres no mundo dos feiticeiros. Eram ambas *espreitadoras*: duas garotas gordas, Martha e Teresa. Ambas eram lindas e tinham apetites devoradores. Não que enganassem alguém, mas possuíam um esconderijo cheio de biscoitos, chocolates e balas sortidas num compartimento secreto na despensa. Para meu grande prazer, desde o princípio elas me contaram onde era o esconderijo e me encorajaram a servir-me dele à vontade, coisa que, naturalmente, eu fiz.

Martha era a mais velha das duas. Tinha vinte e poucos anos e era uma mistura exótica de sangue alemão e índio. Sua cor, embora não inteiramente branca, era clara. Os cabelos negros e abundantes eram macios e ondulados, e emolduravam um rosto largo, de maçãs salientes. Seus olhos amendoados eram de um verde-azulado brilhante e as orelhas eram pequenas e delicadas, como as de um gato, macias e cor-de-rosa transparente.

Martha era dada a suspiros profundos e melancólicos — germânicos, dizia ela —, e silêncios mal-humorados, herança de sua alma de índia. Recentemente começara a ter aulas de violino, que estudava a qualquer hora do dia. Em vez de criticarem ou se zangarem, todos eram unânimes em dizer que Martha tinha um bom ouvido para a música.

Teresa mal tinha um metro e meio, mas seu volume a fazia parecer muito mais alta. Em vez de mexicana, parecia ter vindo da Índia. A pele perfeita era brilhante, moreno-clara. Os olhos amendoados, úmidos e escuros, eram cercados por pestanas crespas, tão cerradas que mantinham as pálpebras abaixadas, dando-lhe uma expressão sonhadora e distante. Sua bondade e doçura davam vontade de protegê-la.

Teresa também era artista. Pintava aquarelas no entardecer. Com o cavalete à frente, os pincéis e a bandeja com tinta e água preparadas, passava horas sentada no quintal, esperando que a luz e as sombras ficassem apropriadas. Então, com controle e fluidez zen, enchia a folha com os pincéis molhados na tinta.

O volume de minhas recordações ocultas tinha subido à superfície. Eu estava exausta. O ritmo do leve ressonar de Florinda, subindo e descendo pelo quarto como um eco distante, era hipnotizador.

Quando abri os olhos, a primeira coisa que fiz foi chamá-la pelo nome. Ela não respondeu. A cama estava vazia. O lençol amarelo, bem preso ao colchão, não dava mostras de que alguém tivesse sentado ou dormido ali. Os dois travesseiros estavam de novo em sua posição de costume — apoiados contra a parede —, e o cobertor que ela usara estava empilhado com os outros no chão.

Ansiosamente, procurei alguma pista no apartamento, algum indício de que ela realmente estivera ali. Não encontrei coisa alguma, nem mesmo um fio comprido de cabelo grisalho no banheiro.

13

SEMPRE que eu estava plenamente desperta, não me lembrava bem daqueles dias perdidos, só que sabia, com toda a certeza, que não foram perdidos. Alguma coisa me acontecera durante aquele período, alguma coisa com um significado interior que me escapava. Não fiz um esforço consciente para recapturar todas aquelas recordações vagas; simplesmente sabia que se encontravam ali, meio escondidas, como pessoas que a gente conhece vagamente, mas de cujos nomes não se pode lembrar bem.

Nunca fui de dormir muito, mas desde aquela noite — desde o aparecimento de Florinda no estúdio de Isidoro Baltazar — eu dormia a qualquer hora, só para *sonhar*. Simplesmente adormecia cada vez que me deitava e dormia por períodos incrivelmente longos. Cheguei a engordar, infelizmente não nos lugares certos. No entanto, nunca *sonhei* com os feiticeiros.

Certa tarde acordei abruptamente com um forte barulho. Isidoro Baltazar havia deixado a chaleira cair dentro da pia. Minha cabeça doía, meus olhos estavam turvos. Tive a recordação imediata de um sonho terrível que, com igual rapidez, me escapou. Estava suando profusamente.

— É tudo culpa sua — gritei para ele. — Se você me ajudasse, não precisaria estar dormindo a vida toda. — Tive vontade de brigar, de ceder à minha frustração e impaciência. Mas, de repente, me passou pela cabeça que não podia fazer isso porque eu não gostava mais das minhas reclamações como antes.

O rosto dele estava radiante, como se eu tivesse expressado meus pensamentos em voz alta. Ele pegou uma cadeira, sentou-se escarranchado nela e disse:

— Você sabe que não posso ajudá-la. As mulheres têm uma avenida de sonhos diferentes. Nem posso conceber o que é que as mulheres fazem para *sonhar*.

— Você devia saber, com tantas mulheres no seu mundo — retruquei, grosseiramente.

Ele riu; nada parecia alterar seu bom humor.

— Não posso nem começar a conceber o que as mulheres fazem para *sonhar* — continuou. — Os homens têm de lutar sem cessar para concentrar a sua atenção nos sonhos; as mulheres não lutam, mas precisam adquirir disciplina interior. — O sorriso dele era brilhante quando acrescentou: — Há uma coisa que poderá ajudá-la. Não aborde o *sonhar* com o seu jeito normal, compulsivo. Deixe-o chegar até você.

Abri e fechei minha boca e, depois, rapidamente, o meu espanto virou raiva. Esquecendo a minha percepção anterior, calcei os sapatos e fui embora furiosa, batendo bem a porta atrás de mim. As risadas dele me acompanharam até o meu carro, no estacionamento lá embaixo.

Deprimida, sentindo-me inteiramente mal-amada, sozinha e acima de tudo com pena de mim mesma, fui

SONHOS LÚCIDOS

para a praia. Chovia e a praia estava deserta. Não havia vento, e a chuva caía muito brandamente, muito reta.

Havia algo sereno no som abafado das ondas e da chuva batendo na água. Tirei os sapatos, arregacei as calças e fui caminhando até ficar completamente lavada de meus estados de espírito complacentes.

Sabia que estava livre deles porque ouvi das ondas sussurrantes as palavras de Florinda: "É uma luta solitária." Não me sentia ameaçada; apenas aceitei o fato de que estava realmente sozinha. E foi essa aceitação que me levou à convicção do que precisava fazer. E, como não sou de ficar esperando, agi imediatamente.

Depois de deixar um bilhete debaixo da porta de Isidoro Baltazar — eu não queria que ele me dissuadisse —, parti para a casa das bruxas. Dirigi a noite toda, até Tucson. Parei num motel, dormi a maior parte do dia e, depois, à noitinha, parti de novo, fazendo o mesmo itinerário que Isidoro Baltazar havia seguido na nossa viagem de volta.

Não tenho muito senso de orientação, no entanto aquele caminho está impresso fundo em mim. Com uma segurança de pasmar, sabia exatamente quais as estradas a seguir e onde virar. Cheguei à casa das bruxas muito rápido. Não me dei ao trabalho de olhar o relógio, pois não queria perder a impressão de que não se passara tempo algum desde que eu entrara no carro em Tucson e o momento em que chegara à casa das bruxas.

Não me importei ao ver que não havia ninguém na casa. Sabia que não me haviam feito nenhum convite direto e formal, mas lembrava-me claramente que Nelida me dissera, ao esconder numa gaveta uma cestinha com os presentes que todos me deram, que eu poderia voltar à hora que quisesse. "Dia ou noite, esta cesta a puxará para dentro, em segurança." As palavras dela soavam em meus ouvidos.

Com uma segurança que, em geral, advém da prática, fui direto para o quarto que Esperanza me destinara. A rede branca estava pronta, como que à minha espera. Por fim, uma vaga ansiedade se apossou de mim, mas não estava tão assustada quanto deveria estar. Ainda não inteiramente descontraída, recostei-me na rede, com uma das pernas para fora, para me balançar.

— Ao inferno com meus temores — exclamei e, puxando a perna para cima, espreguicei-me com gosto, como um gato, até que todas as minhas juntas estalaram.

— Ah, então você voltou direitinho — disse-me uma voz do corredor.

Não a vi nem reconheci a voz dela, por certo, mas sabia que era Nelida. Fiquei esperando que entrasse, mas ela não entrou.

— Sua comida está na cozinha — eu a ouvi dizer. Os passos dela se afastaram da minha porta, pelo corredor.

Levantei-me de um salto e corri atrás dela.

— Espere, espere, Nelida! — gritei. Não havia ninguém no hall nem nos quartos que passei a caminho da cozinha. Não havia ninguém em toda a casa, aliás. No entanto, tinha certeza de que estavam lá. Ouvia suas vozes, seu riso, o barulho de pratos e de panelas.

Passei os dias seguintes num estado permanente de expectativa, esperando que ocorresse alguma coisa importante. Não podia imaginar o que devia acontecer, mas sabia que devia ter ligação com as mulheres.

SONHOS LÚCIDOS

Por algum motivo insondável, as mulheres não queriam ser vistas. Esse comportamento espantosamente furtivo me mantinha nos corredores em todas as horas, rondando sem fazer barulho, como uma sombra. Por mais tramas engenhosas que inventasse para surpreendê-las, nunca sequer vislumbrei uma delas. Deslizavam para dentro dos quartos, saíam deles, entravam na casa, saíam dela, como que entre dois mundos, deixando um rastro de vozes e risos.

Por vezes eu me perguntava se as mulheres estavam realmente ali, e se o ruído de passos, de murmúrios e risadas não era apenas a minha imaginação. Sempre que estava prestes a acreditar que era mesmo minha imaginação, ouvia uma delas tocando piano. Então, tomada de renovado ardor, de expectativa e empolgação, corria para os fundos da casa, só para descobrir que, mais uma vez, ludibriaram-me. Nessas ocasiões ficava convencida de que as mulheres, sendo bruxas de verdade, tinham algum tipo de sistema interno de localização por eco, que as alertava para os barulhos que eu fazia.

Minha decepção por não conseguir pilhá-las à frente do fogão sempre desaparecia diante das pequenas refeições exóticas que deixavam para mim; a delícia dos pratos compensava amplamente a escassez das porções. Com muito prazer, eu comia aquela comida maravilhosa, mas ainda ficava com fome.

Um dia, pouco antes do entardecer, ouvi uma voz de homem chamando meu nome baixinho, dos fundos da casa. Levantei-me logo de minha rede e corri pelo corredor. Fiquei tão contente ao ver o zelador que quase saltei sobre ele, que nem um cachorro. Sem conseguir conter minha alegria, beijei-o nas faces.

— Cuidado, Nibelunga. — Ele disse isso com a mesma voz e jeito de Isidoro Baltazar. Dei um salto para trás, os olhos arregalados de surpresa. Ele piscou e acrescentou: — Não se exalte, pois daqui a pouco vai se aproveitar de mim.

Por um instante fiquei sem saber como interpretar suas palavras, mas quando riu e me deu um tapinha nas costas, me tranquilizando, fiquei inteiramente sossegada.

— É bom ver você — disse ele, baixinho.

— É maravilhoso ver você! — Dei uma risada, encabulada, e depois perguntei onde estavam os outros.

— Ah, estão por aí — disse ele, vagamente. — No momento, estão misteriosamente inacessíveis, mas sempre presentes. — Ao ver minha decepção, disse: — Tenha paciência.

— Sei que estão por aí — murmurei. — Deixam comida para mim. — Olhei por cima do ombro, exagerando um pouco, e confiei: — Mas ainda estou com fome. As porções são muito pequenas.

Segundo o zelador, aquela era a condição natural dos alimentos do poder. Nunca pareciam bastar. Ele disse que cozinhava sua própria comida — arroz e feijão com pedaços de porco, carne de vaca ou galinha — e comia só uma vez por dia, mas nunca à mesma hora.

Depois levou-me para seus cômodos. Morava no quarto grande e apinhado atrás da cozinha, em meio às esculturas estranhas de ferro e madeira, onde o ar, cheio dos aromas de jasmins e eucaliptos, parecia pesado e inerte em volta das cortinas cerradas. Dormia numa cama de vento, que guardava dobrada no armário quando não estava em uso, e comia numa mesinha chippendale com pernas altas.

Confiou-me que, como as mulheres misteriosas, não gostava da rotina. Dia ou noite, manhã ou tarde, tudo era igual para ele. Varria os pátios e limpava as folhas do lado de fora da clareira quando bem entendia; não importava se havia flores ou folhas no chão.

Nos dias que se seguiram, tive uma dificuldade dos diabos tentando me adaptar àquele novo modo de vida aparentemente desestruturado. Por compulsão, mais do que por algum desejo de ser útil, ajudava o zelador nas suas tarefas. Além disso, sempre aceitava seus convites para comer com ele. A comida era tão deliciosa quanto sua companhia.

Convencida de que era mais do que um simples zelador, fiz o possível para pegá-lo desprevenido com minhas perguntas indiretas; uma técnica inútil, pois nunca tive uma resposta satisfatória.

— De onde você é? — perguntei de cara, um dia em que estávamos comendo.

Ele desviou os olhos do prato e, como se já estivesse esperando uma interrogação direta, apontou para as montanhas a leste, emolduradas como um quadro pela janela aberta.

— As montanhas Bacatete? — Minha voz denunciava incredulidade. — Mas você não é índio — murmurei, desconcertada. — Ao que eu saiba, somente o *nagual* Mariano Aureliano, Delia Flores e Genaro Flores são índios. — Encorajada pela expressão espantada e de expectativa no rosto dele, acrescentei que, na minha opinião, Esperanza estava além de categorias raciais. Inclinei-me sobre a mesa e, em tom de segredo, disse-lhe o que já dissera a Florinda. — Esperanza não nasceu como um ser humano. Foi criada por um ato de feitiçaria. É o próprio demônio.

Recostando-se na cadeira, o zelador deu uma grande gargalhada.

— E o que me diz de Florinda? Sabia que ela é francesa? Ou melhor, os pais eram franceses. Eram das famílias que vieram para o México com Maximiliano e Carlota.

— Ela é muito bonita — murmurei, tentando me lembrar de quando, exatamente, no século XIX, o príncipe austríaco fora mandado ao México por Napoleão.

— Você ainda não a viu quando está toda enfeitada — exclamou o zelador. — É outra coisa. A idade nada significa para ela.

— Carmela me disse que sou como Florinda — disse, num acesso de vaidade e pretensão.

Impelido pelo riso, o zelador se levantou de um salto.

— Quem dera. — Ele falou sem nenhum sentimento especial, como se não se importasse a mínima.

Irritada com o seu comentário, e sua falta de sentimento, fitei-o com uma antipatia maldisfarçada. Depois, querendo mudar de assunto, perguntei sobre o *nagual* Mariano Aureliano.

— De onde ele veio, exatamente?

— Quem é que sabe de onde vêm os *naguais*? — murmurou, indo até a janela. Ficou olhando muito tempo para as montanhas distantes, depois virou-se de novo para mim e disse: — Há quem diga que os *naguais* vêm do próprio inferno. Acredito nisso. Há quem diga que os *naguais* não

Sonhos lúcidos

são nem humanos. — Ele parou de novo e fiquei a imaginar se o longo silêncio se repetiria. Como que sentindo a minha impaciência, sentou-se ao meu lado e acrescentou: — Se quer saber o que acho, eu diria que os *naguais* são sobre-humanos. É por isso que conhecem tudo sobre a natureza humana. Não se pode mentir a um *nagual*. Eles veem através de nós. Veem através de tudo. Veem até através do espaço, outros mundos neste mundo e outros fora deste mundo.

Eu me remexi na cadeira, sem jeito, querendo que ele parasse de falar. Lamentei ter provocado aquela conversa. Sem dúvida o sujeito era louco.

— Não sou louco, não — ele me garantiu e soltou um grito forte. — Só estou dizendo coisas que você nunca ouviu antes, só isso.

Pisquei várias vezes, ficando estranhamente na defensiva. Mas o meu constrangimento me deu coragem e perguntei-lhe, de chofre:

— Por que elas se escondem de mim?

— É evidente — retrucou ele e depois, vendo que não era nada óbvio para mim, acrescentou: — Você devia saber. Você e gente como você é que são do grupo, não eu. Não sou um deles. Sou apenas o zelador. Lubrifico a máquina.

— Você está me confundindo ainda mais — resmunguei, irritada. Depois tive uma inspiração. — A que grupo se refere?

— Todas as mulheres que conheceu da última vez que esteve aqui. As *sonhadoras* e as *espreitadoras*. Elas me disseram que as *sonhadoras* são como você. Você é uma delas.

Serviu-se um copo d'água e foi com ele para a janela. Bebeu uns goles e depois me informou que o *nagual* Mariano Aureliano tinha testado minhas habilidades de *espreitadora* em Tucson, Arizona, quando me mandou para o café e me pediu para colocar uma barata na minha comida. O zelador deu as costas para a janela, olhou bem na minha cara e acrescentou:

— Você fracassou.

— Não quero ouvir falar daquela tolice — interrompi logo. Não queria saber o resto da história.

O rosto dele se franziu todo, de malícia.

— Mas depois do seu fracasso, você se entregou dando pontapés e berrando com o *nagual* Mariano Aureliano, sem vergonha nem consideração. Os *espreitadores* — frisou ele — são pessoas que têm jeito para lidar com as pessoas.

Abri minha boca para dizer que não entendia nada do que ele estava falando, mas fechei de novo.

— O que é desconcertante — continuou ele — é que você é uma grande *sonhadora*. Se não fosse isso, seria como Florinda, menos a altura e a beleza, claro.

Sorrindo venenosamente, maldisse o velho nojento, em silêncio.

— Você se lembra de quantas mulheres havia no piquenique? — perguntou ele, de repente.

Fechei os olhos para visualizar melhor o piquenique. Vi claramente seis mulheres sentadas na lona estendida sob os eucaliptos. Esperanza não estava presente, mas Carmela, Zoila, Delia e Florinda estavam.

— Quem eram as outras duas? — perguntei, mais confusa do que nunca.

— Ah — murmurou ele, com aprovação, um sorriso brilhante enrugando seu rosto. — Aquelas duas eram *sonhadoras* de outro mundo. Você as viu claramente, mas depois desapareceram e sua mente não aceita o desaparecimento delas porque foi simplesmente absurdo demais.

Meneei a cabeça, distraída, sem poder conceber que, na verdade, vira apenas quatro mulheres, quando sabia que havia seis.

A ideia deve ter chegado até ele, pois disse-me que era natural eu ter focalizado as quatro.

— As duas outras são a sua fonte de energia. São incorpóreas e não são deste mundo.

Perdida e perplexa, só consegui olhá-lo fixamente; não tinha mais perguntas a fazer.

— Já que você não está no planeta dos *sonhadores* — esclareceu ele —, os seus sonhos são pesadelos e suas transições entre os sonhos e a realidade são muito instáveis e perigosas para você e para os demais *sonhadores*. Assim, Florinda se encarregou de protegê-la e ampará-la.

Levantei-me com tal ímpeto que virei a cadeira.

— Não quero saber de mais nada! — exclamei, conseguindo reprimir-me bem a tempo, para não dizer que era melhor não saber das atitudes e dos raciocínios loucos deles.

O zelador pegou minha mão e me levou para fora, através da clareira, através do chaparral, até os fundos da casa pequena.

— Preciso que você me ajude com o gerador — disse ele. — Está precisando de conserto.

Ri e declarei que não entendia nada de geradores. Só quando ele abriu o alçapão de uma caixa de concreto é que me dei conta de que a eletricidade das luzes da casa era gerada ali. Eu pensava que as luzes e os aparelhos elétricos do México rural eram iguais aos que eu conhecia.

Daquele dia em diante, procurei não lhe fazer muitas perguntas. Sentia que não estava preparada para as respostas. Os nossos encontros adquiriram a natureza de um ritual, em que eu fazia o máximo para acompanhar o uso requintado do idioma espanhol pelo velho. Passava horas consultando vários dicionários em meu quarto, procurando palavras novas e muitas vezes arcaicas, para impressioná-lo.

Certa tarde, quando estava aguardando que o zelador trouxesse a comida — pela primeira vez desde que descobrira o quarto dele, estava ali sozinha —, lembrei-me daquele espelho velho e estranho. Com cuidado, examinei sua superfície manchada e turva.

— Vai ficar presa no espelho se se contemplar por muito tempo — disse uma voz atrás de mim.

Esperando ver o zelador, virei-me, mas não havia ninguém no quarto. Na minha ânsia de chegar à porta, quase derrubei a escultura de madeira e ferro atrás de mim. Maquinalmente, estendi a mão para firmá-las, mas, antes que a tocasse, a figura pareceu girar para longe de mim num estranho movimento circular, depois retornou à posição original com um suspiro espantosamente humano.

— O que é que há? — perguntou o zelador, entrando no quarto. Ele colocou uma bandeja grande na mesa precária e, olhando para o meu rosto pálido, perguntou de novo o que é que havia comigo.

— Às vezes tenho a impressão de que essas monstruosidades têm vida e estão me observando — disse eu, fa-

SONHOS LÚCIDOS

zendo um gesto com o queixo para a escultura ali perto. Vendo que ele estava sério, apressei-me em garantir que não queria dizer monstruoso em termos de feiúra, e sim em termos de tamanho. Respirei fundo várias vezes, tremendo, e repeti que suas esculturas me davam a impressão de estar vivas.

Olhando em volta furtivamente e abaixando a voz, até quase nada se ouvir, ele disse:

— Elas estão vivas.

Senti-me tão desconfortável que comecei a tagarelar sobre a tarde em que descobrira o quarto dele, como fora atraída por um murmúrio misterioso, que afinal era o vento empurrando a cortina por uma vidraça quebrada.

— No entanto, na ocasião, pensei que fosse um monstro — confiei, dando uma risada nervosa. — Uma presença estranha alimentando-se das sombras do crepúsculo.

Mordendo o lábio inferior, o zelador me olhou atentamente. Depois o olhar dele vagou, sem se deter, pelo quarto.

— É melhor sentarmos para comer — sugeriu, por fim. — Não vamos deixar a comida esfriar. — Ele puxou uma cadeira para mim e, assim que me instalei, acrescentou, num tom vibrante: — Você tem toda a razão em chamar isso de presenças, pois não são esculturas. São invenções. — E segredou em tom de conspiração: — Foram concebidas por padrões vislumbrados em outro mundo, por um grande *nagual*.

— Por Mariano Aureliano? — perguntei.

Ele sacudiu a cabeça e explicou:

— Por um *nagual* muito mais velho, chamado Elias.

— Por que essas invenções estão em seu quarto? — perguntei. — Esse grande *nagual* as fez para você?

— Não — disse ele. — Só tomo conta. — Levantando-se, pôs a mão no bolso e puxou um lenço branco bem dobrado e começou a espanar a invenção com ele. — Como sou o zelador, cabe a mim tomar conta delas. Um dia, com o auxílio de todos esses feiticeiros que você já conheceu, vou entregar essas invenções ao lugar a que pertencem.

— Onde é esse lugar?

— O infinito, o cosmo, o vácuo.

— Como pretende levá-las?

— Por meio do mesmo poder que as trouxe para cá: o poder de *sonhar* desperto.

— Se você *sonha* como esses feiticeiros *sonham* — comecei, com cuidado, procurando esconder o triunfo em minha voz —, então deve ser feiticeiro também.

— Sou, mas não como eles.

Sua confissão franca me deixou confusa.

— Qual a diferença?

— Ah! — exclamou ele, com ar sabido. — Toda a diferença possível, mas não posso explicá-la agora. Se explicasse, você ficaria ainda mais melancólica e zangada. Mas, um dia, você há de saber tudo por si, sem que alguém lhe conte.

Eu sentia rodas girando na minha cabeça, enquanto procurava desesperadamente arranjar alguma coisa para dizer, outra pergunta a fazer.

— Pode me contar como é que o *nagual* Elias chegou a essas invenções?

— Ele as viu ao *sonhar* e as capturou — confiou o zelador. — Algumas são cópias, feitas por ele, de invenções

SONHOS LÚCIDOS

305

que não podia carregar. Outras são originais. Invenções transportadas por aquele *nagual* até aqui.

Não acreditei numa palavra do que ele disse, porém não pude deixar de acrescentar:

— Por que o *nagual* Elias as trouxe?

— Porque as próprias invenções lhe pediram que o fizesse?

— Por que pediram isso?

O zelador descartou as minhas sondagens com um gesto e disse que eu comesse. A sua má vontade para satisfazer minha curiosidade só fez aumentar meu interesse. Não podia entender por que não queria falar sobre os engenhos quando era tão bom em respostas esquivas; poderia ter me dito qualquer coisa.

No momento em que terminamos nossa refeição, pediu-me para tirar sua cama de vento do armário. Conhecendo-lhe os gostos, armei-a na frente da porta-janela com cortinas. Suspirando, satisfeito, deitou-se, pousando a cabeça no pequeno travesseiro retangular preso a uma das pontas da cama. Era cheio de feijões secos e grãos de milho. Segundo ele, o travesseiro garantia bons sonhos.

— Agora estou pronto para o meu cochilo — disse, afrouxando o cinto das calças. Era sua maneira educada de me dispensar.

Irritada com a sua recusa em falar sobre as invenções, empilhei os pratos na bandeja e saí do quarto, furiosa. Os roncos dele me acompanharam até a cozinha.

Naquela noite acordei ao som de um violão mal tocado. Maquinalmente, peguei a lanterna elétrica mantida junto à minha rede baixa e olhei as horas. Já passava um bocado da meia-noite. Enrolei-me bem no cobertor e, pé ante pé, fui pelo corredor que levava ao pátio interno.

No pátio, sentado numa cadeira de junco, estava um homem a tocar violão. Não pude ver-lhe o rosto, mas sabia que era o mesmo homem que Isidoro Baltazar e eu víramos na primeira vez que estive lá. Como naquela vez, o homem parou de tocar no momento em que me viu; levantou-se da cadeira e entrou na casa.

Assim que retornei ao meu quarto, ele recomeçou a tocar. Já estava adormecendo quando o ouvi, com voz límpida e forte. Cantava para o vento, chamando-o para vir através das léguas de silêncio e vazio.

Como que em resposta à sua invocação assombrosa o vento tomou força. Zunia pelo chaparral. Arrancava as folhas secas das árvores e as varria formando montes farfalhantes contra as paredes da casa.

Cedendo a um impulso, abri a porta que dava para o pátio. O vento encheu o quarto com indizível tristeza, não a tristeza das lágrimas, mas a solidão melancólica do deserto, da poeira e de antigas sombras. O vento rodopiava pelo quarto como uma fumaça. Eu o inspirava a cada respiração. Ele pesava em meus pulmões, porém quanto mais profundamente respirava mais leve me sentia.

Saí da casa e, enfiando-me no meio dos altos arbustos, fui até os fundos. As paredes caiadas refletiam o luar vivamente sobre a terra varrida da larga clareira. Receando ser vista, corri de árvore em árvore, escondendo-me nas sombras escuras lançadas pelo luar até que cheguei às duas laranjeiras em flor fora do muro, que guardavam a trilha para a casa pequena.

SONHOS LÚCIDOS 307

O vento trazia o ruído de risadas e murmúrios através do chaparral. Com coragem, corri pela trilha, só para perder a audácia assim que cheguei à porta da frente da casa pequena, às escuras. Vibrando de excitação, fui pé ante pé até uma janela aberta. Reconheci as vozes de Delia e Florinda, mas a janela era muito alta para que eu visse o que as mulheres faziam.

Fiquei escutando, na esperança de ouvir alguma coisa profunda e ser transportada por alguma revelação arrasadora que me ajudasse a resolver o que me levara até lá: minha incapacidade de *sonhar*. Mas só ouvi tagarelices. Fiquei tão absorta com suas insinuações maldosas que ri alto várias vezes, esquecendo que escutava às escondidas.

A princípio pensei que estivessem falando de estranhos, mas depois percebi que se referiam às *sonhadoras*; os comentários mais pérfidos eram dirigidos a Nelida.

Diziam que, após tantos anos, ainda se mostrava incapaz de se livrar das garras do mundo. Não só era vaidosa — diziam que passava o dia todo diante do espelho — como também lasciva. Fazia tudo quanto podia para ser uma mulher sexualmente desejável, a fim de atrair o *nagual* Mariano Aureliano. Alguém comentou que, afinal, era a única que poderia acomodar o seu membro enorme e inebriante.

Depois falaram de Clara. Chamaram-na de elefanta pomposa que achava ser seu dever dispensar bênçãos a todos. No momento o objeto de suas atenções eram o *nagual* Isidoro Baltazar e a dádiva era seu corpo nu. Ele não o possuiria, apenas o veria. Uma vez de manhã e de novo à noite ela o regalava com o aspecto de sua nudez. Estava convencida de que, fazendo isso, garantiria a perícia sexual do jovem *nagual*.

A terceira mulher sobre quem falaram foi Zuleica. Disseram que tinha a ilusão de ser santa e a Virgem Maria. Sua dita espiritualidade não passava de maluquice. Periodicamente, ficava transtornada e, sempre que sofria tais crises de loucura, limpava a casa de alto a baixo, até mesmo as pedras no pátio ou no terreno.

Depois, havia Hermelinda, que foi descrita como sendo muito sóbria, muito correta, o paradigma dos valores da classe média. Como Nelida, era incapaz, depois de tantos anos, de parar de pretender ser a mulher perfeita, a dona de casa perfeita. Embora não soubesse cozinhar, costurar, bordar, nem tocar piano para distrair as visitas, Hermelinda queria ser conhecida, disseram elas, entre acessos de riso, como o paradigma da boa feminilidade, assim como Nelida queria ser conhecida como o paradigma da feminilidade maldosa.

Se as duas resolvessem combinar as suas habilidades, comentou uma das vozes, teriam então a mulher perfeita que agradaria ao senhor: perfeita na cozinha e na sala, usando avental ou vestido de noite; perfeita na cama com as pernas para cima, sempre que o senhor o desejasse.

Quando elas se calaram, corri de volta a casa, para o meu quarto e a minha rede. Porém, por mais que tentasse, não consegui dormir. Senti que um tipo de bolha protetora arrebentara à minha volta, apagando a minha sensação de prazer, de encantamento por estar na casa das bruxas. Só conseguia pensar que, desta vez por obra minha, lá estava eu presa em Sonora com um punhado

SONHOS LÚCIDOS

309

de velhas malucas que só faziam mexericar, quando bem podia estar em Los Angeles me divertindo.

Fora até lá em busca de conselhos, mas, em vez de encontrar o que buscava, fui ignorada, relegada à companhia de um velho senil que eu julgava ser mulher.

Quando me sentei para comer com o zelador, de manhã, estava em tal estado de indignação que não consegui engolir coisa alguma.

— O que há? — perguntou o velho, olhando-me atentamente. Ele, em regra, evitava encarar-me nos olhos. — Não está com fome?

Eu retribuí o olhar furiosa. Desistindo de me controlar, despejei toda a minha raiva e frustração reprimidas. Enquanto reclamava, tive um lampejo de sanidade: disse comigo mesma que não devia culpar o velho, que devia ser-lhe grata, pois só ele se mostrara bondoso comigo. Mas era tarde para me controlar. Minhas queixas mesquinhas adquiriram vida própria. Minha voz ficou ainda mais estridente enquanto exagerava e deformava os fatos dos últimos dias. Com maldosa satisfação, contei-lhe que escutara as conversas das mulheres.

— Elas não querem me ajudar, em absoluto — garanti, com autoridade ressonante. — Só fazem é mexericar. Disseram coisas horríveis sobre as *sonhadoras*.

— O que ouviu dizerem?

Com muito gosto, contei-lhe tudo. Fiquei surpresa com o meu extraordinário poder de lembrar cada detalhe dos comentários maldosos das mulheres.

— É evidente que falavam de você — declarou ele, no momento em que terminei o meu relato. — Simbolicamente, claro. — Aguardou que as palavras se imprimissem em meu espírito e, antes que eu pudesse protestar, perguntou, inocentemente: — Você não é um bocado assim?

— Sou coisa nenhuma! — explodi. — E não me venha com nenhuma merda psicológica; não aceito esse tipo de besteira, nem mesmo de parte de um homem educado, quanto mais de você, seu porra de peão.

O zelador arregalou os olhos, perplexo, e seus ombros franzinos ficaram caídos. Não senti nenhuma pena dele, só de mim mesma. Perdera o meu tempo contando-lhe o que escutara.

Ia dizer que errara muito ao fazer aquela longa e penosa viagem à toa, quando o zelador olhou para mim com tal desprezo que tive vergonha de minha explosão.

— Se você controlar o seu gênio, vai entender que nada que esses feiticeiros fazem é para se divertir ou para impressionar alguém ou para satisfazer a alguma obrigatoriedade — explicou com grande calma. — Tudo o que dizem ou fazem tem um motivo, um propósito. — Ele me olhou com uma intensidade que me deu vontade de ir embora, mas não consegui. — Não vá pensar que está aqui de férias — frisou ele. — Para os feiticeiros a quem está presa, não há férias.

— O que está tentando me dizer? — perguntei, zangada. — Não me venha com rodeios, diga logo.

— Como é que alguém pode ser mais claro? — A voz dele era enganadoramente branda e cheia de mais significados do que eu podia imaginar. — As bruxas já lhe disseram ontem o que você é. Usaram as quatro mulheres do planeta dos *sonhadores* como fachada para descrever você, a que escuta as conversas dos outros, como você é na verdade: uma desmazelada, com mania de grandeza.

O meu choque foi tão grande que, por um momento, fiquei aturdida. Depois a raiva, como uma lava, inundou todo o meu corpo.

— Seu bostinha miserável e insignificante — berrei e lhe dei um pontapé na virilha. Antes de o meu chute acertá-lo, já antevia a imagem do velho filho da mãe ao chão, contorcendo-se de dor, só que meu pé não o acertou, ficou no ar. Com a rapidez de um lutador, ele havia saltado para o lado.

Ele sorriu com a boca, mas seus olhos estavam frios e sem expressão e ao me verem bufando e gemendo.

— Você está aplicando no *nagual* Isidoro Baltazar todos aqueles truques de que as feiticeiras falaram. Você foi treinada para isso. Pense nisso. Não fique só se enraivecendo.

Abri a boca para dizer alguma coisa, mas não saiu som algum. Não foi o que ele disse que me deixou sem fala, mas seu tom arrasadoramente frio e indiferente. Eu teria preferido que ele gritasse comigo, pois aí eu saberia como reagir: gritaria mais alto.

Não adiantava nada brigar com ele. Que estava enganado, eu tinha certeza disso. Não passava de um homem senil com uma língua afiada. Não, não ficaria furiosa com ele, mas tampouco eu o levaria a sério.

— Espero que não vá chorar — avisou-me antes que me refizesse do choque.

A despeito de minha resolução de não me zangar com o filho da mãe senil, meu rosto ficou vermelho de raiva.

— Claro que não — retruquei.

Antes de tentar dar-lhe outro pontapé, berrei com ele, dizendo que, já que não passava de um empregado de titica de galinha, merecia levar uma surra por sua impertinência, mas a expressão dura e inclemente em seus olhos me fez perder o ímpeto. Não sei como conseguiu me convencer, sem a menor mudança em seu tom polido e inexpressivo, de que devia pedir-lhe desculpas.

— Desculpe — disse eu, por fim, e estava sendo sincera. — Meu mau gênio e minha grosseria sempre me dominam.

— Sei disso; todos já me avisaram sobre você — declarou, sério, depois acrescentou sorrindo: — Coma a sua comida.

Durante toda a refeição, eu me senti constrangida. Mastigando devagar, fiquei observando-o disfarçadamente. Embora ele não fizesse o menor esforço para se mostrar simpático, eu sabia que não estava zangado comigo. Tentei consolar-me com essa ideia, mas não a achei muito confortante. Senti que a sua falta de interesse não era proposital nem estudada. Não me estava castigando. Nada do que eu dissesse ou fizesse teria tido qualquer efeito sobre ele.

Engoli a última garfada e lhe disse a primeira coisa que me passou pela cabeça, com uma segurança que até me surpreendeu:

— Você não é o zelador.

Ele me olhou e perguntou:

— E quem acha que sou? — A expressão dele se descontraiu e surgiu um sorriso divertido.

O sorriso dele me fez abandonar toda a cautela. Fui dominada por uma audácia tremenda. Deixei escapar —

e, naturalmente, como um insulto — que ele era mulher, que era Esperanza. Aliviada por, finalmente, ter descarregado aquilo, suspirei alto e acrescentei:

— É por isso que só você tem espelho; precisa parecer convincente, como homem ou como mulher.

— O ar de Sonora deve ter afetado você — comentou ele, pensativo. — É fato sabido que o ar do deserto afeta as pessoas da maneira mais estranha. — Ele pegou meu pulso e o apertou muito, acrescentando: — Ou será que faz parte da sua natureza ser malvada e difícil, e dizer, com a mais absoluta autoridade, tudo o que lhe passa pela cabeça?

Rindo, o zelador se inclinou para mim e sugeriu que eu fizesse a sesta com ele.

— Isso vai nos fazer muito bem. Somos ambos difíceis — disse ele.

— Então, é isso! — exclamei, sem saber se devia me ofender ou rir da sugestão dele. — Você quer que eu durma com você, não é? — Acrescentei que Esperanza havia me advertido quanto a ele.

— Por que não quer fazer a sesta comigo se acha que sou Esperanza? — perguntou ele, esfregando minha nuca. Sua mão era quente e confortante.

— Eu não me oponho — defendi-me, debilmente. — É só que detesto sestas. Nunca cochilo. Disseram-me que nem quando bebê eu cochilava. — Falei depressa e nervosamente, tropeçando nas palavras, repetindo-me. Queria me levantar e ir embora, mas a leve pressão dele em minha nuca me prendia à cadeira. — Sei que você é Esperanza — insisti, com aspereza. — Reconheci o toque dela; tem o mesmo efeito confortador que o seu. — Senti minha cabeça balançar, e meus olhos se fecharam contra a minha vontade.

— É verdade — concordou ele, brandamente. — Vai fazer-lhe bem se deitar, nem que seja por um momento. — Tomando o meu silêncio por concordância, foi até o armário, e puxou a cama de vento e dois cobertores. Deu-me um deles.

Foi um momento de surpresas infindáveis para mim. Sem saber por que, eu me deitei sem protestar. Através das pálpebras semicerradas, vi que ele se espreguiçava até todas as juntas rangerem. Tirou as botas, desafivelou o cinto e, então, deitou-se na cama de vento ao meu lado. Coberto pela manta fina, ele tirou as calças, deixando-as cair no chão, ao lado das botas.

Ele levantou sua manta e se mostrou a mim. Corando, olhei-o com curiosidade e assombro. Seu corpo nu, como o de Esperanza, era o oposto do que eu imaginava. Era um corpo flexível, sem pelos e liso. Era magro como um caniço e, no entanto, musculoso, positivamente macho e jovem!

Nem parei para pensar, mas, prendendo a respiração, levantei minha manta, com cuidado.

O som de uma risada feminina me fez fechar os olhos e fingir que estava dormindo. Mas, sabendo que ela não entraria no quarto, sosseguei. Pondo os braços atrás da cabeça, fiquei absorta no fato de que, num sentido misterioso, o zelador e as risadinhas vindas do corredor haviam restaurado um equilíbrio, renovaram a bolha mágica em volta de mim. Exatamente o que eu queria dizer com isso, não sabia, só que, quanto mais o meu corpo se relaxava, mais perto eu estava de conseguir uma resposta.

14

Após retornar da casa das bruxas, nunca mais precisei de persuasões ou encorajamento. As feiticeiras conseguiram me transmitir uma estranha coerência, uma espécie de estabilidade emocional que eu nunca havia conseguido. Não que, de repente, me tornasse outra pessoa: mas, sobretudo, que havia um propósito claro para a minha existência. Meu destino fora delineado: eu tinha de lutar para liberar a minha energia. Era isso. Muito simples.

No entanto, eu não me lembrava claramente, nem mesmo vagamente, de tudo quanto se passara nos três meses que permaneci na casa delas. A tarefa de recordar levou anos, e a ela me dediquei com toda a minha força e determinação.

Não obstante, o *nagual* Isidoro Baltazar me fez ver como são enganadores os objetivos muito definidos e as realizações cheias de emotividade. Disse que não tinham valor porque a verdadeira arena de um feiticeiro é a vida cotidiana e, aí, as racionalizações superficiais não aguentam a pressão.

As feiticeiras haviam dito mais ou menos a mesma coisa, só que de modo mais harmonioso. Explicaram que, como as mulheres estão acostumadas a serem manipuladas, concordavam com facilidade, e que seus acordos são simplesmente adaptações vazias à pressão. Mas, quando é realmente possível convencer as mulheres da necessidade de mudar os seus hábitos, metade da luta já está ganha; mesmo que não concordem, sua realização é infinitamente mais duradoura do que a dos homens.

Eu tinha as duas opiniões a considerar. Achei que ambas estavam certas. De vez em quando, todas as minhas racionalizações de feitiçaria se desmoronavam sob as pressões do mundo cotidiano, mas meu compromisso original com o mundo dos feiticeiros nunca teve de ser revisto.

Aos poucos fui adquirindo energia suficiente para *sonhar*. Isso significava que, afinal, eu compreendia o que as mulheres me disseram: Isidoro Baltazar era o novo *nagual* e não mais um homem. Essa percepção também me deu energia suficiente para voltar periodicamente à casa das bruxas.

Aquele lugar, conhecido como a casa das bruxas, pertencia a todos os feiticeiros do grupo do *nagual* Mariano Aureliano. Uma casa grande e maciça exteriormente, ela não se distinguia das demais da região e mal era notada a despeito da buganvília exuberante que floria sobre o muro que cercava o terreno. O que fazia as pessoas passarem pela casa sem notá-la, diziam as feiticeiras, era a leve névoa que a encobria, fina como um véu, visível à vista, mas imperceptível para a mente.

No entanto, uma vez dentro da casa, a pessoa ficava forte e inexplicavelmente consciente de que entrara em outro mundo. Os três pátios, sombreados pelas ár-

SONHOS LÚCIDOS

vores frutíferas, davam uma luz onírica aos corredores escuros e aos muitos quartos que confluíam para esses corredores. O mais impressionante na casa eram os pisos de tijolos e cerâmica dispostos nos desenhos mais intrincados.

A casa das bruxas não era aconchegante, mas simpática. Nem de longe seria um lar, pois havia algo de esmagador em sua impessoalidade, sua austeridade implacável. Era o lugar em que o antigo *nagual* Mariano Aureliano e os feiticeiros concebiam seu *sonhar* e levavam a cabo seus desígnios. Como os interesses desses feiticeiros nada tinham a ver com o mundo cotidiano, a casa refletia suas preocupações com outros mundos; a casa era a verdadeira medida de sua individualidade, não como pessoas mas como feiticeiros.

Na casa das bruxas, eu interagia com todos os feiticeiros do grupo do *nagual* Mariano Aureliano. Não me ensinaram feitiçaria ou mesmo a *sonhar*. Segundo eles, nada havia a ensinar. Disseram que a minha tarefa era a de recordar tudo o que havia acontecido entre mim e todos eles naquelas primeiras ocasiões em que estivemos juntos. Em especial, eu devia me lembrar de tudo quanto Zuleica e Florinda fizeram ou falaram comigo — porém Zuleica nunca falara comigo.

Sempre que eu pedia ajuda a alguns deles, recusavam-se completamente a ter qualquer coisa a ver comigo. Diziam que, sem a necessária energia de minha parte, só iriam se repetir e que não dispunham de tempo para isso.

A princípio, considerei a recusa pouco generosa e injusta. Depois, porém, desisti de toda tentativa para sondá-los e passei a simplesmente gozar da presença e da companhia deles. E me dei conta de que eles, naturalmente, tinham toda a razão em se recusar a tomar parte em nosso jogo intelectual favorito: o de fingir estar interessado fazendo perguntas ditas profundas, que em geral não têm qualquer sentido para nós. E o motivo pelo qual não têm sentido para nós é que não temos energia para fazer qualquer coisa a respeito das respostas que poderíamos ouvir, a não ser concordar ou discordar delas.

Por meio de nossa interação diária, no entanto, percebi uma porção de coisas sobre o mundo deles. As *sonhadoras* e as *espreitadoras* encarnavam dois tipos de comportamento entre as mulheres, tão diferente quanto elas pudessem ser.

Inicialmente, pus-me a imaginar se o grupo que me foi descrito como de *sonhadoras* — Nelida, Hermelinda e Clara — era o das verdadeiras *espreitadoras*, pois, ao que pude verificar, minha interação com elas se dava num plano rigorosamente cotidiano e mundano. Só mais tarde é que compreendi plenamente que sua simples presença provocava — sem qualquer sugestão a respeito — uma nova modalidade de comportamento de minha parte. Isto é, eu não sentia necessidade de me afirmar com elas. Não havia dúvidas, não havia perguntas de minha parte sempre que estava com elas, que tinham a capacidade singular de me fazerem ver — sem jamais ter de exprimir isso verbalmente — o absurdo da minha existência. E, no entanto, eu não sentia necessidade alguma de me defender.

Talvez fosse essa falta de impetuosidade, de franqueza, que me levava a concordar, a aceitá-las sem resistência. Não tardei a perceber que as *sonhadoras*, interagindo

SONHOS LÚCIDOS 319

comigo num plano mundano, forneciam-me o modelo necessário para redirecionar as minhas energias. Queriam que eu mudasse o modo de focalizar assuntos mundanos como cozinhar, limpar, lavar, continuar na escola ou ganhar a vida. Isso devia ser feito, disseram elas, sob auspícios diferentes: não deviam ser tarefas materiais, e sim esforços engenhosos, cada um tão importante quanto o outro.

Acima de tudo, era a interação de umas com as outras e com as *espreitadoras* que me fez ver como eram especiais. No seu caráter humano, comum, eram destituídas das falhas humanas comuns. A percepção total coexistia facilmente com as características individuais, fosse o mau gênio, o mau humor, uma impetuosidade grosseira, a loucura ou uma doçura enjoativa.

Na presença e na companhia de qualquer dessas feiticeiras, tinha a sensação muito especial de que estava em férias perpétuas. Mas isso não passava de uma miragem; elas estavam em constante hostilidade; e o inimigo era a ideia do ego.

Na casa das bruxas também conheci Vicente e Silvio Manuel, os outros dois feiticeiros no grupo do *nagual* Mariano Aureliano.

Vicente era evidentemente de origem espanhola. Soube que seus pais vieram da Catalunha. Era um homem magro, com ar aristocrático, mãos e pés com aspecto enganadoramente frágil. Andava pela casa de chinelos e preferia paletós de pijama, abertos sobre as calças cáqui, às camisas. As faces eram rosadas mas, quanto ao resto, era pálido. O cavanhaque muito bem tratado dava um toque de distinção a seu jeito distraído.

Ele não só tinha o ar de erudito, como de fato o era. Os livros do quarto onde eu dormia eram dele, ou melhor, ele os colecionava, lia e cuidava deles. O que tornava sua erudição tão atraente — nada havia que não soubesse — era que agia como se fosse sempre o aprendiz. Eu tinha certeza de que isso raramente poderia ocorrer, pois era óbvio que sabia mais do que os outros. Era seu espírito generoso que o fazia distribuir conhecimentos com magnífica naturalidade e sem jamais envergonhar alguém por saber menos do que ele.

E havia Silvio Manuel. Era de estatura mediana, corpulento, jovem e moreno. Índio misterioso e com aspecto sinistro, era a imagem perfeita do que eu esperava ser um *brujo* malvado. Seu mau humor aparente me assustou, e suas respostas lacônicas revelavam o que acreditei ser uma natureza violenta.

Somente depois que o conheci é que me dei conta de como ele gostava de cultivar essa imagem. Era, na verdade, o mais aberto e, para mim, o mais encantador de todos os feiticeiros. Os segredos e os mexericos eram sua paixão; quer fossem verdade ou mentira, isso não lhe importava. A narração dele é que era preciosa, tanto para mim quanto, aliás, para todos. Também dispunha de um sortimento inesgotável de anedotas, a maioria positivamente obscena. Era o único que gostava de assistir à televisão e, assim, estava sempre a par das notícias mundiais. Contava-as aos outros com exageros crassos, apimentando tudo com muita malícia.

Silvio Manuel era um magnífico dançarino. Sua habilidade nas várias danças indígenas e sagradas era conhecida. Movimentava-se com arrebatador desembaraço e

muitas vezes me convidava para dançar com ele. Fosse jo-
ropo venezuelano, cumbia, samba, tango, twist, rock and
roll ou um bolero de rosto colado, ele conhecia todos.

Eu também interagia com John, o índio a quem fora
apresentada pelo *nagual* Mariano Aureliano em Tucson,
Arizona. Seu aspecto corpulento, displicente e jovial era
apenas uma fachada. Era o mais inabordável dos feiticeiros. Andava por ali em sua caminhonete, fazendo serviços para todos e também consertando o que fosse preciso
dentro e fora da casa.

Se eu não o incomodasse com perguntas ou comentários e ficasse calada, ele me levava em suas atividades e
me mostrava como consertava as coisas. Com ele aprendi
a trocar arruelas e a ajustar uma torneira ou reservatório
de privada que estivesse vazando; a consertar um ferro
elétrico, um interruptor; a trocar o óleo e as velas do meu
carro. Sob sua orientação, o uso correto de um martelo,
uma chave de fenda, um serrote ou uma furadeira elétrica
se tornaram coisas naturais para mim.

A única coisa que nenhum deles fazia era responder às
minhas perguntas e sondagens sobre o seu mundo. Sempre que tentava consultá-los, mandavam-me procurar o
nagual Isidoro Baltazar. A recusa padrão deles era dizer:

— Ele é o novo *nagual*. É dever dele lidar com você.
Nós somos apenas suas tias e tios.

A princípio, o *nagual* Isidoro Baltazar era mais do que
um mistério para mim. Onde ele morava de fato não estava claro para mim. Sem fazer caso de horários e rotinas,
ele aparecia e desaparecia do estúdio às horas mais va-
riadas. Dia e noite eram tudo a mesma coisa para ele. Ele
dormia quando estava cansado — quase nunca — e co-

mia quando tinha fome — quase sempre. Entre suas frenéticas idas e vindas, trabalhava com uma concentração de pasmar. Sua capacidade para distender ou comprimir o tempo era incompreensível para mim. Eu tinha certeza de passar horas e mesmo dias inteiros com ele, quando na verdade só podiam ter sido momentos, roubados aqui e ali, durante o dia ou a noite, de outra coisa que ele fazia, fosse o que fosse.

Eu sempre me tivera em conta como uma pessoa enérgica. No entanto, não conseguia acompanhar o ritmo dele, em constante movimento — ou o que parecia sê-lo —, ágil e ativo, sempre pronto a empreender algum projeto. Seu vigor era simplesmente incrível.

Foi bem mais tarde que compreendi que a fonte de energia inesgotável de Isidoro Baltazar era a sua falta de preocupação consigo mesmo. Foi seu apoio decidido, suas maquinações imperceptíveis, porém magistrais, que me ajudaram a permanecer no caminho certo. Havia nele leveza, um prazer puro em sua influência sutil, mas vigorosa, que me fizeram mudar sem perceber que estava sendo conduzida por um novo caminho, um caminho em que não precisava fazer um jogo de tudo ou fingir ou usar artimanhas femininas para conseguir o que queria.

O que tornava sua orientação tão tremendamente forte é que ele não tinha nenhum motivo oculto; não era nem um pouco possessivo, e sua orientação não era afetada por promessas ou sentimentalismos.

Ele não me impelia em nenhuma direção determinada. Isto é, não me aconselhava quanto aos rumos a tomar ou aos livros que devia ler; isso ficava inteiramente por minha conta.

Só havia uma condição na qual insistia: eu não devia trabalhar por nenhum objetivo especial a não ser o processo edificante e prazeroso de pensar. Uma proposição espantosa! Eu nunca considerara o pensamento nesses termos nem em outros. Embora não desgostasse de ir à universidade, certamente nunca pensara nos estudos como algo especialmente agradável. Era apenas uma coisa que eu tinha de fazer, em geral às pressas e com o mínimo de esforço possível.

Não podia deixar de concordar com o que Florinda e suas companheiras me colocaram tão francamente na primeira vez que as vi: eu ia à universidade não para adquirir conhecimentos, mas para me divertir. O fato de ter boas notas era mais uma questão de sorte e loquacidade do que de estudo sério. Eu tinha boa memória. Sabia como falar. E sabia como convencer os outros.

Depois que venci o constrangimento inicial de ter de reconhecer e aceitar o fato de que minhas pretensões intelectuais eram uma farsa, e que não sabia pensar a não ser da maneira mais superficial, senti-me aliviada. Estava pronta para me colocar sob a tutela dos feiticeiros e seguir os planos de estudo de Isidoro Baltazar. Para minha grande decepção, ele não tinha plano algum. A única coisa que fez foi insistir para que eu parasse de estudar e ler fora de casa. Ele acreditava que o processo do pensamento é um rito privado, quase secreto, e não podia ocorrer ao ar livre e em público. Comparava o processo do pensamento a uma massa fermentada. Só pode crescer dentro de um aposento.

— O melhor meio de compreender alguma coisa, claro, é na cama — disse-me ele um dia. Estava esticado na cama, a cabeça apoiada em vários travesseiros, a perna direita cruzada sobre a esquerda, o tornozelo apoiado no joelho levantado da perna esquerda.

Eu não achava muito interessante aquela posição absurda para a leitura e, no entanto, a adotava sempre que estava sozinha. Com um livro apoiado em meu peito, adormecia profundamente. Muito sensível quanto à minha tendência para a insônia, ficava mais satisfeita com o sono do que com o conhecimento.

Entretanto, às vezes, pouco antes daquele momento de perder a consciência, eu sentia como se mãos estivessem se enroscando em volta da minha cabeça, pressionando de leve as minhas têmporas. Meus olhos maquinalmente liam a página aberta antes mesmo que eu tivesse consciência dela e retiravam parágrafos inteiros do papel. As palavras dançavam diante de meus olhos até que grupos de significados explodiam no meu cérebro como revelações.

Ansiosa por descobrir essa nova possibilidade que se abria à minha frente, eu continuava, como que impelida por algum capataz implacável. No entanto, havia ocasiões em que esse cultivo de raciocínio e método me extenuava física e mentalmente. Nessas ocasiões, perguntava a Isidoro Baltazar sobre o conhecimento intuitivo, sobre aquele lampejo repentino de percepção, de compreensão, que os feiticeiros supostamente cultivam acima de tudo.

Nessas ocasiões ele sempre me dizia que saber alguma coisa apenas intuitivamente não tem sentido. Os lampejos de percepção precisam ser traduzidos a algum pensamento coerente, senão não têm propósito. Comparou os lampejos de percepção a visões de fenômenos inexplicá-

Sonhos lúcidos

veis. Ambos desaparecem tão depressa quanto surgem. Se não forem constantemente reforçados, seguem-se a dúvida e o esquecimento, pois a mente foi condicionada a ser prática e a só aceitar aquilo que for verificável e quantificável.

Ele explicou que os feiticeiros são homens de conhecimento e não homens de razão. Assim, estão um passo adiante dos intelectuais ocidentais que supõem que a realidade — que muitas vezes é igualada à verdade — pode ser conhecida através da razão. Um feiticeiro diz que tudo que se pode conhecer através da razão é o nosso processo de pensamento, mas que é só pela compreensão do nosso ser total, em seu nível mais sofisticado e complexo, que podemos, finalmente, apagar os limites com que a razão define a realidade.

Isidoro Baltazar me explicou que os feiticeiros cultivam a totalidade do seu ser. Isto é, os feiticeiros não estabelecem necessariamente distinção entre o nosso lado racional e o intuitivo. Usam ambos para alcançar o reino do conhecimento a que chamam de conhecimento silencioso, que está além da linguagem, além do pensamento.

Vezes e mais vezes Isidoro Baltazar frisou que, para a pessoa silenciar seu lado racional, primeiro tem de compreender seu processo de pensamento em seu nível mais sofisticado e complexo. Ele acreditava que a filosofia, começando com o pensamento grego clássico, fornecia o melhor meio para iluminar esse processo de pensamento. Nunca se cansava de repetir que, sejamos estudiosos ou leigos, assim mesmo somos herdeiros e membros de nossa tradição intelectual ocidental. E isso significa que, seja qual for nosso nível de instrução e sofisticação, estamos presos a essa tradição intelectual e ao modo como ela interpreta o que é a realidade.

Só superficialmente, dizia Isidoro Baltazar, estamos dispostos a aceitar que o que chamamos de realidade é um conceito culturalmente determinado. Precisamos é aceitar, no nível mais profundo possível, que a cultura é produto de um processo altamente coercitivo, longo, cooperativo, altamente seletivo e bastante desenvolvido. Esse processo que culmina num acordo que nos serve de escudo para outras possibilidades. Os feiticeiros procuram, ativamente, desmascarar o fato de que a realidade é ditada e mantida pela nossa razão; que ideias e pensamentos provenientes da razão se tornam normas vigentes de conhecimento, determinando como vemos e agimos no mundo; e, por fim, que uma pressão incrível é exercida sobre todos nós para tornar certas ideologias aceitáveis.

Ele acentuou o interesse dos feiticeiros em perceber o mundo fora do que é culturalmente determinado. O que é culturalmente determinado é que as nossas experiências pessoais, mais um acordo social partilhado sobre o que os nossos sentidos são capazes de perceber, ditam o que percebemos. Tudo o que não pertencer a esse reino perceptivo sensorialmente acordado é automaticamente encapsulado e descartado pela mente racional. Dessa maneira, o frágil manto das suposições humanas nunca é danificado.

Os feiticeiros ensinam que a percepção se dá num lugar fora do reino sensorial. Os feiticeiros sabem que existe uma coisa mais vasta do que aquilo que admitimos que nossos sentidos podem perceber. A percepção dá-se num ponto fora do corpo, fora dos sentidos, dizem. Mas não

Sonhos lúcidos

basta que simplesmente se acredite nessa premissa. Não se trata apenas de ler ou ouvir falar disso por outra pessoa. Para que a encaremos, é preciso experimentá-la.

Disse Isidoro Baltazar que os feiticeiros procuram, a vida toda, romper esse frágil manto de suposições humanas. No entanto, eles não mergulham às cegas nas trevas. Estão preparados. Sabem que, sempre que dão um salto no desconhecido, precisam ter um lado racional bem desenvolvido. Só então é que poderão explicar e dar sentido a tudo quanto possam trazer de suas viagens ao desconhecido.

Ele acrescentou que eu não compreenderia a feitiçaria lendo as obras dos filósofos. Em vez disso, devia ver que tanto a filosofia quanto a feitiçaria são formas altamente sofisticadas do conhecimento abstrato. Tanto para o feiticeiro quanto para o filósofo a verdade de nosso ser-no-mundo não permanece impensada. Um feiticeiro, porém, dá um passo adiante. Age segundo suas descobertas, que, por definição, já estão fora de nossas possibilidades culturalmente aceitas.

Isidoro Baltazar acreditava que os filósofos são feiticeiros intelectuais. No entanto, suas sondagens e atividades permanecem sempre esforços mentais. Os filósofos não podem agir sobre o mundo que compreendem e explicam tão bem a não ser da forma culturalmente aceita. Eles se somam a um conjunto já existente de conhecimentos. Interpretam e reinterpretam textos filosóficos existentes. Novos pensamentos e ideias resultantes desse estudo intensivo não os modificam, a não ser talvez num sentido psicológico. Podem tornar-se pessoas mais bondosas e compreensivas ou, talvez, o oposto. No entanto, nada do que fizerem filosoficamente mudará a sua percepção sensorial do mundo, pois os filósofos trabalham dentro da ordem social. Eles mantêm a ordem social, mesmo que intelectualmente não concordem com ela. Os filósofos são feiticeiros fracassados.

Os feiticeiros também constroem sobre um corpo de conhecimentos existentes, mas não o fazem aceitando o que já foi estabelecido e provado por outros feiticeiros. Os feiticeiros têm de provar para si, novamente, que o que já é considerado aceito de fato existe e se rende à percepção. Para realizar esse trabalho monumental, os feiticeiros precisam de uma quantidade extraordinária de energia, o que obtém destacando-se da ordem social sem se retirarem do mundo. Os feiticeiros rompem o acordo que definiu a realidade, sem se destruírem ao fazer isso.

15

A INSEGURANÇA se apossou de mim pouco depois de atravessarmos a fronteira em Mexicali. Minha justificativa para ir ao México com Isidoro Baltazar, que me parecera tão brilhante, agora só parecia um pretexto fraco para obrigá-lo a me levar com ele. Duvidava que pudesse ler teoria sociológica na casa das bruxas, conforme dissera que ia fazer.

Eu sabia que faria exatamente o que fizera em todas as visitas anteriores: dormir muito, *sonhar* sonhos fantásticos e tentar desesperadamente entender o que as pessoas no mundo dos feiticeiros queriam que eu fizesse.

— Está arrependida? — A pergunta de Isidoro Baltazar sobressaltou-me. Ele estava olhando para mim de lado, provavelmente há algum tempo.

— Claro que não — apressei-me em garantir, sem saber se ele se referia ao meu estado de espírito ou ao meu silêncio. Balbuciei algumas tolices sobre o calor e virei-me para olhar pela janela.

Mantive-me calada sobretudo porque estava assustada e melancólica. Sentia a ansiedade percorrendo minha pele como um batalhão de formigas.

Isidoro Baltazar, ao contrário, estava animado, no auge do entusiasmo. Exultava. Cantava e me contava anedotas tolas. Recitava poemas em inglês, espanhol e português. Nem mesmo fofocas maliciosas sobre pessoas que ambos conhecíamos da UCLA conseguiam melhorar a minha melancolia. Ele não se importava a mínima que eu não reagisse. Nem mesmo quando gritei para não me amolar ele desanimou.

— Se houvesse alguém nos observando, diria que estamos casados há anos — comentou, entre um acesso de gargalhadas.

Se os feiticeiros estivessem nos observando, pensei, desanimada, saberiam que há alguma coisa errada. Saberiam que Isidoro Baltazar e eu não somos iguais. Eu sou efetiva e decisiva quanto a minhas ações e decisões. Para ele, ações e decisões são fluidas, seja qual for o resultado, e sua finalidade significa que ele assume plena responsabilidade por elas, por mais triviais e insignificantes que sejam.

Nós nos dirigimos direto para o sul. Não seguimos um caminho tortuoso, como fazíamos em geral quando íamos à casa das bruxas. Ao sair de Guaymas — nunca chegáramos tão ao sul, a caminho da casa das bruxas —, perguntei:

— Aonde está me levando?

Ele respondeu, com displicência:

— Estamos indo pelo caminho mais longo. Não se preocupe.

Recebi a mesma resposta quando tornei a perguntar, durante o jantar em Navojoa.

Deixamos Navojoa para trás e fomos para o sul, em direção a Mazatlán. Eu estava muito preocupada. Por

SONHOS LÚCIDOS

volta de meia-noite, Isidoro Baltazar saiu da rodovia e tomou uma estradinha de terra. A caminhonete balançava e chocalhava quando passávamos por buracos e pedras. Atrás de nós a rodovia era visível apenas por um instante no piscar das lanternas traseiras dos carros e depois desaparecia de vez, coberta pelos arbustos que orlavam a estrada de terra. Após um percurso agonizantemente longo, paramos de repente e ele desligou os faróis.

— Onde estamos? — perguntei, olhando em volta. Por um instante, não vi coisa alguma. Depois, quando meus olhos se acostumaram com o escuro, vi uns pontinhos brancos não muito longe à nossa frente. Estrelinhas que pareciam ter caído do céu. A fragrância exuberante dos jasmins subindo pelo telhado e caindo pela ramada fora de tal modo bloqueada da minha cabeça que, quando de repente a reconheci, pareceu-me que somente aspirara aquele ar perfumado num sonho. Comecei a rir. Aquilo me deu uma sensação quase infantil de assombro e prazer. Estávamos na casa de Esperanza. — Foi aqui que vim da primeira vez com Delia Flores — murmurei comigo mesma, depois peguei a mão de Isidoro Baltazar e perguntei: — Mas como pode ser possível? — Num instante, sentia-me quase sufocada de ansiedade.

— O quê? — perguntou, intrigado. Ele estava agitado e inquieto; sua mão, que era sempre quente, gelara.

— Esta casa ficava nos arredores de Ciudad Obregón, mais de 160 km para o norte — gritei. — Eu mesma vim aqui, dirigindo. E nunca saí da estrada pavimentada. — Olhei ao redor, no escuro, e me lembrei de que também dirigira daquela casa para Tucson e jamais passara perto de Navojoa na minha vida.

Isidoro Baltazar ficou calado uns minutos; parecia preocupado, procurando uma resposta. Eu sabia que não haveria nenhuma que me servisse. Dando de ombros, virou-se para me encarar. Havia força e agudeza de caráter nele — como havia no *nagual* Mariano Aureliano — quando me disse que não tinha nenhuma dúvida de que eu estava *sonhando* desperta quando, junto com Delia, partira de Hermosillo rumo à casa da curandeira.

— Sugiro que você deixe as coisas como estão — advertiu ele. — Sei, por experiência própria, como a mente pode andar em círculos, tentando arrumar o que não pode ser arrumado.

Ia protestar quando Isidoro Baltazar me interrompeu e apontou para a luz que se movia em nossa direção. Ele sorriu em antecipação, como se soubesse exatamente de quem era aquela sombra enorme e balançante no chão.

— É o zelador — murmurei, espantada, quando ele veio se postar à nossa frente. Impulsivamente, pus os braços em volta do seu pescoço e o beijei em ambas as faces. — Não esperava vê-lo aqui — murmurei.

Ele sorriu encabulado, mas não falou comigo. Abraçou Isidoro Baltazar, dando-lhe tapinhas nas costas, como fazem os latinos quando se cumprimentam, depois murmurou-lhe alguma coisa. Por mais que eu tentasse escutar, não entendi nenhuma palavra. Ele nos levou a casa.

Havia algo de proibitivo na porta da frente maciça. Estava fechada. As janelas de grades também. Nenhuma luz ou ruído escapava das paredes grossas. Circundamos a casa até o quintal, fechado por uma cerca alta, até a porta que dava direto para um quarto quadrado. Fiquei mais

Sonhos lúcidos

tranquila quando reconheci as quatro portas: era o mesmo quarto para onde fora levada por Delia Flores. Estava tão pouco mobiliado quanto me lembrava: uma cama estreita, uma mesa e várias cadeiras.

O zelador colocou o lampião a querosene sobre a mesa e, depois, insistiu para que me sentasse. Virando-se para Isidoro Baltazar, passou o braço à volta de seus ombros e saíram para o corredor escuro. Aquela saída repentina me deixou aturdida. Antes que me refizesse do espanto e da indecisão quanto a acompanhá-los ou não, o zelador reapareceu. Entregou-me um cobertor, um travesseiro, uma lanterna elétrica e um urinol.

— Prefiro usar a casinha lá fora — disse, com afetação.

O zelador deu de ombros e depois empurrou o urinol para baixo da cama.

— É para o caso de você ter de ir no meio da noite.

— Os olhos dele brilhavam com enfática alegria quando me disse que Esperanza tinha um cão de guarda grande e preto lá fora. — Ele não gosta de ver estranhos andando pelo quintal à noite. — Como se fosse uma deixa, ouvi latidos.

— Não sou uma estranha — retruquei, com naturalidade, procurando não fazer caso do tom sinistro do latido do animal. — Já estive aqui. Conheço o cachorro.

O zelador ergueu as sobrancelhas, espantado, e perguntou:

— E o cachorro — conhece você?

Olhei-o furiosa. Ele suspirou, pegou o lampião a querosene e virou-se para a porta.

— Não leve a luz embora — pedi, colocando-me depressa à frente dele, para bloquear o caminho. Tentei sorrir, mas meus lábios ficaram grudados nos dentes. — Onde estão todos? — consegui perguntar, afinal. — Onde estão Esperanza e Florinda?

— No momento, sou a única pessoa aqui — respondeu.

— Onde está Isidoro Baltazar? — perguntei, em pânico. — Ele prometeu levar-me à casa das bruxas. Tenho de trabalhar em meu texto. — Meus pensamentos e minhas palavras estavam confusos e misturados enquanto falava das minhas razões por ter acompanhado Isidoro Baltazar ao México. Quase chorava ao contar ao zelador como era importante terminar o meu trabalho.

Ele deu tapinhas em minhas costas, tranquilizando-me e fazendo barulhinhos confortadores, como se estivesse falando com uma criança.

— Isidoro Baltazar está dormindo. Você sabe como ele é. No instante em que põe a cabeça sobre o travesseiro, está fora do ar. — Sorriu de leve e acrescentou: — Vou deixar minha porta aberta, caso precise de mim. Se tiver um pesadelo ou coisa assim, é só me chamar que venho logo.

Antes que pudesse lhe dizer que não tinha pesadelos desde a última vez que estivera em Sonora, o zelador desapareceu pelo corredor escuro.

O lampião a querosene na mesa começou a crepitar e pouco depois se apagou. A escuridão era total. Deitei-me toda vestida e fechei os olhos. Estava tudo em silêncio, a não ser uma respiração baixinha e áspera vinda de longe. Ouvindo aquela respiração e sentindo a dureza e estreiteza da minha cama, logo desisti de fazer algum esforço para dormir.

SONHOS LÚCIDOS

De lanterna na mão, fui andando pelo corredor de mansinho, na esperança de encontrar Isidoro Baltazar ou o zelador. Bati de leve de porta em porta. Ninguém respondeu. Nenhum ruído vinha dos quartos. Um silêncio estranho, quase opressivo, se abatera sobre a casa. Até mesmo o farfalhar e os gorjeios lá fora cessaram. Como eu suspeitava, deixaram-me sozinha na casa.

Em vez de me preocupar com isso, resolvi olhar o interior dos quartos. Eram oito quartos de dormir, do mesmo tamanho e decoração: um tanto pequenos, perfeitamente quadrados e tendo, como únicos móveis, uma cama e uma mesinha de cabeceira. As paredes e janelas de todos eles eram pintadas de branco, e os pisos de cerâmica tinham um desenho complicado. Abri as portas de correr dos armários, empurrando de leve os cantos inferiores à esquerda com o pé. Sabia, instintivamente, que uma leve pressão nesse local liberava um mecanismo que abria as portas.

Empurrei as mantas dobradas e empilhadas no fundo de um dos armários e cheguei a uma portinha secreta. Soltei a cavilha, disfarçada de tomada de parede. Como nada mais me surpreendia, aceitei o meu conhecimento dessas passagens, coisa que, naturalmente, era inadmissível para a minha mente consciente.

Abri a pequena porta secreta, esgueirando-me pela abertura estreita, e me encontrei no armário do quarto contíguo. Sem grande espanto — já que eu sabia daquilo — descobri que, agachada, me apertando por essas aberturas secretas, podia passar de um a outro dos sete quartos.

Praguejei baixinho quando minha lanterna apagou. Na esperança de recarregar as pilhas, tirei-as e tornei a colocá-las. Não adiantou; estavam gastas. O escuro era tal nesses quartos que sequer via minhas mãos. Com medo de bater numa porta ou parede, fui tateando devagar até chegar ao corredor.

O esforço foi tão grande que estava sem fôlego e tremendo quando me endireitei e me encostei na parede. Fiquei ali, de pé no corredor, por algum tempo, me perguntando que direção tomar para chegar ao meu quarto.

Ouvi fragmentos de vozes a distância. Não sabia se o ruído vinha de dentro ou de fora da casa. Acompanhei o barulho, que me levou ao pátio. Eu me lembrava vivamente daquele pátio verde, quase tropical, depois da arcada de pedra, com samambaias e folhagens espessas, o perfume de flores de laranjeira e de madressilvas.

Mal dera alguns passos quando vi a enorme silhueta de um cão esboçada na parede. O animal rosnou; seus olhos ardentes fizeram um arrepio correr por minha espinha.

Em vez de ceder ao medo, ou talvez por causa dele, senti acontecer a coisa mais estranha. Era como se eu sempre tivesse estado dobrada como um leque japonês ou uma figurinha recortada. De repente, eu me desdobrei. A sensação física foi quase dolorosa.

O cachorro me olhava, confuso. Começou a ganir como um filhote. Abanou as orelhas e se enroscou no chão. Eu fiquei ali, pregada onde estava. Não estava com medo, simplesmente não conseguia me mexer. Então, como se fosse a coisa mais natural do mundo, me dobrei de novo, virei-me e saí. Dessa vez, não tive dificuldade em encontrar o meu quarto.

Acordei com dor de cabeça e aquela ilusão de não ter dormido nada, que, sofrendo de insônia, conhecia tão bem. Os músculos de meu corpo estavam desconexos. Gemi alto quando ouvi a porta se abrir, e a luz bateu no meu rosto. Sentindo-me fraca, tentei virar para o outro lado sem cair da cama estreita.

— Bom dia! — exclamou Esperanza, entrando no quarto numa onda de saias e anáguas. — Aliás, boa tarde — corrigiu-se ela, apontando para o sol que entrava pela porta aberta. Havia nela uma alegria maravilhosa, um poder encantador em sua voz ao me dizer que ela é que tivera a ideia de pegar meus livros e papéis da caminhonete antes de Isidoro Baltazar partir com o antigo *nagual*.

De repente me sentei. Estava bem desperta.

— Por que o *nagual* Mariano Aureliano não veio falar comigo? Por que Isidoro Baltazar não me disse que ia partir? — me vi dizendo.

Comentei com ela que, agora, não conseguiria terminar o meu trabalho e entrar para o curso de pós-graduação.

Esperanza me olhou com uma expressão curiosa e comentou que, se escrever um texto era um ato tão mercenário, eu jamais conseguiria concluí-lo.

Antes que pudesse lhe dizer que, pessoalmente, não me importava se não entrasse para o curso de pós-graduação, ela disse:

— Você não faz seu trabalho para entrar no curso de pós-graduação. Você o faz porque gosta de fazê-lo. Porque, no momento, não há mais nada que prefira fazer.

— Há muita coisa que eu preferiria fazer.

— Por exemplo? — desafiou-me ela.

Pensei um pouco e não encontrei nada de específico. Tive de reconhecer, mesmo que só para mim mesma, que nunca gostara tanto de trabalhar num estudo quanto estava gostando daquele. Contrariamente ao meu costume, havia iniciado leituras e pesquisas no princípio do período, em vez de esperar até alguns dias antes da data de entrega do trabalho. O que estragava o meu prazer era saber que isso era o preço da minha entrada para o curso de pós-graduação.

Esperanza, como se de novo partilhasse de meus pensamentos, disse que eu devia deixar de pensar na pós-graduação e só pensar em fazer um bom trabalho.

— Depois que você faz parte do mundo da feitiçaria e começa a entender a natureza dos sonhos, está a caminho de compreender de que trata a feitiçaria. E essa compreensão a liberta.

Olhei-a, intrigada. Não sabia o que ela estava querendo me dizer.

— Liberta você de querer qualquer coisa. — Esperanza pronunciou a frase com muito cuidado, como se eu fosse surda. Olhou-me pensativa e prosseguiu: — A avidez é a sua característica e, no entanto, você não precisa de nada nem quer nada... — A voz dela sumiu quando começou a arrumar meus papéis, livros e pilhas de fichas sobre a mesa. Seu rosto estava radioso quando se virou para mim. Tinha vários lápis nas mãos. — Apontei-os para você com uma lâmina — disse. — Vou apontá-los sempre que ficarem rombudos. — Colocou-os ao lado do meu bloco de papel ofício e, então, abriu bem os braços, como que para abranger todo o quarto. — Este é um ótimo lugar para você trabalhar. Ninguém vai incomodá-la aqui.

— Tenho certeza disso — concordei. Vendo que ela já ia se retirar, perguntei onde Isidoro Baltazar dormira na noite anterior.

SONHOS LÚCIDOS

— Na esteira dele, onde havia de ser? — Dando uma risadinha, juntou saias e anáguas e foi para o pátio. Fiquei olhando-a até que desaparecesse além da arcada de pedra. Meus olhos doeram, ofuscados pela luz.

Momentos depois, bateram com força numa das portas que davam para o corredor.

— Você está vestida? — perguntou o zelador, abrindo a porta antes mesmo de eu dizer que sim. — Alimento para o seu cérebro — disse ele, colocando uma bandeja de bambu sobre a mesa. Serviu-me uma tigela de caldo claro e depois sugeriu que eu comesse a *machaca sonorense*. — Eu mesmo a fiz — informou-me.

A mistura de ovos mexidos, carne picada, cebolas e pimenta estava deliciosa.

— Quando você terminar, eu a levo ao cinema. — disse ele.

— Quando eu acabar de comer? — perguntei, entusiasmada, colocando uma tortilla inteira na boca.

— Quando você acabar o seu texto — esclareceu.

Assim que acabei de comer, ele disse que eu precisava travar relações com o cachorro.

— Do contrário, não poderá ir lá fora. Nem mesmo à privada.

Ia lhe dizer que já conhecia o cachorro e tinha ido à casinha na noite anterior, quando, com um gesto rápido do queixo, ele indicou que eu devia acompanhá-lo ao pátio. O enorme cão negro estava enroscado à sombra da cerca alta de caniços trançados. O zelador agachou-se ao lado do animal e o coçou atrás das orelhas. Abaixando-se mais, cochichou alguma coisa no ouvido do bicho.

De repente o zelador se levantou; assustada, recuei e caí sentada. O cachorro ganiu, e o zelador, com um salto incrível, pulou a cerca alta. Eu me levantei às pressas e ia sair dali correndo, quando o cachorro esticou as patas da frente, colocando-as sobre os meus pés. Senti a pressão das patas através dos sapatos. Ele olhou para mim e abriu o focinho num bocejo enorme e prolongado. A língua e as gengivas eram azul-escuras.

— Isso é sinal de um belo pedigree.

Fiquei tão assustada ao ouvir o zelador atrás de mim que girei o corpo. Tornei a me desequilibrar e caí por cima do cachorro. A princípio nem ousei me mexer; depois, devagar, virei a cabeça para o lado. Os olhos cor de âmbar do cão estavam fixos em mim. Ele mostrou os dentes, não rosnando, mas num sorriso canino muito simpático.

— Agora vocês são amigos — declarou o zelador, ajudando-me a levantar. — E está na hora de você começar o seu texto.

Os três dias seguintes foram completamente dominados pelo meu desejo em concluir a tarefa. Eu trabalhava por muitas horas, mas, não sei como, não sentia o tempo passar. Não que estivesse tão absorta no trabalho que perdia a noção das horas. Era como se o tempo tivesse se transformado numa questão de espaço. Isto é, comecei a contar o tempo como interlúdios, interlúdios entre as ocasiões em que avistava Esperanza.

Todos os dias, no meio da manhã, quando eu estava comendo meu desjejum — qualquer coisa que ela tivesse deixado para mim na cozinha —, de repente ela surgia, sem fazer barulho, parecendo materializar-se da perpétua fumaça azulada que envolvia a cozinha como uma nuvem. Invariavelmente penteava meus cabelos com um pente de madeira rústico, mas não dava uma palavra, nem eu.

SONHOS LÚCIDOS 341

Eu tornava a vê-la à tarde. Também sem fazer barulho, aparecia de súbito no pátio, sentando-se em sua cadeira de balanço feita sob encomenda, debaixo da arcada de pedra. Ficava horas olhando para o vazio, como se conseguisse ver além dos limites da visão humana. Além de um gesto de cabeça ou um sorriso rápido, nessa hora não havia nenhuma interação. No entanto, eu sabia que estava protegida no silêncio dela.

O cachorro, como se tivesse sido instruído pelo zelador, nunca saía de perto de mim. Acompanhava-me dia e noite, até mesmo à privada fora de casa. Eu gostava especialmente de nossas saídas à noitinha, quando o cachorro e eu corríamos pelos campos para a fileira de árvores que separavam os terrenos. Ficávamos ali sentados à sombra, olhando para o vazio, como Esperanza. Por vezes me parecia que se estendesse a mão poderia tocar as montanhas distantes. Ouvia a brisa farfalhando nos ramos e esperava até que a luz amarela do sol poente transformasse as folhas em sinos dourados. Esperava até as folhas passarem ao azul e depois ao negro. Aí o cão e eu corríamos de volta a casa, para fugir à vaga voz do vento falando da solidão daquela terra árida.

No quarto dia acordei assustada. Do outro lado da porta que dava para o pátio, uma voz me chamava.

— Está na hora de acordar, sua preguiçosa. — A voz do zelador estava sonolenta e diferente.

— Por que não entra? — perguntei. — Por onde andou, todos esses dias?

Não obtive resposta.

Fiquei ali sentada, embrulhada em meu cobertor, esperando que ele aparecesse, tensa e com sono demais para sair e ver por que ele estava se escondendo. Pouco depois despertei e saí. O pátio estava deserto. Tentando espantar meu sono, joguei baldes e mais baldes de água fria em minha cabeça.

Naquela manhã, o desjejum foi diferente: Esperanza não apareceu. Só depois de me instalar para trabalhar é que percebi que o cachorro também havia sumido. Sem ânimo, folheei meus livros. Estava com pouca energia e ainda menos desejo de trabalhar. Fiquei sentada à minha mesa durante horas, olhando para as montanhas distantes pela porta aberta.

O silêncio transparente da tarde era rompido, de vez em quando, pelo leve cacarejar das galinhas ciscando em busca de grãos e o canto penetrante das cigarras vibrando à luz azul e sem nuvens, como se ainda fosse meio-dia.

Estava quase cochilando quando ouvi um ruído no pátio. Levantei a cabeça depressa. O zelador e o cachorro estavam deitados lado a lado numa esteira à sombra da cerca. Havia alguma coisa estranha na posição deles, esparramados na esteira de palha. Estavam tão imóveis que pareciam mortos.

Com um misto de preocupação e curiosidade, fui para junto deles, pé ante pé. O zelador notou a minha presença antes do cachorro. Abriu exageradamente os olhos e, depois, num gesto rápido, sentou-se de pernas cruzadas e perguntou:

— Sentiu falta de mim?

— Senti! — exclamei e dei uma risada nervosa. Parecia uma pergunta estranha, aquela. — Por que não entrou em meu quarto hoje de manhã? — Vendo sua expressão vazia, acrescentei: — Aonde é que andou esses três últimos dias?

Em vez de responder, perguntou, áspero:

— Como vai indo o seu texto?

Fiquei tão agastada com a rispidez dele que não sabia o que dizer. Não sabia se lhe dizia que o meu trabalho não era da conta dele ou se devia confessar que estava parado.

— Não se dê ao trabalho de inventar explicações — observou ele. — Apenas diga a verdade. Diga que precisa da minha opinião de especialista para o seu trabalho.

Com medo de cair na gargalhada, agachei-me ao lado do cachorro e cocei a cabeça dele.

— E então? — perguntou o zelador. — Não pode reconhecer que, sem mim, está perdida?

Sem saber bem qual era o estado de espírito dele, resolvi que seria melhor agradá-lo do que contrariá-lo; disse, então, que de fato não escrevera uma só linha o dia todo. Estava à espera dele, sabendo que só ele poderia me salvar. Garanti que, na verdade, não cabia aos meus professores da universidade, e sim a ele, resolver o meu destino na pós-graduação.

O zelador me deu um vasto sorriso e pediu que lhe levasse meu texto. Queria dar uma olhada.

— É em inglês — informei, incisivamente. — Você não vai conseguir ler.

Minha vontade era acrescentar que, mesmo em espanhol, ele não conseguiria entendê-lo, mas me contive, certa de que, afinal, eu não era assim tão mal-educada.

Ele insistiu em pedir que lhe levasse o trabalho. Obedeci. Ele espalhou as folhas em volta de si, algumas na esteira, outras na terra empoeirada, depois retirou do bolso da camisa óculos de aros de metal e os colocou.

— É importante parecer um homem instruído — cochichou ele, debruçando-se na direção do cachorro. O animal levantou uma das orelhas e rosnou baixinho, como que concordando. Então mudou de posição, e o zelador fez sinal para que me sentasse entre ele e o cão.

Ele parecia uma coruja, erudito e austero, debruçado sobre as folhas soltas no chão. Fazia barulhinhos de reprovação com a língua. Coçava a cabeça. Virava e revirava as páginas, como que tentando encontrar alguma ordem que lhe escapava.

Os músculos de meu pescoço e ombros estavam doloridos de ficar sentada naquela posição. Suspirando de impaciência, encostei-me à cerca e fechei os olhos. A despeito de minha irritação crescente, devo ter cochilado, pois de repente me assustei com um zumbido vago mas insistente. Abri os olhos. Sentada ali perto, à minha frente, estava uma mulher linda, muito bem vestida. Disse-me alguma coisa, mas não consegui ouvir. O zumbido em meus ouvidos aumentou.

A mulher inclinou-se em minha direção e perguntou, numa voz límpida e forte:

— Não vai me cumprimentar?

— Nelida! Quando é que chegou? Eu estava tentando me livrar do zumbido em meus ouvidos — expliquei.

Ela meneou a cabeça e depois ajeitou as pernas longas e vigorosas sob a saia que estava vestindo, passando os braços em torno delas.

— É bom ver você — disse ela, com um ar sonhador.

De cenho franzido, o zelador resmungava sozinho ao estudar as páginas diante de si.

— Os seus garranchos não só são difíceis de decifrar — declarou, depois de algum tempo — como ainda não fazem muito sentido.

SONHOS LÚCIDOS

Nelida olhou para mim com olhos apertados, críticos, como que exigindo que eu o contrariasse.

Eu me remexi, querendo sair dali, escapar do escrutínio de seu olhar desconcertante. Ela se debruçou e agarrou meu braço com força.

O zelador começou a ler as folhas com uma lentidão irritante. O que ele lia parecia familiar, mas eu não podia dizer se ele de fato entendia o texto, pois eu não conseguia me concentrar. Estava irritada demais com a maneira extravagante com que ele cortava frases, sentenças e por vezes até palavras.

— De modo geral — declarou ele, terminando a última página — é um trabalho mal escrito. — Ele empilhou as folhas soltas e depois encostou-se à cerca. Muito calculadamente, dobrou os joelhos na mesma posição que Isidoro Baltazar me ensinara... a perna direita cruzada sobre a outra, o tornozelo pousado sobre a coxa esquerda... e fechou os olhos. Ficou calado por tanto tempo que pensei que havia adormecido e, portanto, tive um sobressalto quando, com voz lenta e ponderada, começou a falar sobre antropologia, história e filosofia. Suas ideias pareciam brotar à medida que falava e a palavras fluíam clara e precisamente, com uma simplicidade fácil de acompanhar e de entender.

Fiquei escutando atentamente. No entanto, não podia deixar de pensar: "Como é que ele pode saber tanta coisa sobre as tendências intelectuais do Ocidente? Que instrução teria? Quem era ele, na verdade?"

— Pode repetir tudo o que disse? — perguntei, no minuto em que ele acabou de falar. — Gostaria de tomar umas notas.

— Tudo o que falei está em seu texto — garantiu o zelador. — Está enterrado sob notas demais, citações demais e ideias mal desenvolvidas. — Ele se aproximou mais de mim, até que sua cabeça estava quase encostada à minha. — Não basta citar obras num esforço para dar ao seu trabalho a veracidade que lhe falta.

Boquiaberta, só consegui fitá-lo fixamente.

— Quer me ajudar a escrever o meu trabalho? — perguntei.

— Não, não posso fazer isso — disse ele, com uma expressão séria. — Você tem de fazer sozinha.

— Mas não posso — protestei. — Você acabou de mostrar como desenvolvi mal o texto. Acredite, é o melhor que posso fazer.

— Não é, não! — Ele me contrariou com vigor e depois olhou-me com ar de espanto misturado com simpatia sincera. — Tenho certeza de que seus professores vão aceitar o trabalho, depois que estiver bem datilografado. Mas eu não o aceitaria. Não há nada de original nele.

Eu estava pasma demais para ficar aborrecida.

— O que você fez foi parafrasear o que leu — continuou o zelador. — Quero que confie mais em suas próprias opiniões, mesmo que contrariem o que se espera de você.

— É só um trabalho de final de semestre — disse, me defendendo. — Sei que precisa ser mais elaborado, mas também tenho de agradar os meus professores. Não interessa se concordo ou não com as opiniões expressas. Preciso ser aceita na pós-graduação e isso, em parte, envolve agradar os professores.

— Se você quiser adquirir forças do mundo dos feiticeiros — advertiu ele —, não pode mais trabalhar segundo essas premissas. Os motivos ulteriores não são aceitos neste nosso mundo mágico. Se quer ser uma aluna de pós-graduação, terá de agir como guerreira, e não como mulher que foi educada para agradar. Sabe, mesmo quando você é terrivelmente mal-educada ainda assim procura agradar. Agora, sempre que for escrever, já que não foi treinada para escrever, certamente pode adotar um novo estilo: o estilo dos guerreiros.

— Como assim, estilo dos guerreiros? — perguntei. — Vou ter de brigar com meus professores?

— Não com seus professores — corrigiu ele. — Vai ter de lutar contra si mesma. A cada passo do caminho. E tem de fazer isso com tanto jeito e esperteza para que ninguém note a sua luta.

Não sabia bem o que ele queria dizer nem queria saber, tampouco. Antes que ele pudesse dizer alguma coisa mais, perguntei-lhe como é que sabia tanta coisa sobre antropologia, história e filosofia.

Sorrindo, ele sacudiu a cabeça.

— Não viu como eu fiz? — perguntou, passando a responder à própria pergunta. — Apanhei as ideias no ar. Simplesmente estendi minhas fibras de energia e pesquei essas ideias, como se pesca um peixe com anzol, do incomensurável oceano de pensamentos e ideias que existe por aí. — Ele fez um largo gesto com os braços, como que abarcando o próprio ar à sua volta.

— Isidoro Baltazar me disse que, para pescar pensamentos, é preciso saber quais os que terão utilidade — argumentei. — Portanto, você deve ter estudado história, filosofia e antropologia.

— Talvez tenha estudado, em alguma época — admitiu inseguro, coçando a cabeça, perplexo. — Devo ter estudado.

— Deve ter estudado! — declarei, com ar sentencioso, como se tivesse feito uma grande descoberta.

Suspirando, ele se encostou à cerca e fechou os olhos.

— Por que você sempre insiste em ter razão? — perguntou Nelida.

Sobressaltada ao ouvir a voz dela, encarei-a, boquiaberta. Os cantos dos lábios dela enrugaram-se num sorriso malicioso e secreto. Depois, fez um gesto para eu calar a boca. Estive tão absorta a ouvir o que o zelador dizia sobre o meu trabalho que me esquecera dela por completo, embora estivesse sentada bem à minha frente. Estava? A ideia de que poderia ter saído e voltado, sem que eu reparasse, me encheu de ansiedade.

— Não se preocupe com isso — disse Nelida, baixinho, como se eu tivesse exprimido meus receios em voz alta. — Temos o hábito de ir e vir sem que as pessoas reparem.

O tom dela anulou o efeito desalentador de suas palavras. Olhando de um para o outro, pensei se eles poderiam de fato desaparecer, despercebidos, diante de meus próprios olhos. Tentei garantir que não o fizessem. Espreguiçando-me como um gato, deitei-me na esteira e levei meu pé até a bainha do vestido de Nelida, que arrastava pelo chão; minha mão foi para o paletó do zelador. Ele deve ter notado o puxão em sua manga, pois sentou-se de repente e me olhou fixamente. Fechei os olhos, mas continuei a observá-los por entre as pestanas. Ambos não se mexeram. Suas poses eretas não revelavam traço algum de fadiga, enquanto eu tinha de lutar para manter os olhos abertos.

SONHOS LÚCIDOS

Aí surgiu uma brisa fresca, fragrante com o perfume dos eucaliptos. Faixas de nuvens coloridas arrastavam-se no céu, e o azul profundo e transparente aos poucos tornou-se mais difuso. Dissolveu-se tão languidamente que era impossível distinguir o que era nuvem e o que era céu, o que era dia e o que era noite.

Com o meu pé na bainha do vestido de Nelida e agarrada ao paletó do zelador como se minha vida dependesse disso, adormeci. Parecia que se tinham passado alguns momentos quando acordei com uma mão tocando em meu rosto.

— Florinda? — sussurrei, sabendo instintivamente que a mulher sentada ao meu lado era outra pessoa. Ela estava murmurando alguma coisa. Tive a impressão de que murmurava há tempo e que eu acabava de acordar para ouvir o que ela dizia.

Quis sentar-me. Tocando em meu ombro, delicada mas firmemente, a mulher não me deixou. Em algum lugar no escuro brilhava uma chamazinha instável, que lançava uma palidez suave e trêmula ao rosto dela, dando-lhe uma aparência espectral. Ela pareceu crescer ao se aproximar. Seus olhos também aumentaram, fixos bem no fundo dos meus. Os arcos de suas sobrancelhas, como curvas desenhadas com lápis preto, estavam concentrados numa expressão carregada.

— Nelida! — suspirei, aliviada.

Sorrindo vagamente, ela meneou a cabeça.

Eu queria lhe perguntar pelo zelador e meu trabalho, mas ela colocou os dedos em meus lábios e continuou a murmurar. O som foi ficando cada vez mais fraco. Parecia vir de muito longe e, por fim, desapareceu de todo.

Nelida levantou-se e indicou que eu fizesse o mesmo. Obedeci e notei que não estávamos no pátio fora de casa, e sim num dos quartos vazios que davam para o corredor.

— Onde está o meu texto? — perguntei, alarmada diante da possibilidade de que o vento pudesse ter espalhado as folhas. A ideia de que poderia ter de recomeçar meu trabalho da estaca zero me deixou febril.

Nelida fez um gesto imperioso com o queixo, indicando-me que a seguisse. Ela era muito mais alta do que eu e exatamente igual a Florinda. Se não fosse tão delicada, não saberia distingui-las. Naquele momento, ela parecia ser uma versão inacabada de Florinda, como Florinda deveria ter sido quando mais jovem. Havia algo tão etéreo em Nelida, tão frágil e, no entanto, tão atraente. Eu costumava brincar com Isidoro Baltazar, dizendo que, se fosse homem, daria em cima dela. Ele respondeu — suponho que de brincadeira — que talvez fosse esse o motivo por que Nelida quase não falava comigo.

Nós nos dirigimos para o meu quarto. Eu ouvia passos em volta de mim. Não podia ser Nelida, achei, pois ela andava tão silenciosamente que mal parecia tocar no chão. A ideia absurda de que eu ouvia meus próprios passos me fez andar na ponta dos pés, silenciosa como um gato. Mas continuava a ouvir passos. Os pés de alguém se moviam com os meus, o mesmo ritmo ressoando levemente sobre o piso de cerâmica. Olhei para trás várias vezes, mas naturalmente não havia ninguém. Na esperança de me livrar do medo, dei uma risada bem alta.

Nelida virou-se repentinamente. Pensei que fosse me repreender, mas ela também começou a rir, e passou o braço em volta dos meus ombros. O seu toque não foi especialmente terno ou carinhoso, mas não me importei. Gostava dela e o seu contato era muito tranquilizador para mim. Ainda rindo, e com o ruído de passos em volta de nós, entramos em meu quarto.

Um brilho estranho pairava nas paredes, como se uma névoa tivesse penetrado pelas quatro portas do quarto, que nesse momento eu não conseguia ver. A névoa mudara o formato do quarto, emprestando-lhe contornos estranhos, tornando-o quase redondo. Por mais que piscasse e forçasse a vista, só conseguia ver a mesa em que havia trabalhado nos três últimos dias. Aproximei-me mais. Para meu alívio, vi o meu texto arrumado numa pilha. Ao lado estavam meus lápis, que tinham sido apontados.

— Nelida! — exclamei, empolgada, virando-me. Não consegui mais vê-la. A névoa adensara-se, fechando-se em volta de mim a cada respiração minha. Ela me penetrou, enchendo-me com uma sensação profunda e empolgante de leveza e lucidez. Guiada por alguma fonte invisível, sentei-me à mesa e espalhei as folhas ao meu redor. Sob meus olhos vigilantes, toda a estrutura de meu trabalho surgiu, sobrepondo-se ao meu rascunho original como uma exposição dupla num fotograma de filme.

Admirei perdidamente o desenvolvimento hábil dos temas. Como se estivessem sendo manobrados por alguma mão invisível que pensava e escrevia, os parágrafos se rearrumavam, impondo uma nova ordem. Era tudo tão maravilhosamente claro e simples que ri de alegria.

— Escreva isso.

As palavras ressoaram baixinho no quarto. Curiosa, olhei em volta, mas não vi ninguém. Sabendo que eu experimentava, positivamente, mais do que um sonho, peguei meu bloco e um lápis, e comecei a escrever com uma velocidade tremenda. As ideias me ocorriam com clareza e facilidade incríveis. Pulsavam em minha cabeça e em meu corpo como ondas de som. Simultaneamente ouvia e via as palavras. No entanto, não eram meus olhos nem meus ouvidos que percebiam o que estava diante de mim. Antes, eram alguns filamentos dentro de mim que se estendiam e, como um aspirador de pó silencioso, sugavam as palavras que brilhavam à minha frente como partículas de poeira.

Depois de algum tempo, a ordem sobreposta em meu texto começou a turvar-se. Uma por uma as linhas foram esvanecendo. Tentei desesperadamente agarrar-me àquela estrutura esplêndida, sabendo que desapareceriam sem deixar vestígios. Só restou a minha recordação daquela lucidez magnífica. E, em seguida, também isso extinguiu-se, como se uma vela tivesse sido apagada. Uma espiral de névoa, fina como um fio, permanecia no quarto. Depois desapareceu em pequenas ondulações, e uma escuridão opressiva me envolveu. Sentia-me tão esgotada que pensei que iria desmaiar.

— Deite-se!

Nem me dei ao trabalho de olhar para cima, sabendo que não conseguiria ver ninguém. Com muito esforço, levantei-me da cadeira e cambaleei até minha cama.

16

Por um momento fiquei deitada na cama, vagamente consciente do meu sonho espantoso, tão diferente de qualquer outro. Pela primeira vez tive consciência de tudo quanto havia feito.

— Nelida? — sussurrei, quando um murmúrio baixinho e áspero, vindo da outra extremidade do quarto, invadiu meu devaneio. Sentei-me, mas logo me deitei de novo, quando o quarto começou a girar em torno de mim. Esperei alguns instantes e tentei novamente. Levantei-me e dei uns passos hesitantes. Caí ao chão e bati com a cabeça na parede.

— Merda! — exclamei, quando o quarto continuou a girar em volta de mim. — Estou desmaiando.

— Deixe de ser tão dramática — disse Florinda, e depois deu uma risada, ao ver a minha cara intrigada. Primeiro tocou em minha testa, depois em meu pescoço, como se tivesse medo de eu estar com febre. — Você não está desmaiando — declarou. — O que precisa é refazer as energias.

— Onde está Nelida?

— Não está contente em me ver? — Ela pegou meu braço e me ajudou a voltar para a cama. — Está fraca de fome.

— Não estou. — Eu a contradisse mais por hábito do que por convicção. Embora não sentisse fome, tinha certeza de que a minha tonteira fora causada pela falta de comida. Exceto o desjejum, nada comera o dia todo.

— Nós nos perguntamos por que não comeu — disse Florinda, respondendo aos meus pensamentos. — Preparamos-lhe um guisado tão delicioso.

— Quando é que você chegou aqui? — perguntei. — Há dias que a chamo em silêncio.

Fechando os olhos, Florinda fez um barulho, cantarolando, como se o ruído a ajudasse a se lembrar.

— Acho que estamos aqui há vários dias — disse ela, por fim.

— Você acha? — Fiquei muito surpreendida e quase perdi o controle, mas me refiz logo. — Por que não me deixaram saber que se encontravam aqui? — Mais do que magoada, estava intrigada por não ter notado a presença deles. — Como pude ser tão pouco observadora? — murmurei, mais para mim do que para ela.

Florinda me olhou com uma expressão estranha. Parecia estar espantada com a minha reação.

— Se lhe revelássemos que estávamos aqui, você não teria conseguido concentrar-se em seu trabalho — comentou ela, sabiamente. — Como você está farta de saber, em vez de escrever o seu trabalho, estaria prestando atenção às nossas idas e vindas. Toda a sua energia seria gasta em descobrir o que fazemos, não é? — A voz dela era baixa e áspera e uma luz estranha, de excitação, tornava seus olhos mais brilhantes do que de costume. — Foi um ato propositado de nossa parte, para que você pudesse trabalhar sem distrações — garantiu-me ela.

Ela, então, passou a explicar que o zelador só me ajudara depois de verificar o que, até então, eu tinha feito.

Disse que, *sonhando*, ele encontrou a ordem inerente de minhas anotações.

— Eu também vi a ordem inerente de minhas anotações — informei, num tom completamente complacente. — Eu também a vi num *sonho*.

— Claro que sim — concordou Florinda, de pronto. — Nós a puxamos para o *sonho* para que pudesse trabalhar em sua tese.

— Vocês me puxaram para o *sonho*? — repeti. Havia algo de surpreendentemente normal nas palavras dela. No entanto, ao mesmo tempo, aquilo me deixava apreensiva. Tinha a fantástica sensação de que, afinal, estava prestes a entender o que era *sonhar* desperta mas, de algum modo, ainda não o conseguia. Num esforço para obter algum sentido, contei a Florinda tudo o que acontecera, desde o momento em que tinha visto o zelador e o cachorro no pátio.

Era difícil fazer aquilo parecer coerente, pois nem eu mesma sabia direito quando estava acordada e quando estava *sonhando*. Completamente intrigada, pude me lembrar exatamente do aspecto do meu texto conforme eu o vira superposto ao meu rascunho original.

— Minha concentração era por demais forte para eu estar *sonhando* — comentei.

— *Sonhar* desperto é exatamente isso — interrompeu Florinda. — É por isso que você se lembra tão bem. — O tom dela era o de uma professora impaciente ensinando uma questão simples, mas básica, a uma criança retardada. — Já lhe disse que *sonhar* desperto não tem nada a ver com adormecer e ter um sonho.

— Fiz anotações — disse eu, como se isso invalidasse as suas palavras. Vendo que ela concordava com a cabeça, perguntei-lhe se eu encontraria o que vi no *sonhar* desperta escrito com minha letra no bloco.

— Vai encontrar, sim — garantiu ela. — Mas, antes disso, vai ter de comer. — Ela se levantou e, estendendo a mão, me ajudou a sair da cama. Para dar uma aparência de ordem ao meu aspecto, enfiou minha camisa nos jeans e espanou os pedaços de palha grudados em meu suéter. Segurou-me a distância e me examinou com olhar crítico. Não satisfeita com o resultado, começou a mexer em meu cabelo, puxando as mechas rebeldes para um lado e outro.

— Você está horrível, com o cabelo todo desgrenhado — declarou.

— Estou acostumada a tomar um banho de chuveiro quente quando acordo — expliquei, acompanhando-a ao corredor. Vendo que ela se dirigia para a cozinha, disselhe que, antes, precisava ir à privada lá fora.

— Vou com você. — Vendo minha expressão de desagrado, acrescentou que só queria ter certeza de que eu não ficaria tonta, a ponto de cair na latrina.

Na verdade, fiquei contente por poder segurar no braço dela quando fomos para o pátio. Quase caí ao sairmos da casa, não tanto de fraqueza mas ao ver como já era tarde.

— O que é que há? — perguntou Florinda. — Sentese tonta?

Apontei para o céu. Só restava um brilho fraco da luz do sol.

— Não posso ter perdido um dia inteiro — disse eu. Minha voz quase desaparecera antes mesmo de eu acabar de falar. Lutei para assimilar a ideia de que uma noite inteira e o dia todo tinham se passado, mas minha mente não aceitava aquilo. Não poder avaliar o tempo, medido do modo comum, me deixava confusa.

SONHOS LÚCIDOS

— Os feiticeiros rompem o fluxo do tempo — disse Florinda, respondendo aos meus pensamentos. — O tempo, da maneira que o medimos, não existe quando *sonhamos* como os feiticeiros *sonham*. Eles esticam ou comprimem o tempo à vontade. Para os feiticeiros, o tempo não é uma questão de minutos, horas ou dias, mas coisa inteiramente diferente. Quando *sonhamos* despertos, as nossas faculdades de percepções são intensificadas — continuou ela, num tom paciente e comedido. — No entanto, quando se trata de perceber o tempo, acontece algo inteiramente diferente. A percepção do tempo não se intensifica; é completamente cancelada.

Ela acrescentou que o tempo é sempre um fator de consciência; isto é, ter noção do tempo é um estado psicológico que transformamos automaticamente em medições físicas. Está tão enraizado em nós que ouvimos, mesmo quando não nos damos conta disso de modo consciente, um relógio marcando o tempo dentro de nós, subliminarmente.

— No *sonhar* desperto, essa capacidade não existe — frisou ela. — Surge uma estrutura inteiramente nova, desconhecida, que de modo algum deve ser compreendida ou interpretada como fazemos normalmente com o tempo.

— Então, só o que vou saber conscientemente sobre *sonhar* desperto é que o tempo ou foi esticado ou comprimido — sugeri, tentando compreender a explicação dela.

— Você vai entender muito mais do que isso — garantiu ela, enfaticamente. — Depois de ficar apta a entrar na consciência intensificada, como diz Mariano Aureliano, vai perceber tudo quanto quiser, pois os feiticeiros não se preocupam em medir o tempo. Preocupam-se em usá-lo, esticá-lo ou comprimi-lo à vontade.

— Você mencionou, antes, que vocês todos me ajudaram a *sonhar* — disse-lhe. — Então alguns de vocês devem saber quanto tempo durou esse estado.

Florinda disse-me que ela e suas companheiras estavam perenemente no estado de *sonhar* despertas, e que foi precisamente o esforço conjunto delas que me puxou para *sonhar* desperta, mas que nunca mediam a duração disso.

— Você está insinuando que, agora, posso estar *sonhando* desperta? — perguntei, sabendo a resposta antes que ela a desse. — Se estou, o que fiz para chegar a esse estado? Que medidas tomei?

— A mais simples possível — disse Florinda. — Você não se permitiu ser o seu ser normal. É essa a chave que abre as portas. Já lhe dissemos, muitas vezes, e de várias maneiras, que a feitiçaria não é em absoluto o que você pensa que é. Dizer que impedir você mesma de ser o seu ser normal é o segredo mais complexo da feitiçaria parece idiotice, mas não é. É a chave do poder, portanto a coisa mais difícil que um feiticeiro faz. No entanto, não é algo complexo ou impossível de compreender. Não assusta a mente e, por isso, ninguém sequer suspeita de sua importância nem leva isso a sério.

"A julgar pelo resultado de seu mais recente *sonhar* desperta, posso lhe dizer que você acumulou bastante energia impedindo a si mesma de ser o seu ser normal.

Ela deu um tapinha em meu ombro e virou-se.

— Vejo-a na cozinha — murmurou.

A porta da cozinha estava semiaberta, mas, de lá, não se ouvia ruído algum.

SONHOS LÚCIDOS

— Florinda? — sussurrei.

Um riso suave respondeu ao meu chamado, mas não pude ver ninguém. Assim que meus olhos se acostumaram à penumbra, vi Florinda e Nelida sentadas à mesa. Seus rostos estavam anormalmente nítidos à luz fraca. Os mesmos cabelos, olhos, narizes e as mesmas bocas brilhavam como que iluminados por uma luz interior. Era a coisa mais fantástica ver dois seres tão totalmente iguais.

— Vocês duas são tão lindas que chega a ser assustador — confessei, aproximando-me.

As duas mulheres se entreolharam, como que para revalidar minhas palavras, e depois deram as risadas mais perturbadoras. Senti um arrepio curioso me percorrer a espinha. Antes que eu tivesse oportunidade de comentar sobre aquele ruído estranho, elas pararam. Nelida me fez sinal para sentar na cadeira vazia ao seu lado.

Respirei fundo. Tenho de manter a calma, disse comigo mesma, ao me sentar. Havia em Nelida um ar de tensão e rudeza que me deixavam nervosa. Ela me serviu um prato de sopa espessa da terrina no centro da mesa.

— Quero que coma tudo — disse, empurrando em minha direção a manteiga e uma cesta com tortillas quentes.

Estava faminta. Ataquei a comida como se tivesse passado dias sem comer. O sabor era delicioso. Comi tudo o que havia na terrina, e engoli as tortillas com manteiga e mais três canecas de chocolate quente.

Satisfeita, recostei-me na cadeira. A porta para o pátio estava escancarada e uma brisa fresca modificou as sombras do aposento. O crepúsculo parecia eterno. O céu ainda estava cheio de camadas pesadas de cor: vermelho, azul-escuro, violeta e dourado. E o ar tinha aquela qualidade transparente que aproximava os morros distantes. Como que impelida por uma força interior, a noite parecia brotar da terra. Os movimentos sombreados das árvores frutíferas ao vento, ritmados e graciosos, varriam as trevas para o céu.

Então Esperanza apareceu na cozinha e colocou um lampião aceso sobre a mesa. Ela me olhou sem piscar os olhos, como se tivesse dificuldade em focalizar a vista. Dava a impressão de ainda estar preocupada com algum mistério do outro mundo, como se ela ainda não estivesse ali. Depois, devagar, seus olhos ficaram à vontade e ela sorriu como se, naquele momento, soubesse que havia voltado de muito longe.

— Meu texto! — exclamei, vendo as folhas soltas e meu bloco de notas debaixo do braço dela.

Com um vasto sorriso, Esperanza me entregou minhas anotações.

Ansiosa, examinei as folhas e ri alto ao ver as páginas do bloco cheias de instruções precisas e detalhadas — escritas metade em espanhol, metade em inglês — sobre como prosseguir com o trabalho. A letra era positivamente minha.

— Está tudo aqui — disse, empolgada. — Foi assim que o vi no meu sonho. — A ideia de que eu poderia passar pelo curso de graduação sem ter de trabalhar tanto me fez esquecer toda a angústia anterior.

— Não há atalhos para se escrever bons textos — disse Esperanza. — Nem mesmo com o auxílio da feitiçaria. Você já devia saber que, sem as leituras preliminares, as anotações, a escrita e a reescrita, sequer conseguiria reconhecer a estrutura e a ordem do seu trabalho no *sonhar*.

Concordei em silêncio. Ela havia falado com autoridade tão incontestável que eu não sabia o que dizer.

SONHOS LÚCIDOS   361

— E o zelador — consegui perguntar afinal —, ele foi
professor, quando jovem?

Nelida e Florinda viraram-se para Esperanza, como se
coubesse a ela dar uma resposta.

— Não sei dizer — esquivou-se Esperanza. — Ele não
lhe disse que é um feiticeiro apaixonado por ideias? — Ela
ficou calada um pouco e depois acrescentou baixinho:
— Quando não está tomando conta do nosso mundo mágico, como cabe a um zelador, ele lê.

— Além de ler livros — elucidou Nelida —, lê um
número extraordinário de revistas eruditas. Fala vários
idiomas, de modo que está muito atualizado com tudo o
que há de mais recente. Delia e Clara são assistentes dele.
Ele as ensinou a falar inglês e alemão.

— A biblioteca na casa de vocês é dele? — perguntei.

— Pertence a todos nós — explicou Nelida. — No
entanto, tenho certeza de que ele é o único que, além do
Vicente, já leu todos os livros das estantes. — Observando minha expressão de incredulidade, disse-me que eu
não devia me deixar levar pelas aparências das pessoas no
mundo dos feiticeiros. — Para alcançar um certo grau de
conhecimento, os feiticeiros trabalham o dobro do que
trabalham as pessoas normais — garantiu. — Os feiticeiros têm de dar sentido ao mundo de todos os dias, além
do mundo mágico. Para isso, têm de ser altamente habili-
tados e sofisticados, tanto mental quanto fisicamente. —
Encarou-me com ar crítico, os olhos apertados, e depois
deu uma risada baixinho. — Durante três dias você trabalhou em seu texto — revelou. — Trabalhou muito,
não foi? — Ela esperou que eu concordasse e acrescentou que, enquanto estava *sonhando* desperta, trabalhei no
meu texto mais ainda do que quando estava desperta.

— Nada disso — apressei-me a contrariá-la. — Foi tudo muito simples e sem esforço. — Expliquei que só o que fiz foi ver uma nova versão do meu texto sobreposto ao meu rascunho antigo e, depois, copiar o que vi.

— Fazer isso exigiu toda a força que você tinha — insistiu Nelida. — Enquanto estava *sonhando* desperta, você canalizou toda a sua energia para um único propósito. Toda a sua preocupação e o seu esforço se direcionaram para terminar o seu trabalho. Naquele momento, nada mais importava para você. Não tinha outros pensamentos que interferissem em seu esforço.

— O zelador estava *sonhando* desperto quando olhou o meu trabalho? — perguntei. — Eu vi o que ele viu?

Nelida se levantou e foi para a porta, devagar. Por algum tempo ficou espiando o escuro, depois voltou para junto da mesa. Cochichou alguma coisa para Esperanza, que não ouvi, e tornou a sentar-se.

Esperanza riu baixinho e explicou que o que o zelador viu em meu trabalho era diferente do que eu vi e escrevi.

— O que é bem natural, pois o conhecimento dele é bem mais vasto do que o seu.

Esperanza me fitou com seus olhos escuros e vivos que faziam o resto do seu rosto parecer sem vida.

— Orientada pelas sugestões dele e segundo a sua capacidade, você viu como devia ser o seu texto. Foi isso que você escreveu.

— *Sonhando* despertas temos acesso a recursos ocultos que nunca usamos normalmente — disse Nelida, passando a explicar que, no momento em que vi o meu trabalho, lembrei-me das pistas que o zelador me dera.

Vendo a minha expressão de incredulidade, ela me lembrou o que o zelador dissera sobre o meu trabalho: "Notas

SONHOS LÚCIDOS

demais, citações demais e ideias mal desenvolvidas." Os olhos dela irradiavam compreensão e mostravam que estava achando graça; continuou dizendo que, já que eu estava *sonhando* e não era burra como fingia ser, imediatamente vi todo tipo de ligações e associações dentro do meu material que não tinha visto antes. Nelida se voltou para mim, com um meio sorriso, enquanto esperava pela minha reação.

— Já está na hora de você saber o que a fez ver uma versão melhor do seu texto original. — Esperanza sentou-se muito reta e piscou para mim, como para frisar que ia revelar um segredo importante. — Quando *sonhamos* despertas, temos acesso ao conhecimento direto.

Vi o desapontamento nos olhos dela ao me contemplar por algum tempo.

— Não seja tão obtusa! — impacientou-se Nelida. — *Sonhar* desperta deve tê-la feito entender que tem, como todas as mulheres, uma capacidade única de receber o conhecimento diretamente.

Esperanza fez um gesto para que ela se calasse e disse:

— Você sabia que uma das diferenças básicas entre homens e mulheres é o modo como abordam o conhecimento?

Eu não tinha a menor ideia do que ela estava falando. Devagar e ponderadamente ela rasgou uma folha em branco do meu bloco e traçou duas figuras humanas. Uma das cabeças ela coroou com um cone e disse que era um homem. Na outra cabeça, traçou o mesmo cone, mas virado ao contrário, e disse que era uma mulher.

— Os homens constroem o conhecimento passo a passo — explicou, o lápis pousado na figura coroada com o cone. — Eles estendem-se para cima; sobem rumo ao conhecimento. Dizem os feiticeiros que os homens ascendem na forma de cones em direção ao espírito, ao conhecimento. Esse processo coniforme limita os homens quanto à distância que podem atingir. — Ela retraçou o cone na primeira figura. — Como pode ver, os homens só podem alcançar uma certa altura. O caminho em direção ao conhecimento termina num ponto estreito: a ponta do cone.

Ela olhou bem para mim.

— Preste atenção — avisou ela, e apontou o lápis para a segunda figura, com o cone invertido na cabeça. — Como vê, o cone está virado ao contrário, aberto como um funil. As mulheres são capazes de se abrirem direto para a fonte, ou melhor, a fonte as alcança diretamente, na base larga do cone. Os feiticeiros dizem que a ligação das mulheres com o conhecimento é expansiva. Ao contrário, a ligação dos homens é bem restrita.

"Os homens estão perto do concreto — continuou ela — e visam ao abstrato. As mulheres estão mais próximas do abstrato e, no entanto, procuram se satisfazer com o concreto.

— Por que as mulheres, estando tão abertas ao conhecimento ou ao abstrato, são consideradas inferiores? — eu a interrompi.

Esperanza me fitou com extasiada fascinação. Levantou-se depressa, espreguiçou-se como um gato até fazer ranger todas as juntas e sentou-se outra vez.

— O fato de as mulheres serem consideradas inferiores ou, no máximo, as características femininas serem consideradas complementares às do homem tem a ver com a maneira como os homens e as mulheres abordam o conhecimento — explicou ela. — De modo geral, as mulheres se interessam mais pelo poder sobre si mesmas do que sobre os outros, um poder que é claramente o que os homens desejam.

— Mesmo entre os feiticeiros — acrescentou Nelida, e todas as mulheres riram.

Esperanza passou a dizer que acreditava que, originariamente, as mulheres não viam necessidade de explorar sua capacidade de se ligarem larga e diretamente ao espírito. Não viam necessidade de falar sobre essa sua faculdade natural nem de intelectualizá-la, pois lhes bastava colocá-la em ação e saber que a possuíam.

— A incapacidade de os homens se ligarem direto ao espírito foi o que os levou a falar sobre o processo de alcançar o conhecimento — frisou ela. — E não pararam de falar nisso. E é exatamente essa insistência em saber como lutam para chegar ao espírito, essa insistência em analisar o processo, que lhes deu a certeza de que ser racional é uma habilidade tipicamente masculina.

Esperanza explicou que a conceituação da razão tem sido feita exclusivamente pelos homens e que isso tem permitido a eles menosprezarem os dotes e as realizações das mulheres. Pior, tem permitido que os homens excluam as características femininas da formulação dos ideais da razão.

— A essa altura, claro, as mulheres acreditam no que foi definido para elas — acentuou. — Elas foram criadas para acreditar que somente os homens podem ser racionais e coerentes. A essa altura também, os homens trazem consigo uma carga de qualidades imerecidas que os torna automaticamente superiores, seja qual for a sua preparação ou capacidade.

— Como é que as mulheres perderam a sua ligação direta com o conhecimento? — perguntei.

— Elas não perderam essa ligação — corrigiu Esperanza. — As mulheres continuam a ter ligação direta com o espírito. Apenas se esqueceram de como usá-la, ou melhor, copiaram a condição dos homens, de não a possuir de todo. Há milhares de anos que os homens vêm lutando para garantir que as mulheres se esqueçam disso. Veja a Santa Inquisição, por exemplo. Foi um expurgo sistemático para erradicar a ideia de que as mulheres têm ligação direta com o espírito. Toda religião organizada não passa de uma manobra muito bem-sucedida para colocar a mulher numa situação de inferioridade. As religiões invocam uma lei divina que diz que as mulheres são inferiores.

Eu a fitei, assombrada, perguntando-me como ela podia ser tão erudita.

— A necessidade que o homem tem de dominar os outros e a falta de interesse das mulheres em exprimir ou formular o que sabem, e de que modo o sabem, têm sido uma aliança muito nefasta — continuou Esperanza. — Tem tornado possível que as mulheres sejam coagidas, desde o momento em que nascem, a aceitar a tese de que a realização consiste em cuidar do lar, no amor, no casamento, em ter filhos, no altruísmo. As mulheres têm sido excluídas das formas dominantes do pensamento abstrato e educadas para a dependência. Têm sido tão bem treinadas na crença de que os homens devem pensar por elas que acabaram por desistir de pensar.

— As mulheres são bem capazes de pensar — interrompi.

— As mulheres são capazes de formular o que aprenderam — corrigiu Esperanza. — E o que elas têm aprendido tem sido definido pelos homens. Os homens definem a própria natureza do conhecimento, e disso eles têm excluído a parte que pertence ao feminino. Ou, se é incluída, é sempre sob uma luz negativa. E as mulheres têm aceitado isso.

— Você está anos atrasada no tempo — interrompi. — Hoje em dia as mulheres podem fazer tudo o que desejarem. Têm acesso a quase todos os centros de conhecimento e a quase todos os tipos de trabalho que os homens podem realizar.

— Mas isso não tem sentido enquanto não têm um sistema de apoio, uma base de apoio — argumentou Esperanza. — De que adianta terem acesso ao que os homens têm quando ainda são consideradas seres inferiores, tendo de adotar atitudes e comportamentos masculinos a fim de conseguir êxito? As que são realmente bem-sucedidas são as convertidas perfeitas. E também elas menosprezam as mulheres.

"Segundo os homens, o útero limita as mulheres, tanto mental quanto fisicamente. Alguns são perversamente contrários às mulheres. Outros são mais sutis, pois estão dispostos a reconhecer que as mulheres poderiam ser tão capazes quanto os homens, não fosse o fato de não se interessarem por atividades racionais. E, se elas se interessam, não deveriam fazê-lo, pois é mais próprio para uma mulher ser fiel à sua natureza: uma companheira solícita e dependente do macho.

Esperanza disse tudo isso com indiscutível autoridade. No entanto, em um instante, fui acometida de dúvidas.

— Se o conhecimento não passa de uma construção masculina, então por que a sua insistência para que eu estude? — perguntei.

— Porque você é uma feiticeira, e como tal precisa saber o que influencia você e como — respondeu ela. — Antes de recusar alguma coisa, tem de compreender por que a recusa.

"Sabe, o problema é que o conhecimento, em nossos dias, deriva puramente de se raciocinar sobre as coisas. Mas as mulheres têm um caminho diferente que nunca é levado em consideração. Esse caminho pode contribuir para o conhecimento, mas teria de ser uma contribuição que nada tenha a ver com raciocinar sobre as coisas.

— Então de que se trataria? — perguntei.

— Isso é você quem decide, depois de dominar os instrumentos do raciocínio e da compreensão.

Eu estava muito confusa.

— O que os feiticeiros propõem — explicou ela — é que os homens não podem ter o direito exclusivo de raciocinar. Parecem tê-lo agora porque o terreno onde aplicam a razão é um terreno em que prevalece o machismo. Então vamos aplicar a razão a um terreno onde prevaleça o feminismo. E esse terreno, claro, é o cone invertido que lhe descrevi. A ligação das mulheres com o espírito em si.

Ela inclinou a cabeça um pouco para o lado, considerando o que dizer.

— Essa ligação tem de ser encarada com um aspecto diferente do raciocínio. Um aspecto que jamais foi usado: o lado feminino do raciocínio — disse ela.

SONHOS LÚCIDOS

— Qual é o lado feminino da razão, Esperanza?
— Muitas coisas. Uma delas é positivamente *sonhar*. — Ela me olhou inquisitivamente, mas eu nada tinha a dizer.

A risada gostosa dela me pegou desprevenida.
— Sei o que você espera dos feiticeiros. Quer rituais, encantamentos. Cultos estranhos e misteriosos. Quer se unir à natureza. Quer comungar com os espíritos das águas. Quer o paganismo. Alguma concepção romântica do que fazem os feiticeiros. Muito germânico.

"Para saltar rumo ao desconhecido — continuou ela —, você precisa de fibra e cabeça. Somente com isso é que poderá explicar a si mesma e aos outros os tesouros que poderão ser encontrados. — Ela inclinou-se para mim, parecendo ansiosa para confiar alguma coisa. Coçou a cabeça e espirrou cinco vezes, como fizera o zelador, e disse: — Você precisa agir sobre o seu lado mágico.

— E o que é isso?

— O útero. — Ela falou aquilo com tanta calma e parecia tão distante, como se não estivesse interessada na minha reação, que quase nem ouvi. Então, de repente, dando-me conta do absurdo do comentário dela, eu me endireitei e olhei para as outras. — O útero! — repetiu Esperanza. — O útero é o órgão feminino máximo. É o útero que dá às mulheres aquele poder a mais, aquela força a mais para canalizar sua energia.

Ela explicou que os homens, em sua busca pela supremacia, conseguiram reduzir o poder misterioso da mulher, o útero, a um órgão rigorosamente biológico, cuja única função é reproduzir, carregar a semente do homem.

Como que obedecendo a uma deixa, Nelida se levantou e andou em torno da mesa, indo postar-se atrás de mim.

— Conhece a história da Anunciação? — cochichou ela em meu ouvido.

Rindo, virei-me para olhá-la.

— Não.

Naquele mesmo sussurro confidencial, ela passou a me contar que, segundo a tradição judeu-cristã, os homens são os únicos que ouvem a voz de Deus. As mulheres foram excluídas desse privilégio, com a exceção da Virgem Maria.

Disse Nelida que um anjo sussurrar para Maria era, claro, uma coisa natural. O que não era natural era o fato de que tudo o que o anjo tinha a dizer a Maria era que daria à luz o filho de Deus. O útero não recebeu o conhecimento, e sim a promessa da semente de Deus. Um deus masculino que, por sua vez, gerava outro deus masculino.

Eu queria pensar, refletir sobre tudo o que ouvia, mas a minha cabeça estava num turbilhão confuso.

— E os feiticeiros masculinos? — perguntei. — Eles não têm útero e, no entanto, estão claramente ligados ao espírito.

Esperanza me fitou com um prazer não dissimulado, depois olhou por cima do ombro, como se tivesse medo de ser ouvida, e cochichou:

— Os feiticeiros conseguem se alinhar ao *intento*, ao espírito, porque desistiram daquilo que especificamente define a sua masculinidade. Não são mais machos.

17

O JEITO de Isidoro Baltazar andar pelo aposento era diferente da maneira que normalmente adotava para percorrer seu estúdio retangular. Antes, sempre me sentira confortada pelo caminhar dele. Dessa vez, porém, seus passos soavam num tom perturbador, estranhamente ameaçador. Veio-me à mente a imagem de um tigre rondando pelo mato, não pronto para saltar sobre uma vítima, mas sentindo que alguma coisa não estava certa.

Larguei o meu trabalho e ia lhe perguntar o que havia, quando ele disse:

— Vamos ao México!

O modo como disse aquilo me fez rir. A aspereza e a seriedade em sua voz justificaram a minha pergunta, em tom de brincadeira:

— Vai se casar comigo lá?

Olhando-me furioso, parou de repente.

— Isso não é brincadeira — zangou-se. — Isso é sério. — Assim que falou, sorriu e sacudiu a cabeça. — O que estou fazendo? — disse, com um gesto engraçado, de desalento. — Estou me zangando com você, como se tivesse tempo para isso. Que pena! O *nagual* Juan Matus me avisou de que somos uma bosta até o fim.

Ele me abraçou com força, como se eu tivesse estado longe por muito tempo e acabasse de voltar.

— Não acho que seja tão boa ideia eu ir ao México — ponderei.

— Cancele tudo o que estiver pendente. Não há mais tempo.

Ele parecia um militar dando ordens, e eu estava num estado de espírito festivo. Não pude deixar de responder:

— *Jawohl, mein Gruppenführer!**

Ele perdeu o ar tenso e riu.

Enquanto viajávamos pelo Arizona, tive uma sensação muito esquisita. Era uma sensação corporal, como um frio, que ia do meu ventre ao meu corpo todo e me fez ficar arrepiada: a sensação de que havia alguma coisa errada. Nesse sentimento havia um novo elemento que eu não conhecera antes: a certeza absoluta, sem qualquer sombra de dúvida de estar certa ou errada.

— Acabei de ter uma intuição. Alguma coisa está errada! — disse, alteando a voz sem querer.

Isidoro Baltazar meneou a cabeça e depois disse, com naturalidade:

— Os feiticeiros estão indo embora.

— Quando? — Minha exclamação foi inteiramente involuntária.

— Talvez amanhã ou depois — respondeu ele. — Ou talvez daqui a um mês, mas a partida é iminente.

---

* "Sim, meu comandante!" (*N. do T.*)

SONHOS LÚCIDOS

373

Suspirando aliviada, afundei no assento, relaxando conscientemente.

— Eles vêm dizendo que vão partir desde o dia em que os conheci, há mais de três anos — murmurei, mas não me senti bem ao dizer aquilo.

Isidoro Baltazar virou-se para me olhar, tendo em seu rosto uma máscara de puro desprezo. Vi o esforço que fazia para apagar sua insatisfação. Ele sorriu e, depois, deu um tapinha em meu joelho, dizendo baixinho:

— No mundo dos feiticeiros, não podemos ser assim tão efetivos. Se os feiticeiros repetem uma coisa até você ficar cinicamente aborrecida com isso, é que querem prepará-la para o que irá ocorrer. — Ele me fitou um momento com seus olhos duros, sem sorrir, e acrescentou: — Não confunda os modos mágicos deles com os seus modos burros.

Concordei com a cabeça. As palavras dele não me irritaram: eu estava assustada demais para isso. Fiquei calada.

A viagem não demorou nada ou foi o que me pareceu. Nós nos revezamos dormindo e dirigindo e, ao meio-dia do dia seguinte, estávamos na casa das bruxas. No momento em que o motor do carro foi desligado, saltamos, batemos as portas e corremos para a casa das bruxas.

— Que negócio é esse? — indagou o zelador. Ele estava de pé junto à porta da frente, parecendo intrigado com a nossa chegada repentina e ruidosa. — Vocês dois estão brigando ou se perseguindo? — Ele olhou para Isidoro Baltazar e depois para mim. — Puxa! Correndo desse jeito.

— Quando é que vão partir? Quando vão partir? — repeti, maquinalmente, sem poder mais conter a minha ansiedade e meu medo crescentes.

Rindo, o zelador me deu um tapinha nas costas para me tranquilizar e disse:

— Eu não vou a lugar algum. Não vai poder se livrar de mim assim tão facilmente. — As palavras dele pareciam bastante sinceras, mas não aliviaram a minha ansiedade.

Examinei-lhe o rosto, os olhos, para ver se descobria alguma mentira, mas só vi sinceridade e bondade. Ao perceber que Isidoro Baltazar não estava mais junto de mim, fiquei tensa de novo. Ele havia desaparecido depressa, sem fazer qualquer ruído, como uma sombra.

Sentindo a minha agitação, o zelador apontou para a casa, com o queixo. Ouvi a voz de Isidoro Baltazar alteando-se, como se estivesse protestando, e depois ouvi sua risada.

— Estão todos aqui? — perguntei, tentando passar pelo zelador.

— Estão lá dentro — disse ele, bloqueando o caminho com os braços abertos. — No momento não podem atender você. — Vendo que eu ia protestar, acrescentou: — Não a estavam esperando. Querem que eu fale com você antes deles. — Ele pegou minha mão e me afastou da porta. — Vamos até os fundos, catar folhas — propôs. — Vamos queimá-las e deixar as cinzas para as fadas da água. Talvez elas se transformem em ouro.

Não falamos nada enquanto apanhávamos montes e montes de folhas, mas aquela atividade física e o ruído do ancinho roçando o chão me confortaram.

SONHOS LÚCIDOS

Parecia-me que estávamos catando folhas havia horas quando, de repente, senti que havia mais alguém no pátio. Virei a cabeça depressa e vi Florinda. De calças e casaco branco, sentada no banco debaixo do sapotizeiro, ela assemelhava-se a uma aparição. O rosto estava sombreado por um chapéu de palha de abas largas e, na mão, segurava um leque rendado. Parecia não totalmente humana, e tão remota que fiquei parada, absolutamente assombrada.

Sem saber se falaria comigo, dei alguns passos vacilantes em sua direção. Notando que demonstrava não perceber a minha presença de modo algum, fiquei esperando, sem me decidir. Não que estivesse querendo me proteger contra alguma rejeição ou desfeita da parte dela. Era antes alguma norma indeterminada, mas compreendida subconscientemente, que me impedia de exigir que ela me desse atenção.

No entanto, quando o zelador foi ter com Florinda no banco, peguei o ancinho que estava encostado a uma árvore e fui indo para junto deles, aos pouquinhos. Sorrindo, distraído, o zelador olhou para mim, mas sua atenção estava presa no que Florinda dizia. Falavam uma língua que eu não conhecia, mas fiquei escutando, absorta. Fosse a língua ou o afeto dela pelo velho, não sei, mas sua voz áspera estava anormalmente suave e estranha e assombrosamente carinhosa.

De repente, ela se levantou do banco. Como que impelida por alguma mola oculta, ziguezagueou pela clareira como um beija-flor, parando por um instante junto de cada árvore, tocando numa folha aqui e em uma flor ali.

Levantei a mão para chamar a sua atenção, mas me distraí olhando uma borboleta brilhante que formava sombras azuis no ar. Ela voou para mim e pousou em minha mão. As asas largas e vibrantes se abriram, e sua sombra caiu nos meus dedos, escurecendo-os. Ela esfregou a cabeça com as pernas e, depois de abrir e fechar as asas várias vezes, saiu voando de novo, deixando em meu dedo médio um anel na forma de uma borboleta triangular.

Certa de que não passava de uma ilusão de ótica, sacudi a mão repetidamente.

— É um truque, não é? — perguntei ao zelador, a voz trêmula. — Não é uma ilusão de ótica?

O zelador sacudiu a cabeça, e seu rosto se enrugou num sorriso muito radioso.

— É um anel lindo — disse ele, segurando a minha mão. — É um presente magnífico.

— Um presente — repeti. Tive um lampejo de percepção, que logo desapareceu, deixando-me perdida e perplexa. — Quem pôs o anel em meu dedo? — perguntei, olhando para a joia. As antenas e o corpo fino e alongado que dividiam o triângulo eram feitos de filigranas de ouro branco e cravejados de pequenos brilhantes.

— Você ainda não havia reparado no anel? — perguntou o zelador.

— Ainda? — repeti, intrigada. — Antes de quê?

— Você está usando esse anel desde que Florinda o deu para você — respondeu ele.

— Mas quando? — perguntei, e em seguida tapei a boca com a mão, para conter o meu choque. — Não me lembro que Florinda me tenha dado o anel — murmurei, mais para mim do que para ele. — E por que ainda não havia reparado nele?

O zelador deu de ombros, sem saber explicar a minha distração, depois sugerindo que, talvez, eu não tivesse notado o anel porque ele cabia tão perfeitamente em meu dedo. Parecia querer dizer mais alguma coisa, porém parou e, em vez disso, sugeriu que fôssemos catar mais folhas.

— Não posso — disse eu. — Tenho de falar com Florinda.

— É mesmo? — perguntou, com um jeito de quem está ouvindo uma ideia ridícula e provavelmente falsa, mas não tentou me persuadir do contrário. — Ela foi dar uma caminhada — explicou, apontando com o queixo para a trilha que subia para os morros.

— Vou alcançá-la — disse. Via a sua figura branca caminhando tortuosamente pelo chaparral, a distância.

— Ela vai longe — avisou o zelador.

— Não é problema — garanti a ele.

Corri atrás de Florinda e depois diminuí o passo, antes de alcançá-la.

O andar dela era lindo; movia-se com um movimento vigoroso, atlético, sem esforço, as costas retas.

Pressentindo a minha presença, parou abruptamente, depois virou-se e estendeu as mãos para me cumprimentar.

— Como vai, querida? — disse ela, me olhando. Sua voz áspera estava leve e límpida, e muito suave.

Na minha ansiedade para saber do anel, nem a cumprimentei direito. Atropeladamente, perguntei se fora ela quem pusera o anel em meu dedo.

— Agora é meu? — perguntei.

— É — disse ela. — É seu de direito. — Havia algo no tom dela, uma certeza que ao mesmo tempo me empolgou e apavorou. No entanto, nem me ocorreu recusar o presente, sem dúvida caro.

— O anel tem poderes mágicos? — perguntei, levantando a mão contra a luz, de modo que cada pedra brilhava num fulgor radioso.

— Não — disse ela, rindo. — Não tem qualquer poder. Mas é um anel especial, não devido ao valor ou porque tenha me pertencido, mas porque a pessoa que fez esse anel era um *nagual* extraordinário.

— Era joalheiro? — indaguei. — A mesma pessoa que construiu as figuras estranhas no quarto do zelador?

— O mesmo — respondeu ela. — Mas não era joalheiro nem escultor. A simples ideia de que poderia ser considerado um artista o fazia rir. No entanto, todos os que viam o trabalho dele não podiam deixar de admitir que somente um artista poderia ter feito as coisas extraordinárias que ele fez.

Florinda afastou-se alguns passos e deixou seus olhos vagarem pelos morros, como se buscasse recordações na distância. Depois, tornou a virar-se para mim e, num murmúrio que mal se ouvia, disse que tudo o que esse *nagual* fazia, fosse um anel, uma parede de tijolos, cerâmica para o piso, as invenções misteriosas ou uma simples caixa de papelão, sempre conseguia peças raras, não só em termos de magnífico artesanato, como porque estavam impregnadas de algo inefável.

— Se esse anel foi feito por um indivíduo tão extraordinário, deve ter algum tipo de poder — insisti.

SONHOS LÚCIDOS

— O anel em si não tem poder, não importa quem o tenha feito — garantiu Florinda. — O poder estava na criação. O *nagual* que o fez estava tão perfeitamente alinhado com o que os feiticeiros chamam de *intento* que foi capaz de produzir essa linda joia sem ser joalheiro. O anel foi um ato de puro *intento*.

Não querendo parecer burra, não ousei confessar que não tinha ideia do que ela queria dizer com *intento*. Então perguntei o que a levara a me dar um presente tão maravilhoso.

— Não creio que o mereça — acrescentei.

— Você vai usar o anel para se alinhar com o *intento* — afirmou; e um sorriso travesso se espalhou em seu rosto ao acrescentar: — Mas, claro, você já sabe o que é se alinhar com o *intento*.

— Não sei nada disso — resmunguei, na defensiva, depois confessando que, na verdade, não sabia o que era *intento*.

— Você pode não saber o que significa a palavra — disse ela, com displicência —, mas alguma coisa em você intuitivamente sabe como buscar essa força. — Ela aproximou a cabeça da minha e disse que eu sempre usara o *intento* para passar do sonho à realidade ou levar o meu sonho, seja qual for, à realidade. Ela me olhou, esperando, sem dúvida, que eu chegasse às conclusões óbvias. Vendo a minha expressão de incompreensão, acrescentou: — Tanto as invenções no quarto do zelador quanto o anel foram feitos ao *sonhar*.

— Ainda não entendo — reclamei.

— As invenções a assustam — observou ela, com calma. — E o anel a encanta. Como ambos vêm do *sonhar*, podem facilmente ser o inverso...

— Você me assusta, Florinda. O que quer dizer?

— Este, minha querida, é um mundo de *sonhos*. Estamos lhe ensinando como deve fazê-los acontecerem sozinha. — Seus olhos escuros e brilhantes prenderam os meus por um instante e, em seguida, ela acrescentou: — No momento, todos os feiticeiros do grupo do *nagual* Mariano Aureliano a ajudam a entrar nesse mundo e a estão ajudando a permanecer nele agora.

— É um mundo diferente? Ou eu é que estou diferente?

— Você é a mesma, mas num mundo diferente. — Ficou calada um momento e depois reconheceu que eu possuía mais energia do que antes. — Uma energia que vem das suas economias e do empréstimo que todos fizemos a você.

Sua metáfora bancária ficou bem clara para mim. O que eu ainda não entendia era o que pretendia dizer com um mundo diferente.

— Olhe em volta! — exclamou, abrindo bem os braços. — Este não é o mundo da vida cotidiana. — Ela ficou calada por muito tempo; depois, numa voz que era apenas um leve murmúrio, acrescentou: — No mundo de afazeres diários, as borboletas podem se transformar em anéis? Num mundo que foi estruturado segura e rigorosamente pelos papéis designados a todos nós?

Eu não tinha resposta. Olhei em volta, para as árvores, os arbustos, as montanhas distantes. O que ela queria dizer com um mundo diferente ainda me escapava. A diferença tinha de ser puramente subjetiva, foi a ideia que afinal me ocorreu.

SONHOS LÚCIDOS

— Mas nao é! — insistiu Florinda, lendo meus pensamentos. — Este é um *sonho* de feiticeiros. Você entrou nele porque tem a energia.

Ela me olhou sem esperanças e disse:

— Não há mesmo nenhum meio de se ensinar as mulheres a *sonhar*. Só o que podemos fazer é apoiá-las, para fazer com que compreendam o imenso potencial que carregam em sua disposição orgânica.

"Visto que *sonhar*, para a mulher, é uma questão de ter energia à sua disposição, o importante é convencê-la da necessidade de modificar sua socialização profunda, a fim de adquirir essa energia. O ato de utilizar essa energia é automático; as mulheres *sonham sonhos* de feiticeiros no instante em que têm a energia.

Ela me confidenciou que uma consideração séria a respeito da arte de *sonhar* de feiticeiros, que surgia de suas próprias falhas, era a dificuldade de incutir nas mulheres a coragem para abrir caminho num novo campo. A maioria das mulheres — e ela afirmou que era uma delas — prefere seus grilhões seguros ao pavor de novos.

— *Sonhar* é só para as mulheres corajosas — murmurou ela, em meu ouvido. Depois deu uma gargalhada e acrescentou: — Ou para as mulheres que não têm outra opção, porque suas circunstâncias são insuportáveis; categoria a que pertence a maioria delas, mesmo sem o saber.

O som de sua risada áspera teve um efeito estranho sobre mim. Senti como se, de repente, tivesse acordado de um sonho profundo e me lembrei de uma coisa que me esquecera inteiramente enquanto dormia.

— Isidoro Baltazar me falou a respeito de sua partida iminente. Quando vão partir?

— Não vou a lugar algum, por enquanto. — A voz dela era firme, mas o tom tinha uma tristeza arrasadora. — Sua mestra de *sonhar* e eu vamos ficar. Os outros vão partir.

Não entendi bem o que ela queria dizer e, para esconder minha confusão, fiz um comentário jocoso.

— Minha mestra de *sonhar*, Zuleica, não me disse uma só palavra em três anos. Aliás, ela sequer falou comigo. Você e Esperanza são as únicas que realmente me têm orientado e ensinado.

As gargalhadas de Florinda reverberaram em volta de nós, um som alegre que me deu um alívio imenso; no entanto, eu estava intrigada.

— Explique-me uma coisa, Florinda — comecei. — Quando é que você me deu este anel? Como é que passei de catar folhas com o zelador a ter este anel?

A expressão de Florinda exibia muita alegria ao me explicar que se pode dizer que catar folhas é uma das portas para o *sonhar* de um feiticeiro, desde que ele tenha energia suficiente para atravessar o limiar. Ela pegou a minha mão e acrescentou:

— Eu lhe dei o anel quando você estava atravessando, por isso sua mente não registrou o fato. De repente, quando já estava no sonho, descobriu o anel em seu dedo.

Olhei-a, curiosa. Havia alguma coisa em sua explicação que eu não entendia, uma coisa vaga e indistinta.

— Vamos voltar para casa — sugeriu ela — e tornar a atravessar aquele limiar. Talvez você perceba, desta vez.

Com vagar, voltamos e nos aproximamos da casa pelos fundos. Fui caminhando uns passos à frente de Florinda, para ter a percepção clara de tudo. Olhei bem para as árvores, a cerâmica no piso, as paredes, ansiosa por descobrir uma mudança ou alguma coisa que pudesse me dar uma indicação para a transição.

Não notei coisa alguma, a não ser que o zelador não se encontrava mais ali. Virei-me para dizer a Florinda que, positivamente, eu não percebera a transição, mas ela não estava atrás de mim. Não estava à vista. Tinha ido embora, deixando-me ali sozinha.

Entrei na casa. Conforme me acontecera antes, apresentava-se deserta. Aquela sensação de solidão não me assustava mais, não me dava mais a impressão de ter sido abandonada. Automaticamente, fui à cozinha e comi tamales de galinha que tinham sido deixadas numa cesta. Depois fui para a minha rede e tentei colocar os pensamentos em ordem.

Quando acordei, vi que estava numa cama de vento, num quarto pequeno e escuro. Olhei em volta, meio desesperada, procurando uma pista para o que me acontecia. Sentei-me imediatamente quando vi sombras grandes se movendo junto à porta. Querendo descobrir se a porta estava aberta e as sombras dentro do quarto, estendi a mão para pegar o urinol debaixo da cama — não sei como, sabia que estaria lá — e o atirei às sombras. O urinol caiu do lado de fora, com um barulho excessivo.

As sombras desapareceram. Admitindo que simplesmente as imaginara, saí do quarto. Vacilando, olhei para a cerca alta de algarobeira que fechava a clareira. Então soube, num lampejo, onde estava: nos fundos da casa pequena.

Tudo isso se passou pela minha cabeça enquanto procurava o urinol, que rolara até a cerca. Quando me abaixei para apanhá-lo, vi um coiote forçando a passagem pela

384 FLORINDA DONNER

cerca de algarobeira. Sem pensar, joguei o urinol sobre o animal, mas não o acertei, e sim uma pedra. Indiferente ao ruído forte e à minha presença, o coiote cruzou a clareira. Virou a cabeça várias vezes, audaciosamente, para olhar-me, o pelo reluzindo como prata. A cauda basta varria as várias pedras como uma varinha de condão. Cada pedra que tocava adquiria vida. As pedras saltavam com olhos brilhantes e moviam os lábios, fazendo perguntas estranhas em vozes muito fracas para serem ouvidas.

Eu gritei; as pedras se moveram com uma velocidade alarmante em minha direção.

Imediatamente, soube que estava *sonhando*.

— É um de meus pesadelos habituais — resmunguei. — Com monstros e medo e tudo o mais. — Convencida de que, uma vez que eu tinha expressado e reconhecido o problema, neutralizara seus efeitos sobre mim, já ia desistir e me preparava para viver um terror de pesadelo, quando ouvi uma voz dizer:

— Experimente a trilha dos *sonhos*.

Virei-me rapidamente. Esperanza estava de pé sob a ramada, cuidando de um fogo numa plataforma elevada feita de junco revestido pesadamente de lama. Ela parecia estranha à luz dançante do fogo, como se estivesse separada de mim por uma distância que nada tinha a ver com o espaço.

— Não se assuste — ordenou ela e, depois, reduziu a voz a um murmúrio e disse: — Nós todas partilhamos os nossos sonhos, mas agora você não está *sonhando*. — Minha expressão deve ter revelado minhas dúvidas. — Acredite, você não está *sonhando* — garantiu ela.

Eu me aproximei mais. Não só sua voz estava diferente, ela também parecia diferente. De onde me encontrava, era Esperanza; não obstante, parecia-se com Zuleica.

Eu me aproximei bem dela. Era Zuleica! Jovem, forte e muito bonita. Não podia ter mais de 40 anos. Seu rosto oval era emoldurado por cabelos pretos e encaracolados, que começavam a ficar grisalhos. O rosto dela era liso e pálido, acentuado por olhos escuros e úmidos, bem afastados. Seu olhar era reservado, enigmático e muito puro. O lábio superior, curto e fino, sugeria rigor, enquanto o inferior, cheio, quase voluptuoso, dava uma indicação de brandura e também de paixão.

Fascinada com a modificação dela, fiquei fitando-a, assombrada. Positivamente, devo estar *sonhando*, pensei.

Sua risada cristalina me fez ver que ela havia lido meus pensamentos. Ela pegou minha mão e disse baixinho:

— Você não está *sonhando*, meu bem. Sou eu mesma. Sou sua mestra de *sonhar*. Sou Zuleica. Esperanza é o meu outro eu. Os feiticeiros chamam a isso o corpo de *sonhar*.

Meu coração bateu com tanta violência que fez meu peito doer. Eu estava quase sufocando de ansiedade e empolgação. Tentei retirar minha mão, mas ela a segurava com firmeza e não consegui. Apertei bem meus olhos. Mais que tudo, queria que ela tivesse desaparecido quando os reabrisse. Mas, lá estava ela, claro, os lábios entreabertos num sorriso radioso. Tornei a fechar os olhos e, depois, dei pulos como se tivesse enlouquecido. Com a mão livre, dei tapas em meu rosto, até que ardesse de dor. Tudo em vão: não consegui acordar. Cada vez que abria os olhos, ela estava ali.

— Acho que já basta — disse-me, rindo, e eu mandei que ela me batesse.

Ela me fez logo a vontade, dando duas pancadas fortes nos meus antebraços com uma bengala dura e comprida.

— Não adianta, meu bem. — Ela falava devagar, como se estivesse muito cansada. Respirou fundo e largou a minha mão. Depois falou de novo. — Você não está *sonhando*. Eu sou Zuleica. Mas, quando *sonho*, sou Esperanza e outra coisa também. Mas não vou discutir isso agora.

Eu queria dizer alguma coisa, qualquer coisa, mas não conseguia falar. Minha língua estava paralisada e só consegui produzir um gemido, como o ruído de um cão. Procurei relaxar com a respiração que aprendera numa aula de ioga.

Ela deu uma risada, parecendo achar graça em minhas tentativas. Foi um som confortador, que me acalmou; irradiava tanto calor, uma confiança tão profunda que meu corpo se descontraiu instantaneamente.

— Você é uma *espreitadora* — continuou ela. — E, de direito, pertence a Florinda. — O tom dela não admitia discussão nem contradição. — Também é sonâmbula e uma grande *sonhadora* natural e, em virtude de sua capacidade, também me pertence.

Uma parte de mim queria rir daquilo e dizer que ela estava inteiramente louca. Mas outra parte concordava plenamente com o que ela dizia.

— Por qual nome quer que eu a chame? — perguntei, hesitando.

— Por qual nome? — repetiu ela, olhando para mim como se aquilo fosse uma coisa evidente. — Sou Zuleica. O que você acha que isso é? Um jogo? Não jogamos aqui.

Agastada com a veemência dela, só consegui resmungar:

— Não, não acho que seja um jogo.

— Quando *sonho*, sou Esperanza — continuou ela, a voz áspera de intensidade. Seu rosto estava severo mas radioso, aberto, sem piedade, tudo ao mesmo tempo. — Quando não *sonho*, sou Zuleica. Mas, quer eu seja Zuleica ou Esperanza, ou outra coisa qualquer, isso não deve lhe importar. Ainda assim sou sua mestra de *sonhar*.

Só pude concordar, como uma idiota. Mesmo se tivesse alguma coisa a dizer, não teria conseguido falar. Um suor de medo, de frio e pegajoso escorria pelos lados do meu corpo. Meus intestinos estavam soltos e minha bexiga a ponto de estourar. Eu queria ir ao banheiro, aliviar-me e vomitar.

Por fim não consegui mais me conter. Era uma questão de me envergonhar ali mesmo ou correr para a privada lá fora. Tive energia suficiente para optar pela segunda opção.

O riso de Zuleica era o riso de uma mocinha; acompanhou-me até o banheiro.

Quando voltei à clareira, ela insistiu para que me sentasse ao lado dela no banco ali perto. De modo automático obedeci e me sentei pesadamente na beirada, pondo as mãos, nervosamente, sobre os joelhos fechados.

Nos olhos dela havia um brilho inegável de dureza, mas também de bondade. Percebi, num lampejo, como se já o soubesse antes, que a sua inclemência era, mais do que tudo, uma disciplina interna. Seu autocontrole implacável havia marcado todo o seu ser com um quê de esquivo, de secreto, não a ocultação de um comportamento dissimulado e furtivo, mas do mistério, do desconhecido. Era por isso que, sempre que a via, a acompanhava por toda parte, como um cachorrinho.

— Você hoje teve duas transições — explicou Zuleica.

— Uma, de estar acordada normalmente para *sonhando* desperta e a outra de estar *sonhando* desperta para acordada normalmente. A primeira foi fácil e discreta; a segunda foi um pesadelo. Isso é o normal. Todos nós experimentamos transições assim.

Forcei um sorriso.

— Mas continuo sem saber o que fiz — disse eu. — Não conheço os passos dados. As coisas acontecem comigo e me encontro *sonhando*, sem saber como cheguei lá.

Os olhos dela brilhavam.

— O que se faz normalmente — aconselhou — é começar a *sonhar* dormindo numa rede ou em alguma armação pendurada de uma viga ou de uma árvore. Assim, suspensos, não temos contato com a terra. A terra nos faz terrenos, lembre-se disso. Nessa posição suspensa, um *sonhador* principiante pode aprender de que modo a energia passa de estar acordado a *sonhar* e de *sonhar* um sonho para estar *sonhando* desperto.

"Tudo isso, como Florinda já lhe contou, é uma questão de energia. Desde o momento em que você a adquire, está lançada.

"O seu problema, agora, será saber se vai conseguir poupar energia suficiente por si mesma, já que os feiticeiros não vão mais poder lhe emprestar. — Zuleica arqueou as sobrancelhas exageradamente e acrescentou: — Vamos ver. Vou tentar lembrar-lhe, da próxima vez que partilharmos nossos sonhos. — Vendo a minha expressão de desalento, riu com o prazer de uma criança.

— Como é que partilhamos nossos sonhos? — perguntei, olhando dentro de seus olhos extraordinários.

SONHOS LUCIDOS

389

Eram escuros e brilhantes, com raios de luz irradiando de suas pupilas.

Em vez de responder, Zuleica pôs mais gravetos no fogo. As brasas se acenderam e caíram, e a luz ficou mais forte. Por um instante, ficou ali parada, os olhos fixos nas chamas como se estivesse absorvendo a luz. Ela se virou de repente e me olhou de relance, depois agachou-se e abraçou as pernas com os braços fortes e musculosos. Olhando para o escuro, ouvindo o fogo crepitar, balançou-se de um lado para outro.

— Como é que partilhamos nossos sonhos? — tornei a perguntar.

Zuleica parou de se balançar. Sacudiu a cabeça e, depois, levantou os olhos, num sobressalto, como se tivesse acordado de repente.

— É impossível para mim explicar isso agora — declarou ela. — *Sonhar* é incompreensível. A gente tem de sentir isso, e não discuti-lo. Como no mundo cotidiano, antes de explicar e analisar alguma coisa, é preciso experimentá-lo. — Ela falava devagar e com ponderação. Reconheceu que é importante explicar à medida que se avança. — No entanto, por vezes, as explicações são prematuras. Esta é uma dessas ocasiões. Um dia tudo isso fará sentido para você — prometeu Zuleica, vendo a decepção em meu rosto.

Com um movimento rápido e leve, ela se levantou e foi olhar as chamas, como se seus olhos precisassem se alimentar da luz. Sua sombra, formada pelo fogo, ficou enorme contra a parede e o teto da ramada. Sem qualquer outro sinal, ela se virou, girando a saia comprida, e desapareceu dentro da casa.

Sem poder me mexer, fiquei presa no mesmo lugar. Mal podia respirar, ouvindo o ruído de suas sandálias ficando cada vez mais fraco.

— Não me deixe aqui! — gritei, em pânico. — Há coisas que preciso saber.

Zuleica imediatamente apareceu à porta.

— O que é que precisa saber? — perguntou, num tom distante, quase distraído.

— Desculpe — balbuciei, encarando seus olhos brilhantes. — Não tive a intenção de gritar — acrescentei, em tom de desculpas. — Pensei que você tivesse ido para um dos quartos. — Olhei-a com um ar de súplica, esperando que me explicasse alguma coisa.

Ela não explicou nada. Só tornou a me perguntar o que é que eu queria saber.

— Você falará comigo, quando eu a vir de novo? — perguntei a primeira coisa que me veio à cabeça, com medo de ela ir embora se eu não continuasse a falar.

— Quando eu vir você de novo, podemos não estar no mesmo mundo que antes — disse ela. — Quem sabe o que faremos lá?

— Mas ainda há pouco — insisti — você mesma me disse que era minha mestra de *sonhar*. Não me deixe no escuro. Explique-me as coisas. O tormento que sinto é maior do que posso suportar. Estou dividida.

— Está mesmo — reconheceu ela, com displicência. — Certamente está dividida. — Olhou-me, com os olhos cheios de bondade. — Mas isso é só porque você não quer largar suas antigas atitudes. Você é uma boa *sonhadora*. Os cérebros dos sonâmbulos têm um potencial formidável. Isto é... se você quiser cultivar sua condição.

SONHOS LÚCIDOS

Mal ouvi o que ela disse. Tentei pôr meus pensamentos em ordem, mas não consegui. Pela minha cabeça passou uma sucessão de fatos de que não me lembrava bem, com uma rapidez incrível. Minha vontade não exercia qualquer controle sobre sua sequência ou natureza. Essas imagens eram transformadas em sensações que, por mais precisas que fossem, se recusavam a ser definidas, se recusavam a ser formuladas em palavras ou mesmo em ideias.

Evidentemente, ciente da minha incapacidade, a expressão de Zuleica se iluminou num sorriso expressivo.

— Todos nós ajudamos o *nagual* Mariano Aureliano a levar você à segunda atenção, o tempo todo — disse ela, devagar e baixinho. — Lá encontramos a fluência e a continuidade, como no mundo cotidiano. Em ambos os estados o elemento prático domina. Agimos com eficiência em ambos os estados. No entanto, o que não podemos fazer na segunda atenção é dividir o que experimentamos em partes com o objetivo de poder manejá-las, para nos sentirmos seguros, para a compreendermos.

Enquanto ela falava, pensava comigo mesma: Zuleica está perdendo tempo me dizendo tudo isso. Ela não sabe que sou burra demais para compreender suas explicações? Mas ela continuava a falar, sorrindo muito, obviamente sabendo que, para eu admitir que não era muito esperta, significava que eu havia mudado de alguma maneira; do contrário, nunca reconheceria essa ideia, nem mesmo para mim.

— Na segunda atenção — continuou — ou, como prefiro dizer, quando *sonhando* desperta, a pessoa tem de acreditar que o sonho é tão real quanto o mundo cotidiano. Em outras palavras, a pessoa tem de concordar. Para os feiticeiros, todas as atividades mundanas ou do outro mundo são governadas por atos irrepreensíveis e por trás de todos os atos irrepreensíveis está a concordância. E concordância não é aceitação. A concordância envolve um elemento dinâmico; envolve a ação. — A sua voz estava muito baixinha e, ao concluir, havia um brilho febril nos olhos. — No momento em que a pessoa começa a *sonhar* desperta, abre-se um mundo de possibilidades empolgantes e inexploradas. Um mundo em que a audácia final se torna realidade. Onde o inesperado é esperado. É aí que começa a aventura definitiva do homem. O mundo torna-se ilimitado, cheio de possibilidades e assombro.

Zuleica ficou calada por muito tempo; parecia estar pensando no que dizer em seguida.

— Com o auxílio do *nagual* Mariano Aureliano, você um dia até mesmo viu o brilho do surem — começou, e sua voz baixa, ficando melancólica, tornou-se ainda mais baixa. — Criaturas mágicas que só existem nas lendas indígenas, os surems são seres que os feiticeiros só conseguem ver quando *sonhando* despertos no nível mais profundo. São seres de um outro mundo; brilham como seres humanos fosforescentes.

Ela me deu boa noite, virou-se e desapareceu dentro da casa. Por um segundo fiquei ali, petrificada, depois corri atrás dela. Antes de chegar ao limiar da porta, ouvi Florinda dizer, atrás de mim:

— Não vá atrás dela!

A presença de Florinda foi tão inesperada que tive de me encostar contra a parede e esperar que meus batimentos cardíacos voltassem ao normal.

— Venha me fazer companhia — sugeriu Florinda. Ela estava sentada no banco, alimentando o fogo. A luz esquiva de seus olhos e a brancura espectral de seus ca-

SONHOS LÚCIDOS

393

belos eram mais uma recordação do que uma visão. Eu me estiquei no banco, ao lado dela, e, como se fosse a coisa mais natural do mundo, coloquei a cabeça no seu colo. — Nunca acompanhe Zuleica, nem qualquer um de nós, aliás, a não ser que peçam para fazer isso — aconselhou Florinda, passando os dedos pelos meus cabelos. — Como você sabe, Zuleica não é o que aparenta ser. É sempre mais, muito mais do que isso. Nunca tente decifrá-la, pois, quando pensa que já cobriu todas as possibilidades, ela a arrasa, sendo mais do que você pode imaginar nas suas fantasias mais loucas.

— Eu sei — disse e suspirei satisfeita. Sentia a tensão se esvaindo de meu rosto. Podia senti-la deixando o meu corpo. — Zuleica é um surem das montanhas Bacatete — disse com convicção absoluta. — Há muito tempo que sei dessas criaturas. — Vendo o espanto no rosto de Florinda, continuei, com coragem. — Zuleica não nasceu como ser humano normal. Foi estabelecida. Ela é a própria feitiçaria.

— Não — Florinda me contrariou, enfaticamente. — Zuleica nasceu, sim. Esperanza é que não. – Ela sorriu para mim e acrescentou: — Isso deve ser um enigma para você.

— Acho que compreendo — murmurei —, mas sou insensível demais e não sei formular o que compreendo.

— Você vai indo bem — elogiou ela com uma risadinha. — Sendo insensível como é normalmente, tem de esperar até estar desperta de verdade mesmo, cem por cento, para poder compreender. Você agora só está cinquenta por cento desperta. O truque é permanecer na consciência intensificada. Na consciência intensificada, nada é incompreensível para nós. — Vendo que ia interrompê-la, ela cobriu meus lábios com a mão e acrescentou: — Não pense nisso agora. Lembre-se sempre de que você é compulsiva, mesmo na consciência intensificada, e que o seu pensamento não é completo.

Ouvi alguém se movendo nas sombras atrás das moitas.

— Quem está aí? — perguntei, sentando-me. Olhei em volta mas não vi ninguém.

Risadas femininas ressoaram pelo quintal.

— Você não pode vê-las — disse Florinda, a voz sonolenta.

— Por que se escondem de mim? — perguntei.

Florinda sorriu.

— Não estão se escondendo de você — explicou. — É só que você não consegue vê-las sem o auxílio do *nagual* Mariano Aureliano.

Eu não sabia o que dizer. Num nível, fazia muito sentido e, no entanto, vi que estava sacudindo a cabeça.

— Você pode me ajudar a vê-las?

Florinda fez que sim.

— Mas seus olhos estão fatigados; estão cansados de ver demais. Você precisa dormir.

De propósito, fiquei de olhos abertos, com medo de perder quem sairia de trás dos arbustos no momento em que desviasse a atenção. Olhei para as folhas e sombras, sem saber distingui-las, até que caí num sono profundo e sem sonhos.

18

O ZELADOR estava cochilando em seu banco favorito, à sombra do sapotizeiro. Era só o que havia feito nos dois últimos dias. Não varria mais os pátios nem as folhas lá fora: ficava horas naquele banco, cochilando ou olhando ao longe, como se tivesse um entendimento secreto com alguém que só ele podia ver.

Tudo havia mudado na casa. Fiz mal em ir visitá-los?, perguntava-me sem cessar. Como sempre, sentia-me culpada e na defensiva. Só o que fazia era dormir sem parar, horas a fio. Quando acordava, porém, tinha a noção perturbadora de que nada estava igual ao que era. Sem rumo, vagava pela casa, mas não adiantava. Alguma coisa parecia ter desaparecido de lá.

Os suspiros longos e fortes do zelador invadiram meus pensamentos. Sem conseguir mais conter a minha ansiedade, larguei os livros, levantei-me e atravessei a curta distância entre nós.

— Você hoje não vai varrer e queimar as folhas? — perguntei.

Ele levantou os olhos, num sobressalto, mas não respondeu. Usava óculos escuros e eu não conseguia distinguir sua expressão através das lentes. Não sabia se ficava, se ia embora ou se aguardava a resposta dele. Com medo de que tornasse a cochilar, perguntei num tom forte e impertinente:

— Há algum motivo para você não varrer nem queimar mais as folhas?

Ele rebateu minha pergunta com outra.

— Você viu ou ouviu uma folha cair nesses dois últimos dias? — Os olhos dele pareceram me perfurar quando levantou os óculos.

— Não — disse eu. Foi mais a seriedade de tom e de comportamento do que suas palavras ridículas, pensei, que me levaram a responder.

Ele fez um sinal para que eu me sentasse no banco ao seu lado. Inclinando-se, cochichou-me ao ouvido:

— As árvores sabem exatamente quando devem soltar as folhas. — Ele olhou em volta de si, como que receando que nos ouvissem, e depois acrescentou, no mesmo tom confidencial: — Agora as árvores sabem que não há necessidade de suas folhas caírem.

— As folhas murcham e caem, de qualquer jeito — declarei, pomposamente. — É uma lei da natureza.

— Essas árvores são inteiramente caprichosas — insistiu ele, obstinadamente. — Têm ideias próprias. Não obedecem às leis da natureza.

— O que levou as árvores a não soltarem as folhas? — perguntei, procurando conservar uma expressão séria.

— É uma boa pergunta — admitiu ele, pensando muito e esfregando o queixo. — Acho que ainda não sei a resposta. As árvores não me disseram. — Sorriu para mim, de modo vago, e acrescentou: — Já lhe disse, as árvores são temperamentais.

Antes que eu tivesse a oportunidade de replicar, ele perguntou, sem mais nem menos:

— Você preparou o seu almoço?

Aquela mudança de assunto repentina me tomou de surpresa.

— Preparei — respondi e depois hesitei um instante, dominada por um estado de espírito quase de desafio. — Não dou tanta importância assim à comida. Estou bem acostumada a comer a mesma coisa, dia após dia. Se não fosse o fato de ficar com espinhas, viveria de chocolate e nozes.

Abandonando toda cautela, comecei a reclamar. Disse ao zelador que queria que as mulheres falassem comigo.

— Gostaria muito que elas me contassem o que está acontecendo. A ansiedade está me fazendo mal. — Depois de dizer tudo o que queria, eu me senti muito melhor, mais aliviada. — É verdade que elas vão partir para sempre? — perguntei.

— Elas já partiram para sempre — respondeu o zelador. Vendo a minha expressão de incompreensão, acrescentou: — Mas você sabia disso, não sabia? Está só puxando conversa, não é?

Antes que pudesse me refazer do choque, ele me perguntou, num tom sinceramente intrigado:

— Por que isso haveria de ser um choque para você? — Parou um instante, como que para me dar tempo de pensar, e depois ele mesmo respondeu à pergunta. — Ah, já sei! Você está furiosa porque levaram Isidoro Baltazar com elas. — Deu-me vários tapinhas nas costas, como que para enfatizar cada palavra. Seu olhar me mostrou que ele não se importava se eu cedesse à raiva ou ao pranto.

Ao ver que não tinha uma plateia recuperei logo certa serenidade.

— Não sabia disso — murmurei. — Juro que não sabia. — Fiquei olhando-o, num desespero silencioso. Senti todo o sangue deixar o meu rosto. Meus joelhos doíam. Oprimia-me tal pressão no peito que mal respirava. Supondo que fosse desmaiar, agarrei-me ao banco com ambas as mãos.

Ouvi a voz do zelador como um som distante.

— Ninguém sabe se ele vai voltar um dia. Nem eu. — Inclinando-se para mim, acrescentou: — Minha opinião pessoal é a de que ele foi com elas provisoriamente, mas vai voltar; se não logo, um dia. É a minha opinião.

Examinei-lhe os olhos, pensando se estaria troçando comigo. O rosto alegre irradiava boa vontade e honestidade; os olhos eram inocentes como os de uma criança.

— No entanto, quando ele voltar, não será mais Isidoro Baltazar — avisou-me o zelador. — O Isidoro Baltazar que você conheceu creio que já se foi. Sabe o que é o mais triste? — Ele parou e depois respondeu à própria pergunta. — Você lhe deu tão pouco valor que nem lhe agradeceu todo o cuidado, o auxílio e a afeição que ele tinha por você. Nossa grande tragédia é a de sermos bufões, esquecidos de tudo o mais, exceto de nossa fanfarrice.

Eu estava arrasada demais para dizer uma só palavra.

De repente o zelador se levantou. Sem dizer mais nada, como se estivesse constrangido demais para ficar comigo, dirigiu-se para a trilha que levava à outra casa.

— Você não pode me deixar aqui sozinha — gritei para ele.

Ele virou-se, acenou e começou a rir. Era um som forte e alegre, que ressoou em ecos pelo chaparral. Tornou a acenar e depois desapareceu, como se o mato o tivesse engolido.

Incapaz de acompanhá-lo, esperei que voltasse ou que aparecesse de repente à minha frente, me assustando mortalmente. Estava me preparando para um susto que pressentia em meu corpo mais do que antecipava em minha mente.

Conforme já acontecera antes, não vi nem ouvi a aproximação de Esperanza, mas senti sua presença. Virei-me e lá estava ela, sentada no banco sob o sapotizeiro. Fiquei exultante.

— Pensei nunca mais tornar a vê-la — disse, num suspiro. — Já estava quase resignada a isso. Achei que tivesse partido.

— Que coisa! — ela ralhou comigo, fingindo consternação.

— Você é mesmo Zuleica? — explodi.

— De jeito nenhum. Sou Esperanza. O que está fazendo? Quer ficar maluca, fazendo perguntas a que ninguém pode responder?

Nunca em minha vida estive tão próxima de um esgotamento total quanto naquele momento. Senti que a minha mente não ia absorver toda aquela pressão. Eu ia ser estraçalhada por minha angústia e meu tumulto.

— Controle-se, menina — disse Esperanza, com aspereza. — O pior ainda está por vir. Mas não podemos poupá-la. Parar a pressão agora, porque você está prestes a enlouquecer, nem ocorre aos feiticeiros. É seu desafio ser testada hoje. Ou você vive ou morre. E não estou falando metaforicamente.

— Nunca mais vou ver Isidoro Baltazar? — perguntei, mal conseguindo falar, por causa das lágrimas.

— Não posso mentir para poupar-lhe sofrimento. Não, ele nunca mais voltará. Isidoro Baltazar foi apenas um momento da feitiçaria. Um sonho que passou depois de *sonhado*. Isidoro Baltazar, como sonho, já se foi.

Um sorrisinho quase melancólico curvou os lábios dela.

— O que não sei ainda — continuou — é se o homem, o novo *nagual*, também se foi para sempre. Você compreende, claro, mesmo que volte, não será Isidoro Baltazar. Será outra pessoa, que você terá de conhecer de novo.

— Ele me será desconhecido? — perguntei, sem estar certa de querer saber.

— Não sei, filha — respondeu, com o cansaço da incerteza. — Não sei. Eu mesma sou um sonho. E o novo *nagual* também. Sonhos como nós são impermanentes, pois é a nossa impermanência que nos permite existir. Nada nos prende, a não ser o sonho.

Cega por minhas lágrimas, eu mal a via.

— Para aliviar o seu sofrimento, mergulhe mais fundo em si — sugeriu, baixinho. — Sente-se com os joelhos levantados e agarre seus tornozelos com os braços cruzados, o tornozelo direito com a mão esquerda. Ponha a cabeça sobre os joelhos e deixe a tristeza se esvair. Deixe que a terra alivie sua dor. Deixe que a força sanadora da terra chegue até você.

SONHOS LÚCIDOS

Sentei-me no chão exatamente do modo que ela indicou. Em alguns momentos, minha tristeza se dissipou. Uma profunda sensação de bem-estar físico substituiu minha angústia. Eu me perdi de vista, em qualquer contexto, a não ser no contexto daquele momento. Sem minha memória subjetiva, não sentia dor.

Esperanza indicou o lugar a seu lado no banco. Assim que me sentei, ela colocou minha mão na dela e a esfregou por um instante, como se estivesse fazendo uma massagem, e depois comentou que era uma mão bem carnuda, apesar de ossuda. Ela virou a palma para cima e a examinou com atenção. Não disse nada, mas delicadamente fechou minha mão em punho.

Ficamos ali sentadas por muito tempo. Era de noitinha; não se ouvia nada a não ser o som ritmado das folhas movendo-se sob a brisa.

Enquanto a olhava, uma certeza muito misteriosa me dominou: sabia que Esperanza e eu já havíamos conversado muito sobre a minha vinda à casa das bruxas e a partida dos feiticeiros.

— O que está acontecendo comigo, Esperanza? — perguntei. — Estou *sonhando*?

— Bem — começou ela, devagar. Havia um brilho em seus olhos quando propôs que eu testasse o sonho. — Sente-se no chão e teste-o.

Obedeci. Só o que senti foi o frio da pedra em que me sentei. Nenhuma sensação me foi devolvida.

— Não estou *sonhando* — afirmei. — Então por que sinto que já conversamos? — Examinei-lhe o rosto para ver se encontrava uma pista para o meu dilema estampada em suas feições. — É a primeira vez que a vejo desde que cheguei, mas sinto como se tivéssemos estado juntas todos os dias — murmurei, mais para mim do que para ser ouvida. — Já faz sete dias.

— Faz muito mais do que isso, mas você tem de resolver esse enigma com um mínimo de ajuda — disse Esperanza.

Concordei com a cabeça. Havia tanta coisa que desejava perguntar, mas sabia e aceitava o fato de que seria inútil falar. Sabia, sem saber como, que já tínhamos abordado todas as minhas perguntas. Eu estava saturada de respostas.

Esperanza me olhou pensativa, como se duvidasse da minha compreensão. Então, muito devagar, pronunciando as palavras com cuidado, disse:

— Quero que saiba que a consciência que adquiriu aqui, por mais profunda e permanente que lhe pareça, é apenas temporária. Você vai voltar ao seu contrassenso bem depressa. É essa a nossa sina de mulheres, sermos especialmente difíceis.

— Acho que você está enganada — protestei. — Você não me conhece nada.

— É exatamente porque a conheço que estou dizendo isso. — Ela parou um instante e, quando tornou a falar, sua voz estava dura e séria. — As mulheres são muito cautelosas. Lembre-se, o fato de serem criadas para servir as torna extremamente astuciosas e espertas. — A risada dela, explosiva e ressonante, apagou qualquer desejo que eu pudesse ter de protestar. — O melhor que você tem a fazer é não dizer coisa alguma — declarou. Pegando a minha mão, ela me puxou e sugeriu que fôssemos à casa pequena para uma conversa demorada e muito necessária.

Não entramos na casa, ficamos sentadas num banco junto à porta da frente. Caladas, ali permanecemos durante quase uma hora. Depois, Esperanza virou-se para mim; não parecia me ver. Aliás, eu me perguntei se não teria esquecido que eu viera com ela e que estava sentada ali a seu lado. Sem admitir a minha presença, levantou-se e se afastou alguns passos, olhando para a outra casa, aninhada num bosque de árvores. Passou-se bastante tempo até que ela disse:

— Vou para longe.

Eu não podia dizer se era esperança, empolgação ou apreensão o que me deu uma estranha sensação de enjoo na boca do estômago. Eu sabia que ela não se referia à distância em termos de quilômetros, e sim em termos de outros mundos.

— Não me importa se vamos para longe — disse eu. Era uma bravata que em nada correspondia ao que eu sentia. Queria saber, desesperadamente, mas não ousava perguntar, qual seria o fim de nossa viagem.

Esperanza sorriu e abriu bem os braços, como que para abraçar o sol poente. O céu no oeste estava vermelho como fogo; as montanhas distantes estavam com um tom púrpura escuro. Uma brisa leve varria as árvores; as folhas reluziam e farfalhavam.

Passou-se uma hora de silêncio e então tudo ficou parado. O encantamento do crepúsculo imobilizava tudo em volta de nós. Cessaram todos os sons e movimentos; os contornos de arbustos, árvores e morros estavam tão precisamente definidos que pareciam ter sido gravados no céu.

Cheguei mais para perto de Esperanza quando as sombras se amontoaram sobre nós, escurecendo o céu.

A visão da outra casa silenciosa, com as luzes brilhando como vaga-lumes no escuro, despertou alguma emoção enterrada profundamente dentro de mim. Não se ligava a algum sentimento especial no momento, mas a alguma recordação vagamente triste e nostálgica sepultada na infância.

Eu devia estar inteiramente absorta no meu devaneio; de repente, vi que caminhava ao lado de Esperanza. Meu cansaço, minha ansiedade anterior, tudo desapareceu. Cheia de uma avassaladora sensação de vigor, andava numa espécie de êxtase, uma felicidade silenciosa, meus pés impelindo-me para a frente, mas não só por minha vontade.

O caminho que seguíamos terminou abruptamente. O terreno se elevava, e as árvores apareciam altas acima de nós. Havia grandes rochas espalhadas aqui e ali. De algum lugar mais distante, vinha o ruído de água corrente, como um canto suave e confortante. Suspirando numa fadiga repentina, encostei em uma das rochas e desejei que nossa viagem terminasse ali.

— Ainda não chegamos ao nosso destino! — gritou Esperanza. Ela já havia subido por algumas das pedras, movendo-se com a agilidade de uma cabra. Não esperou por mim, nem sequer olhou para trás para ver se eu a estava acompanhando. Meu rápido repouso roubara minhas últimas forças. Ofegante, escorreguei várias vezes nas pedras enquanto subia atrás dela, aos tropeções.

No meio da subida, a trilha continuava em volta de uma grande rocha. A vegetação seca e árida cedeu lugar a outra, luxuriante, escura à luz do anoitecer. O ar tampouco era o mesmo; estava úmido e, para mim, mais fácil de respirar. Esperanza seguia imperturbável por uma trilha estreita, cheia de sombras, silêncios e sussurros. Ela conhecia cada um dos misteriosos ruídos da noite. Identificava cada um de seus grasnidos, vozes, gritos e silvos.

A trilha terminou diante de uns degraus cortados na rocha, que levavam a um monte de pedras oculto.

— Pegue uma — mandou ela — e ponha-a no bolso.

Gastas e lisas como seixos de um riacho, a princípio todas as pedras pareciam iguais. Mas, olhando bem, descobri que eram diferentes. Algumas eram tão lisas e brilhantes que pareciam ter sido polidas num torno.

Levei algum tempo para encontrar uma de que gostasse. Era pesada, mas cabia direitinho na palma da minha mão. Sua massa marrom-clara e volumosa tinha forma de cunha e era riscada por veios leitosos quase translúcidos.

Sobressaltada por um barulho, quase deixei a pedra cair.

— Alguém está nos seguindo — cochichei.

— Ninguém está nos seguindo! — exclamou Esperanza, com um olhar meio divertido e meio incrédulo. Vendo que eu me escondia atrás de uma árvore, riu baixinho e disse que provavelmente era um sapo saltando pelo mato rasteiro.

Tive vontade de lhe dizer que sapos não saltam no escuro, mas não tinha certeza de que fosse verdade. Fiquei espantada ao ver que não tinha afirmado aquilo com toda a certeza, como era meu costume.

— Há alguma coisa errada comigo, Esperanza — disse, num tom alarmado. — Não estou sendo eu mesma.

— Não há nada de errado com você, meu bem — garantiu distraída. — Na verdade, você está sendo mais você do que jamais foi.

— Sinto-me estranha... — Minha voz sumiu. Eu tinha começado a ver uma amostra do que acontecera comigo desde a primeira vez em que cheguei à casa das bruxas.

— É muito difícil ensinar uma coisa tão insubstancial como *sonhar* — disse Esperanza. — Especialmente às mulheres. Somos extremamente reservadas e espertas. Afinal, temos sido escravas a vida toda; sabemos precisamente como manipular as coisas quando não queremos que algo perturbe o que trabalhamos tanto para obter: o nosso *status quo*.

— Quer dizer que os homens não fazem isso?

— Certamente que sim, porém são mais francos. As mulheres lutam às escondidas. Sua técnica de luta preferida é a manobra do escravo: desligar a mente. Ouvem sem prestar atenção e olham sem ver. — Ela acrescentou que instruir as mulheres era um feito digno de louvor. — Gostamos da franqueza da sua luta — continuou ela. — Há grandes esperanças no seu caso. O que tememos é a mulher agradável que não se importa com a novidade e faz tudo o que se lhe pede, e, depois, muda de atitude assim que se cansa ou fica entediada com a novidade.

— Acho que estou começando a entender — disse eu, insegura.

— Claro que começou a entender! — As palavras dela pareciam tão comicamente triunfantes que tive de rir. — Você até já começou a compreender o que é *intento*.

— Quer dizer que estou começando a ser uma feiticeira? — perguntei. Meu corpo todo tremia enquanto eu tentava conter um ataque de riso.

— Desde que você chegou aqui, tem *sonhado* desperta várias vezes — disse Esperanza. — É por isso que dorme

SONHOS LÚCIDOS

tanto. — Não havia zombaria alguma, nem mesmo um traço de condescendência no rosto dela, todo sorridente.

Continuamos a andar em silêncio, e então, disse-me que a diferença entre o feiticeiro e a pessoa comum era que o feiticeiro podia entrar à vontade num estado de *sonhar* desperto. Ela deu tapinhas em meu braço, como que para enfatizar o que dizia; num tom confidencial, acrescentou:

— Você está *sonhando* desperta porque, a fim de ajudá-la a aguçar a sua energia, criamos uma bolha em volta de você, desde a primeira noite em que chegou.

Ela passou a dizer que, desde o momento em que me conheceram, tinham me apelidado de *Fosforito*, fosforozinho.

— Você arde depressa demais e sem utilidade. — Gesticulou, indicando que me calasse e acrescentou que eu não sabia focalizar a minha energia. — Ela é gasta para proteger e manter a ideia do seu ego. — Novamente fez sinal para que me calasse e disse que o que pensamos ser o nosso ego pessoal é, na verdade, apenas uma ideia. Explicou que a maior parte de nossa energia é consumida em defender essa ideia.

Esperanza arqueou as sobrancelhas de leve, um sorriso exultante espalhando-se por seu rosto.

— Alcançar um ponto de desprendimento, em que o ego é apenas uma ideia que pode ser modificada à vontade, é um verdadeiro ato de feitiçaria e é o mais difícil de todos — explicou. — Quando a ideia do ego se retira, os feiticeiros têm energia para se alinharem com o *intento* e ser mais do que acreditamos ser normal.

"As mulheres, por terem útero, podem focalizar sua atenção com grande facilidade em algo fora de seus sonhos enquanto *sonham*. É exatamente isso que você tem feito o tempo todo, sem o saber. Esse objeto torna-se uma ponte que liga você ao *intento*.

— E que objeto devo usar?

Em seus olhos apareceu um lampejo de impaciência. Depois disse que em geral era uma janela, ou uma luz, ou mesmo a cama.

— Você é tão boa nisso que já é uma segunda natureza para você — garantiu-me. — É por isso que tem pesadelos. Disse tudo isso quando você estava num profundo estado de *sonhar* desperta e você compreendeu que, enquanto focalizar sua atenção sobre algum objeto, antes de dormir, não terá maus sonhos. Você está curada, não está? — perguntou.

Minha primeira reação, claro, foi contrariá-la. No entanto, após pensar um momento, não pude deixar de concordar com ela. Depois de conhecê-las, em Sonora, eu tinha ficado bastante livre de meus pesadelos.

— Você nunca há de se livrar inteiramente deles enquanto persistir em ser você mesma — declarou ela. — O que deveria fazer, claro, era explorar seu talento para *sonhar*, propositada e inteligentemente. É para isso que está aqui. E a primeira lição é que a mulher deve, por meio de seu útero, focalizar sua atenção sobre um objeto. Não um objeto do sonho em si, mas um independente, um do mundo anterior ao sonho. No entanto, não é o objeto que interessa — ela se apressou em explicar. — O importante é o ato deliberado de focalizá-lo, à vontade, antes do sonho e enquanto se continua o sonho.

Ela me avisou que, embora aquilo parecesse bem simples, era uma tarefa gigantesca, que eu poderia levar anos para realizar.

SONHOS LÚCIDOS 409

— O que acontece normalmente é que acordamos no instante em que focalizamos a atenção sobre o objeto exterior — explicou.

— O que significa usar o útero? — interrompi. — E como se faz isso?

— Você é mulher — disse Esperanza baixinho. — Você sabe sentir com o seu útero.

Tive vontade de contradizê-la, explicar que não sabia nada disso, mas, antes que pudesse fazê-lo, ela passou a explicar que, na mulher, os sentimentos originam-se no útero.

— Nos homens — disse ela —, os sentimentos originam-se no cérebro. — Ela me cutucou no estômago e acrescentou: — Pense nisso. Uma mulher não tem coração a não ser tendo filhos porque seus sentimentos vêm do útero. A fim de focalizar a sua atenção no útero, pegue um objeto e o coloque em sua barriga ou esfregue-o em sua genitália.

Ela riu muito ao ver minha expressão de desalento, e então, entre acessos de riso, implicou comigo:

— Não me excedi. Podia ter dito que você tinha de molhar o objeto com os seus humores orgânicos, mas não disse. Depois que você adquire profunda familiaridade com o objeto — continuou ela, novamente séria —, ele estará sempre ali, para lhe servir de ponte.

Continuamos andando, caladas, por algum tempo; ela parecia absorta em seus pensamentos; eu estava louca para dizer alguma coisa, mas sabia que nada tinha a dizer. Quando ela falou, afinal, sua voz mostrou-se severa, exigente.

— Você não pode perder mais tempo. É muito natural que, em nossa estupidez, atrapalhemos as coisas. Os feiticeiros sabem disso melhor do que ninguém. Mas eles também sabem que não há uma segunda chance. Você tem de aprender controle e disciplina porque não tem mais margem para erros. Você fez tudo errado, sabe que se confundiu. Nem sequer sabia que Isidoro Baltazar tinha partido.

O tênue dique que estava prendendo a avalanche de sentimentos rompeu-se. Minha memória voltou e a tristeza me dominou de novo. Tornou-se tão intensa que nem notei que havia sentado e afundado na terra como se ela fosse uma esponja. Por fim, a terra me engoliu. Não foi uma experiência sufocante ou claustrofóbica porque a sensação de estar sentada na superfície coexistia simultaneamente com a percepção de estar sendo engolida pela terra, uma sensação dupla que me fez gritar:

— Agora estou *sonhando*!

Aquela declaração pronunciada em voz alta deslanchou alguma coisa dentro de mim; uma nova avalanche de recordações diferentes me inundou. Sabia o que havia de errado comigo: tinha ficado confusa e não tinha energia para *sonhar*. Todas as noites, desde a minha chegada, *sonhara* o mesmo sonho, de que me esquecera até aquele momento. *Sonhara* que as feiticeiras iam ao meu quarto e me instruíam na análise racional dos feiticeiros. Elas me disseram, vezes e mais vezes, que *sonhar* é a função secundária do útero — sendo a primeira a reprodução e o que estiver relacionado com isso. Disseram-me que *sonhar* é uma função natural nas mulheres, corolário puro de energia. Tendo suficiente energia, o corpo da mulher, por si só, desperta as funções secundárias do útero, e a mulher *sonhará* sonhos inconcebíveis.

No entanto, essa energia necessária é como o auxílio a um país subdesenvolvido: não chega nunca. Alguma coisa na ordem geral de nossas estruturas sociais impede que essa energia se libere para que as mulheres possam *sonhar*.

Se essa energia fosse livre, as feiticeiras me disseram, chegaria a derrubar a ordem "civilizada" das coisas. Mas a grande tragédia das mulheres é que sua consciência social domina completamente sua consciência individual. As mulheres têm medo de ser diferentes e não querem se afastar demais do conforto do conhecido. As pressões sociais impostas a elas para que não se desviem são fortes demais e, em vez de mudarem, concordam com o que lhes foi ordenado: as mulheres existem para estar às ordens dos homens. Assim nunca podem *sonhar sonhos* de feitiçaria, embora possuam disposição orgânica para tal.

A condição feminina destruiu as oportunidades das mulheres. Quer isso seja influenciado pelo aspecto religioso ou científico, continua a marcar as mulheres com o mesmo timbre: sua função principal é reproduzir e, se conseguirem certo grau de igualdade política, social ou econômica, em última análise é irrelevante.

As mulheres me diziam isso todas as noites. Quanto mais eu me lembrava e compreendia suas palavras, maior o meu pesar. Minha tristeza não mais me pertencia, mas a todas nós, uma raça de seres esquizoides presos numa ordem social que nos algemou a nossas próprias incapacidades. Se, algum dia, nos libertarmos, será apenas momentaneamente uma clareza breve, antes de mergulharmos novamente nas trevas, de bom grado ou forçadas.

— Pare com esse lixo sentimental — ouvi uma voz dizer. Era uma voz de homem. Levantei os olhos e vi o zelador inclinado, me espiando.

— Como é que chegou aqui? — perguntei. Eu estava intrigada e um pouco lisonjeada. — Andou nos seguindo? — Mais que uma pergunta, era uma acusação.

— É, estive seguindo você, em especial — respondeu, rindo de mim.

Examinei-lhe o rosto. Não acreditei nele. Sabia que estava caçoando de mim, mas não fiquei aborrecida nem assustada com o brilho intenso nos seus olhos.

— Onde está Esperanza? — perguntei. Ela não estava ali. — Para onde ela...? — balbuciei, nervosa, sem poder falar direito.

— Está por aí — disse, sorrindo. — Não se preocupe. Eu também sou seu mestre. Está em boas mãos.

Vacilando, pus minha mão na dele. Sem esforço, puxou-me para uma pedra chata sobre uma poça d'água grande, oval, que era alimentada por um regato borbulhante, vindo de algum lugar na escuridão.

— E, agora, tire a roupa — ordenou ele. — Está na hora do seu banho cósmico!

— Meu o quê? — Certa de que ele estava brincando, comecei a rir.

Mas ele estava sério. Deu vários tapinhas em meu braço, como fazia Esperanza, e disse-me para tirar as roupas. Antes de eu perceber o que ele estava fazendo, já havia desatado os cadarços de meus tênis.

— Não temos tanto tempo assim — advertiu, insistindo para eu andar depressa. O olhar que me lançou era

SONHOS LÚCIDOS

413

frio, clínico, impessoal. Eu poderia ser o sapo que, segundo Esperanza, andava saltando por ali.

A simples ideia de entrar naquela água escura e fria, sem dúvida infestada com todo o tipo de criaturas nojentas, me horrorizava. Querendo acabar com aquela situação absurda, escorreguei pela rocha e molhei os dedos dos pés na água.

— Não estou sentindo nada! — exclamei, recuando horrorizada. — O que é que está havendo? Isto não é água!

— Deixe de ser criança — ralhou o zelador. — Claro que é água. Só que você não a sente, mais nada.

Ia abrir a boca e soltar uma praga, mas me controlei. Meu pavor tinha desaparecido.

— Por que não sinto a água? — perguntei, tentando ganhar tempo, embora soubesse que adiar as coisas não adiantava nada. Não duvidava de que acabaria dentro d'água, sentisse ou não o seu contato. Mas não tinha a menor intenção de ceder gentilmente. — Essa água sem água é algum tipo de líquido de purificação? — perguntei.

Depois de prolongado silêncio, cheio de possibilidades ameaçadoras, ele respondeu que eu poderia chamar aquilo de líquido de purificação.

— Porém, devo avisar que não existe um ritual capaz de purificar alguém — frisou ele. — A purificação tem de vir de dentro. É uma luta privada e solitária.

— Então por que quer que eu entre nessa água, que é lodosa, mesmo que eu não a sinta? — perguntei, com toda a força de que fui capaz.

Os lábios dele se moveram como se fosse rir, mas, parecendo relutar em ceder, ficou sério de novo e disse:

— Vou mergulhar nessa poça com você. — E, sem hesitar mais, despiu-se completamente.

Ficou à minha frente, a apenas um metro e meio de distância, completamente nu. Naquela luz estranha, que não era dia nem noite, via com clareza cada centímetro do seu corpo. Ele não fez qualquer tentativa envergonhada para cobrir sua nudez, mas, pelo contrário, parecia estar mais do que orgulhoso de sua virilidade e desfilava-a à minha frente com desafiadora insolência.

— Ande logo, tire as suas roupas — insistiu. — Não temos muito tempo.

— Não vou fazer isso. É loucura! — protestei.

— Vai fazer isso, sim. É uma decisão que você vai tomar sozinha. — Ele falava sem veemência, sem raiva, mas com calma determinação. — Hoje, neste mundo estranho, você saberá que só há uma maneira de se comportar: a maneira dos feiticeiros. — Ele me fitou com um misto curioso de compaixão e divertimento.

Com um sorriso que pretendia me tranquilizar, mas não o fez, o zelador disse que um mergulho naquela poça iria me sacudir. Faria algo mudar dentro de mim.

— Essa mudança irá ajudá-la, mais tarde, a entender o que somos e o que fazemos.

Um sorriso passageiro iluminou-lhe o rosto enquanto se apressava em dizer que um mergulho na água não me daria a energia para *sonhar* desperta por mim mesma. Avisou-me que, certamente, eu levaria muito tempo para economizar e aguçar minha energia e que nunca poderia conseguir.

— Não existem garantias no mundo dos feiticeiros — disse ele. Depois, admitiu que um mergulho na poça poderia afastar minha atenção dos interesses de todo dia: os interesses que se espera de uma mulher da minha idade, da minha época.

— Essa é uma poça sagrada? — perguntei.

Ele levantou as sobrancelhas, num espanto evidente.

— É uma poça de feiticeiros — explicou, olhando-me com firmeza. Deve ter visto que a minha decisão estava tomada, pois soltou o relógio em meu pulso. — A poça não é sagrada nem má. — Ele deu de ombros e prendeu meu relógio em seu pulso. — Agora olhe o seu relógio — mandou. — É seu há muitos anos. Sinta-o no meu pulso. — Ele riu e ia dizendo alguma coisa, mas resolveu não falar. — Ande, tire as roupas.

— Acho que vou entrar vestida mesmo — murmurei. Embora não fosse pudica, não sei por que resistia à ideia de ficar nua diante dele.

Ele disse que eu precisaria de roupas secas quando saísse da água.

— Não quero que você apanhe uma pneumonia. — Um sorriso travesso apareceu nos olhos dele. — Isso é água de verdade, embora você não a sinta — repetiu ele.

Com relutância, tirei meus jeans e a camisa.

— As calcinhas também — disse ele.

Andei em volta da borda gramada da poça, sem saber se devia mergulhar e acabar logo com aquilo, ou se devia me molhar aos poucos, juntando água nas mãos e deixando-a escorrer pelas minhas pernas, braços, estômago e por último sobre o coração, como eu me lembrava que as mulheres idosas, na Venezuela, faziam, antes de entrar no mar.

— Lá vou eu! — exclamei, mas, em vez de mergulhar, virei-me para olhar o zelador.

A imobilidade dele me assustou. Parecia ter virado pedra, tão parado e ereto estava, sentado na pedra. Só seus olhos pareciam ter vida; brilhavam de modo curiosamente dominante, sem qualquer fonte de luz que explicasse aquilo. Fiquei mais espantada do que triste ao ver lágrimas escorrendo pelo rosto dele. Sem saber por que, também comecei a chorar baixinho. As lágrimas dele foram caindo, pensei, até o meu relógio em seu pulso. Senti o peso misterioso de suas convicções e, de repente, meu medo e minha indecisão desapareceram e eu mergulhei naquela poça grande.

A água não era lodosa, mas transparente como seda, e verde. Não senti frio. Como o zelador dissera, eu não sentia a água. Aliás, não sentia coisa alguma; era como se eu fosse uma percepção desencarnada nadando no centro de uma grande poça d'água que parecia líquida mas não molhava. Notei que uma luz emanava das profundezas da água. Saltei como um peixe para tomar impulso, depois mergulhei em busca da luz.

Subi à tona para respirar.

— Qual a profundidade dessa poça?

— A profundidade do centro da Terra. — A voz de Esperanza era límpida e forte; continha tal certeza que, só para me provar, quis contradizê-la. Mas havia no ar alguma coisa inquietante que me impediu, alguma quietude fora do normal, uma tensão que de repente foi rompida por um rumor forte em volta de nós. Uma espécie de sussurro de advertência, um aviso rápido e sinistro de que havia alguma coisa estranha.

De pé, no lugar exato em que o zelador estava, encontrava-se Esperanza, inteiramente nua.

SONHOS LÚCIDOS

— Onde está a zelador? — gritei, a voz em pânico.

— Eu sou o zelador — respondeu ela.

Convencida de que aqueles dois estavam me pregando uma peça horrenda, nadei com uma grande braçada para a pedra saliente em que estava Esperanza.

— O que está havendo? — perguntei, numa voz que não passava de um murmúrio, pois eu mal conseguia respirar.

Indicando que me calasse, ela se dirigiu para mim com aquele movimento de desenroscar, aparentemente sem ossos, tão característico dela. Esticou o pescoço para me olhar, depois aproximou-se mais e me mostrou o meu relógio preso em seu pulso.

— Sou o zelador — repetiu.

Meneei a cabeça, automaticamente. Mas, então, bem à minha frente, em vez de Esperanza, estava o zelador, despido como estava antes, apontando para o meu relógio em seu pulso. Não olhei para o relógio; toda a minha atenção estava focalizada em seus órgãos sexuais. Estendi a mão para tocá-los, ver se talvez fosse hermafrodita. Não era. Com minha mão ainda tateando, senti, mais do que vi, seu corpo se dobrar sobre si mesmo, e estava tocando uma vagina de mulher. Abri os lábios para me certificar de que o pênis não estivesse escondido ali.

— Esperanza... — Minha voz sumiu quando algo se agarrou em volta de meu pescoço. Senti que a água se abria enquanto alguma coisa me arrastava para as profundezas da poça. Senti frio. Não era um frio físico, mas antes a ausência de calor, de luz, de som; a ausência de qualquer sensação humana naquele mundo em que existia aquela grande poça.

Acordei ouvindo o vago ruído de um ronco; Zuleica estava dormindo ao meu lado numa esteira, no chão. Estava linda como sempre, jovem e forte, mas vulnerável — ao contrário das outras feiticeiras —, a despeito da harmonia e do poder que exalava.

Fiquei olhando para ela por um momento e depois me sentei, e todos os acontecimentos da noite me voltaram à cabeça. Tive vontade de sacudi-la e pedir que me contasse o que havia acontecido, quando notei que não estávamos junto à poça nos morros, mas exatamente no mesmo local em que estávamos antes, junto à porta da frente da casa das bruxas.

Sem saber se tudo tinha sido um sonho, eu a sacudi de leve, pelo ombro.

— Ah, afinal você acordou — murmurou ela, sonolenta.

— O que aconteceu? — perguntei. — Você tem de me contar tudo.

— Tudo? — repetiu ela, bocejando ruidosamente.

— Tudo o que aconteceu na poça d'água — retruquei, impaciente.

Ela tornou a bocejar e depois deu uma risada. Olhando o meu relógio, que estava no pulso dela, disse-me que alguma coisa em mim havia mudado mais do que ela previra.

— O mundo dos feiticeiros tem uma barreira natural que dissuade as almas tímidas — explicou. — Os feiticeiros precisam de uma força tremenda para lidar com isso. Veja, ele é povoado por monstros, dragões voadores e seres demoníacos que, naturalmente, não são mais do que energia impessoal. Nós, levados por nossos medos, transformamos essa energia impessoal em criaturas infernais.

— Mas e Esperanza, e o zelador? — interrompi. — *Sonhei* que ambos eram você, de verdade.

— E são — disse ela, como se fosse a coisa mais natural do mundo. — Já lhe disse. Você mudou mais profundamente do que eu previ e entrou no que os *sonhadores* chamam de "*sonhar* em mundos outros que não este mundo".

"Você e eu estávamos *sonhando* em um mundo diferente. Por isso é que você não sentiu a água. Esse é o mundo em que o *nagual* Elias encontrou todas as suas invenções. Nesse mundo, posso ser homem ou mulher. Assim como o *nagual* Elias trouxe suas invenções para este mundo, eu trago Esperanza ou o zelador. Ou melhor, a minha energia impessoal faz isso.

Eu não conseguia exprimir meus pensamentos ou sentimentos. Fui tomada de uma necessidade incrível de sair correndo, gritando, mas não consegui pôr aquilo em ação. Meu controle motor não era mais uma questão volitiva. Tentando me levantar e gritar, caí ao chão.

Zuleica não ficou preocupada nem comovida com o meu estado. Continuou a falar como se nem tivesse visto meus joelhos cederem, como se eu não estivesse esparramada no chão como uma boneca de trapos.

— Você é uma boa *sonhadora*. Afinal, tem *sonhado* com monstros a vida toda. Agora chegou a hora de adquirir a energia para *sonhar* como os feiticeiros fazem, *sonhar* com a energia impessoal.

Tive vontade de interrompê-la e dizer que não havia nada de impessoal no meu sonho com Esperanza e o zelador, que, na verdade, foi pior do que os monstros dos meus pesadelos, mas não consegui falar.

— Esta noite o seu relógio a trouxe de volta do sonho mais profundo que você já teve — continuou Zuleica, indiferente aos sons esquisitos que saíam da minha garganta. — E você tem até uma pedra para prová-lo.

Ela foi até onde eu jazia deitada, boca aberta, fitando-a. Procurou no meu bolso. Ela tinha razão. Lá estava a pedra que eu havia apanhado no monte de pedras.

19

Um barulho forte, de alguma coisa se estilhaçando, me acordou. Sentei-me na minha rede, espiando no escuro, e vi que os painéis de madeira que cobriam as janelas estavam fechados. Um vento frio, devorador, girava em volta de mim. As folhas corriam pelo pátio junto ao meu quarto; o ruído aumentou e depois, de repente, passou a um som suave, de zunido. Uma claridade fraca entrava pelo quarto; como uma névoa, agarrava-se às paredes nuas.

— *Nagual!* — exclamei. Por um momento, como se tivesse suplicado que ele aparecesse, Isidoro Baltazar surgiu ao pé da minha rede. Parecia real, mas havia algo indefinido nele, como uma imagem vista na água. Pigarreei para falar, mas dos meus lábios só saiu um ruído fraco, enquanto a imagem se dissolvia na névoa. Depois essa névoa moveu-se, inquieta e repentina como o vento lá fora.

Tensa demais para poder dormir, fiquei ali sentada, enrolada no meu cobertor, pensando se teria feito bem em ir à casa das bruxas, em busca do *nagual* Isidoro Baltazar. Não sabia aonde mais poderia ir. Tinha esperado pacientemente durante três meses; minha ansiedade se tornara tão forte que, afinal, me levara a agir. Uma manhã — sete dias antes — eu havia dirigido, sem parar, até chegar à casa das bruxas. Na minha cabeça não havia dúvidas sobre se agira acertadamente, nem mesmo depois de ter sido obrigada a saltar por cima do muro nos fundos da casa e entrar por uma janela destrancada. No entanto, depois de uma espera de sete dias, minha certeza começou a fraquejar.

Saltei da minha rede para o piso de cerâmica, caindo com força nos calcanhares dos pés descalços. Uma sacudidela assim sempre me ajudara a me livrar das minhas incertezas. Dessa vez não funcionou, e tornei a me deitar na rede.

Se há uma coisa que eu devia ter aprendido nos três anos passados no mundo dos feiticeiros é que as decisões dos feiticeiros são finais e a minha decisão tinha sido a de viver e morrer no mundo dos feiticeiros. Agora chegara o momento de provar isso.

Uma risada que parecia sobrenatural me arrancou de meu devaneio com um sobressalto. Sinistramente, reverberou pela casa toda e, depois, tudo ficou em silêncio de novo. Esperei, tensa, mas não havia outro ruído senão o das folhas secas varridas pelo vento no pátio. Faziam um ruído como um sussurro fraco e áspero.

Ouvindo aquele som, não só fui embalada para o sono como ainda fui levada ao mesmo sonho que vinha tendo nas últimas sete noites.

Estou no deserto de Sonora. É meio-dia. O sol, um disco prateado, tão brilhante que se torna quase invisível, parou no meio do céu. Não há um só ruído nem um movimento por ali. Os altos cactos gigantes, com seus braços espinhosos levantados para aquele sol imóvel, montam guarda, como sentinelas, ao silêncio e à quietude.

O vento, como se me tivesse seguido pelo sonho, começa a soprar com uma força tremenda. Assovia por entre os galhos das algarobeiras, sacudindo-os com sistemática fúria. Redemoinhos de poeira vermelha surgem em espirais de pó em volta de mim. Um bando de corvos espalha-se como pontos no ar, que depois caem por terra um pouco além, como pedacinhos de um véu preto.

Tão repentinamente como quando começou, o vento cede. Dirijo-me para os morros a distância. Parece que caminho horas antes de ver uma sombra escura e enorme no chão. Olho para cima. Um pássaro gigantesco está pendurado no ar, as asas estendidas, imóvel, como que pregado ao céu. Só quando olho para a sombra escura na terra é que sei que o pássaro está se movendo. Devagar, imperceptivelmente, sua sombra desliza à minha frente.

Levada por alguma necessidade inexplicável, tento alcançar a sombra. Por mais que corra, a sombra vai se afastando cada vez mais de mim. Tonta, exausta, tropeço em meus próprios pés e caio por terra.

Quando me levanto para espanar minhas roupas, descubro o pássaro empoleirado numa pedra ali perto. Sua cabeça está ligeiramente virada para mim, como que me chamando. Com cuidado, eu me aproximo. Ele é enorme e fulvo, com penas que brilham como cobre polido. Seus olhos âmbar são duros e implacáveis, tão definitivos quanto a própria morte.

*Recuo quando o pássaro estende suas asas largas
e alça voo. Voa tão alto, até ser, apenas, um ponto no
céu. No entanto, sua sombra na terra é uma linha reta
e escura que se estende ao infinito e junta o deserto e
o céu.*

*Confiante que, se convocar o vento, poderei
alcançar o pássaro, invoco um encantamento. Mas
no meu cântico não há força nem poder. Minha voz
se desfaz em mil sussurros, rapidamente absorvidos
pelo silêncio. O deserto recupera sua calma fantástica.
Começa a desmoronar nas bordas e, depois, aos poucos,
desaparece em volta de mim...*

Gradualmente tomei consciência do meu corpo deitado na rede. Através de uma névoa móvel, distingui as paredes do quarto, forradas de livros. Senti-me, então, plenamente desperta e entendi, como acontecera todas as vezes durante aquela semana, que não fora um sonho comum e que eu sabia o que significava.

Um dia o *nagual* Mariano Aureliano me dissera que os feiticeiros, quando conversam entre si, falam de feitiçaria como sendo um pássaro; chamam-no de pássaro da liberdade. Dizem que o pássaro da liberdade só voa em linha reta e nunca volta duas vezes. Também dizem que é o *nagual* que atrai o pássaro da liberdade. É ele que leva o pássaro a lançar sua sombra sobre o caminho do guerreiro. Sem essa sombra, não há direção.

O significado do meu sonho é que eu havia perdido o pássaro da liberdade. Eu havia perdido o *nagual* e, sem ele, toda a esperança e o propósito. E o que mais pesava em meu coração era que o pássaro da liberdade tinha

SONHOS LÚCIDOS

425

voado tão depressa que nem dera tempo para lhe agradecer devidamente, nem para exprimir a minha admiração irrestrita.

Eu tinha assegurado aos feiticeiros, o tempo todo, que nunca deixaria de dar valor ao mundo deles ou às pessoas deles, por tomá-los como algo garantido, mas não era verdade, em especial quanto a Isidoro Baltazar. Ele certamente vai ficar comigo para sempre, pensava eu. De repente, tinham partido, todos eles, como sopros de ar, como estrelas cadentes. E tinham levado Isidoro Baltazar com eles.

Passei semanas sentada em meu quarto, me fazendo a mesma pergunta: Como seria possível desaparecerem assim? Uma pergunta sem sentido, supérflua, levando em conta tudo o que vira e experimentara no mundo deles. Tudo isso revelava a minha verdadeira natureza: submissa e desconfiada. Pois os feiticeiros me disseram durante anos que o seu propósito final era queimar, desaparecer, devorados pela força da consciência. O antigo *nagual* e seu grupo de feiticeiros estavam prontos, mas eu não sabia disso. Eles vinham se preparando durante quase toda a vida para aquela audácia final: *sonhar* despertos que conseguem ludibriar a morte — conforme comumente concebemos a morte — e atravessar para o desconhecido, acentuando, sem romper, a unidade de sua energia total.

O meu pesar foi muito intenso ao me lembrar de como o meu eu normal, desconfiado, emergia quando eu menos esperava. Não que eu não acreditasse no seu propósito e na sua meta tão esplêndidos, do outro mundo e, no entanto, tão práticos. Poderia explicá-los, integrá-los, fazendo-os caber no mundo cotidiano do senso comum, talvez não completamente, mas certamente coexistindo com o que me era normal e conhecido.

Os feiticeiros certamente tentaram me preparar para presenciar sua viagem definitiva; o fato de que um dia desapareceriam era coisa que eu quase percebia. Mas nada poderia ter me preparado para a angústia e o desespero que se seguiram. Afundei num poço de tristeza do qual sabia que nunca poderia sair. Dessa parte eu teria de tratar sozinha.

Receando entregar-me a um desespero maior, se ficasse mais um momento na minha rede, levantei-me e preparei o desjejum. Ou melhor, esquentei as sobras da véspera: tortillas, arroz e feijão — minha refeição diária dos últimos sete dias, só que no almoço acrescentava uma lata de sardinhas norueguesas, que encontrara num armazém na cidade mais próxima. Comprei todas as latas que havia. O feijão também era de lata.

Lavei a louça e limpei o chão. Depois, de vassoura na mão, fui de quarto em quarto procurando alguma sujeira nova, uma teia de aranha em algum canto esquecido. Desde o dia em que cheguei, não fiz mais nada senão limpar o piso, lavar as paredes e janelas, varrer os pátios e corredores. A faxina sempre me distraía de meus problemas, sempre me dava um alívio, mas dessa vez não. Por mais disposição que dedicasse às minhas tarefas, não conseguia acalmar a angústia, o sofrimento dentro de mim.

Um rápido farfalhar de folhas interrompeu minhas tarefas de limpeza. Fui olhar lá fora. Um vento forte soprava por entre as árvores. Sua força me assustou. Ia fechar as janelas quando, de repente, o vento cessou. Uma

SONHOS LÚCIDOS

melancolia profunda abateu-se sobre o quintal, sobre os arbustos e as árvores, sobre os canteiros de flores e a horta. Até mesmo as buganvílias de cor púrpura pendendo do muro aumentavam a tristeza.

Fui até o chafariz com motivo colonial espanhol, no centro do pátio, e ajoelhei-me na borda de pedra. Distraída, apanhei as folhas e os botões de flores caídos na água. Depois, debruçando-me, procurei minha imagem na superfície lisa. Junto ao meu rosto apareceu o rosto muito lindo, severo e anguloso de Florinda.

Pasma, fiquei olhando para o seu reflexo, hipnotizada por seus olhos grandes e luminosos, que contrastavam deslumbrantemente com os cabelos brancos trançados. Ela sorriu, lentamente, e eu sorri de volta.

— Não ouvi você chegar — sussurrei, com medo de que sua imagem desaparecesse, com medo de que ela fosse apenas um sonho.

Ela pousou a mão em meu ombro e depois sentou-se ao meu lado na borda de pedra.

— Só vou ficar com você por um momento — disse ela. — Mais tarde eu volto.

Virei-me e despejei toda a angústia e desespero acumulados dentro de mim.

Florinda me fitou e seu rosto refletia uma imensa tristeza. De repente, seus olhos se encheram de lágrimas, lágrimas que desapareceram tão depressa quanto surgiram.

— Onde está Isidoro Baltazar? — perguntei.

Virei o rosto e dei vazão às minhas lágrimas represadas. Não era a autocomiseração, nem mesmo o pesar que me faziam chorar, mas uma profunda sensação de

428   FLORINDA DONNER

fracasso, de culpa e de perda; aquilo estava me esmagando. Florinda certamente havia me advertido sobre esses sentimentos, no passado.

— As lágrimas não significam nada para os feiticeiros — declarou, com a sua voz grave e rouca. — Quando você entrou para o mundo dos feiticeiros, fizeram-na entender que os desígnios do destino, sejam quais forem, são apenas desafios que um feiticeiro tem de encarar sem ressentimento nem pena de si mesmo. — Parou um momento e depois, com seu jeito conhecido e implacável, repetiu o que já me dissera em outras ocasiões: — Isidoro Baltazar não é mais um homem e sim um *nagual*. Pode ter acompanhado o antigo *nagual*, nesse caso, nunca mais voltará. Mas também pode não ter acontecido isso.

— Mas por que ele... — Minha voz sumiu antes de eu fazer a pergunta.

— Na verdade, não sei, neste momento — disse Florinda, erguendo a mão para impedir o meu protesto. — É seu desafio sobrepujar isso. Como você sabe, os desafios não são discutidos nem se pode ter ressentimentos contra eles. Os desafios são enfrentados ativamente. Ou os feiticeiros conseguem enfrentar seus desafios ou fracassam. E, na verdade, não importa, desde que estejam no comando.

— Como pode esperar que eu esteja no comando quando essa tristeza está me matando? Isidoro Baltazar se foi para sempre — reclamei, com ressentimento, irritada com seus sentimentos e atitudes prosaicas.

— Por que não segue o meu conselho e se comporta impecavelmente, sejam quais forem seus sentimentos — retrucou ela, com severidade. Seu equilíbrio era tão espontâneo quanto seu sorriso brilhante.

— Como posso fazer isso? Sei que se o *nagual* se foi, está tudo acabado.

— Você não precisa do *nagual* para ser uma feiticeira impecável — comentou ela. — Sua impecabilidade deve conduzi-la a ele, mesmo que ele não esteja mais no mundo. Viver impecavelmente, dentro de suas circunstâncias, é o seu desafio. Não deve fazer diferença que você veja Isidoro Baltazar amanhã, ao cabo de um ano ou no fim de sua vida.

Florinda me deu as costas e ficou calada por muito tempo. Quando tornou a olhar para mim, seu rosto estava calmo e estranhamente impertubável, como uma máscara, como se estivesse fazendo um grande esforço para controlar suas emoções. Havia algo tão triste em seus olhos que me fez esquecer a minha própria angústia.

— Deixe-me contar-lhe uma história, mocinha — declarou, com um tom anormalmente áspero, como se sua voz pretendesse anular o sofrimento em seus olhos. — Eu não fui com o *nagual* Mariano Aureliano e o grupo dele. Nem Zuleica. Sabe por quê?

Estarrecida de antecipação e medo, eu a fitei boquiaberta.

— Não, Florinda, não sei — consegui dizer, afinal.

— Estamos aqui porque não pertencemos àquele grupo de feiticeiros — disse ela, a voz agora baixa e suave. — Pertencemos, mas não de verdade. Nossos sentimentos estão com outro *nagual*, o *nagual* Julian, nosso mestre. O *nagual* Mariano Aureliano é nosso colega e o *nagual* Isidoro Baltazar é nosso aprendiz. Como você, ficamos para trás. Você, por não estar preparada para ir com eles; nós, porque precisamos de mais energia para dar um salto maior e nos juntar, talvez, a outro grupo de guerreiros, muito mais antigo. O do *nagual* Julian.

Eu podia sentir a solidão de Florinda como uma névoa fina em volta de mim. Mal ousava respirar, com medo de que ela parasse de falar.

Detalhadamente ela me contou sobre o seu mestre, o *nagual* Julian, famoso em todos os sentidos. A descrição que fez dele foi condensada, mas tão evocativa que podia enxergá-lo diante de meus olhos: o ser mais animado que já existiu. Engraçado, espirituoso e de pensamento rápido; um brincalhão incorrigível. Um contador de histórias, um mágico que manejava a percepção como um padeiro maneja a massa, batendo-a em qualquer forma ou feitio, sem jamais perdê-la de vista. Estar com o *nagual* Julian, garantiu Florinda, era uma coisa inesquecível. Ela confessou que o amava além de qualquer palavra, de qualquer sentimento. E Zuleica também.

Florinda ficou calada por muito tempo, o olhar fixo nas montanhas distantes, como que buscando energia naqueles picos pontudos. Quando falou de novo, sua voz não passava de um murmúrio que mal se ouvia.

— O mundo dos feiticeiros é um mundo de solidão e, no entanto, nele o amor é eterno. Como o meu amor pelo *nagual* Julian. Nós nos movemos no mundo dos feiticeiros por nós mesmos, responsáveis somente por nossos atos, nossos sentimentos, nossa impecabilidade. — Ela meneou a cabeça, como para frisar suas palavras. — Não tenho mais quaisquer sentimentos. Os que eu tinha se foram com o *nagual* Julian. Só me resta a minha noção de vontade, de dever, de propósito. Talvez você e eu estejamos na mesma situação. — Ela

SONHOS LÚCIDOS

falou tão serenamente que as palavras se esvaíram antes que me desse conta do que dissera.

Olhei-a e, como sempre, fiquei deslumbrada com sua beleza e juventude, que os anos deixaram magicamente intactas.

— Minha situação é diferente, Florinda — disse eu, por fim. — Você teve o *nagual* Isidoro Baltazar e a mim, além de todos os outros discípulos de quem ouvi falar. Eu não tenho nada. Nem sequer tenho o meu mundo antigo. — Em mim não havia autocomiseração, apenas a noção arrasadora de que minha vida, conforme eu a conhecera até então, estava acabada. — O *nagual* Isidoro Baltazar é meu, por força do meu poder. Vou aguardar mais um pouco, mas se ele não está mais neste mundo, eu também não estou. Já sei o que fazer! — Minha voz sumiu quando percebi que Florinda não mais me escutava. Distraíra-se a olhar um pequeno corvo se dirigindo a nós, pela borda do chafariz.

— Esse é Dionísio — disse eu, procurando no bolso pedacinhos de tortilla, mas nada encontrei. Olhei para o céu, maravilhosamente límpido. Eu estava tão absorta na minha tristeza que nem notara que já passava do meiodia, geralmente a hora em que aquele corvinho vinha buscar seu alimento.

— Aquele companheiro está bem irritado — disse Florinda, rindo dos gritos indignados do pássaro; depois, me olhando nos olhos, observou: — Você e o corvo são bem parecidos. Aborrecem-se facilmente e ambos se exprimem em altos brados.

Eu mal me contive, queria dizer que o mesmo se podia dizer quanto a ela. Florinda deu uma risada, como se soubesse do esforço que eu estava fazendo para não chorar.

O corvo se empoleirara na minha mão vazia e me olhava de lado com seus olhos brilhantes, como pedrinhas. Ele abriu as asas, mas não voou; as penas negras reluziam ao sol.

Com calma, disse a Florinda que as pressões do mundo dos feiticeiros eram insuportáveis.

— Tolice! — ralhou ela, como se estivesse falando com uma criança mimada. — Olhe, afugentamos Dionísio. — Fascinada, ela olhou o corvo circular acima de nossas cabeças e voltou a fixar a sua atenção em mim.

Virei o rosto. Não sabia por que, pois não havia nada de maldoso naqueles olhos escuros e brilhantes. Mantiveram-se calmos e inteiramente indiferentes quando ela disse:

— Se você não conseguir alcançar Isidoro Baltazar, então eu e os outros feiticeiros que lhe ensinamos teremos falhado em recrutá-la. Teremos fracassado em desafiá-la. Não é uma perda final para nós, mas certamente será uma perda final para você. — Vendo que eu ia recomeçar a chorar, desafiou-me. — Onde está o seu propósito impecável? O que aconteceu com todas as coisas que aprendeu conosco?

— E se eu nunca conseguir alcançar Isidoro Baltazar? — perguntei, em prantos.

— Você pode continuar a viver no mundo dos feiticeiros se não fizer um esforço para descobrir? — perguntou ela, com aspereza.

— Este é um momento em que preciso de bondade — murmurei, fechando os olhos para não deixar as lágrimas

Sonhos lúcidos

caírem. — Estou precisando de minha mãe. Se eu ao menos pudesse ir ter com ela.

Fiquei espantada com minhas palavras, mas estava sendo sincera. Sem conseguir prender mais as lágrimas, comecei a chorar.

Florinda riu. Não estava zombando de mim; mas em seu riso havia um tom de bondade, de compreensão.

— Você está tão longe de sua mãe — consolou-me, baixinho, com uma expressão distante e pensativa nos olhos — que nunca mais a encontrará. — A voz dela era um simples murmúrio e passou a dizer que a vida dos feiticeiros constrói barreiras impenetráveis em volta de nós. Os feiticeiros, recordou, não encontram consolo na compreensão dos outros nem na autocomiseração.

— Você acha que todo o meu tormento é causado pela autocomiseração, não é, Florinda?

— Não. Não apenas isso, mas pela morbidez também. — Passou os braços em volta de meus ombros e me abraçou como se eu fosse uma criancinha. — A maior parte das mulheres é um bocado mórbida, sabe — murmurou. — Você e eu também.

Não concordava com ela, mas não queria contradizê-la. Estava feliz demais, abraçada por ela. A despeito de meu estado de espírito sombrio, tive de sorrir. Florinda, como todas as outras mulheres no mundo dos feiticeiros, não tinha a capacidade de exprimir sentimentos maternais. E, embora eu gostasse de beijar e abraçar as pessoas que amava, não suportava ficar nos braços de uma pessoa por mais de um instante. O abraço de Florinda não era carinhoso nem calmante como o de minha mãe, mas era só o que eu podia esperar.

Então ela entrou na casa.

Acordei de repente. Por um momento fiquei deitada — no chão, ao pé do chafariz —, tentando me lembrar de alguma coisa que Florinda tivesse dito antes de eu adormecer ali, à luz do sol entremeada de folhagens. Era evidente que dormira durante horas. Embora o céu continuasse claro, as sombras do crepúsculo já haviam entrado no pátio.

Ia procurar Florinda na casa quando uma risada sobrenatural ressoou pelo pátio; era a mesma risada que ouvira de noite.

Esperei, escutando. O silêncio em volta de mim era enervante. Não se ouvia um gorjeio, um zunido, um movimento. No entanto, apesar de toda a quietude, eu sentia passos sem ruído, silenciosos como sombras atrás de mim.

Virei-me rapidamente. Do outro lado do pátio, quase escondido pela buganvília em flor, vi alguém sentado num banco de madeira. Estava de costas para mim, mas eu a reconheci imediatamente.

— Zuleica? — sussurrei, insegura, com medo de que o som de minha voz pudesse espantá-la.

— Que bom tornar a vê-la — disse ela, fazendo sinal para que me sentasse a seu lado.

Sua voz grave e límpida, vibrante com o vigor do ar do deserto, não parecia vir de seu corpo, mas de muito longe. Tive vontade de abraçá-la, mas sabia que não devia. Zuleica não gostava de ser tocada, de modo que me limitei a sentar-me a seu lado e dizer que também estava contente por tornar a vê-la. Mas, para espanto meu, ela apertou a minha mão com a sua, que era pequena e delicada. O rosto, pálido, acobreado e lindo mostrava-

SONHOS LÚCIDOS

435

se estranhamente vazio. Toda a vida se concentrava em seus olhos incríveis: nem pretos nem castanhos, mas de um tom intermediário e singularmente cristalino. Elas os concentrou em mim num olhar prolongado.

— Quando é que você chegou aqui? — perguntei.

— Neste momento — respondeu, os lábios se curvando num sorriso angelical.

— Como chegou aqui? Florinda veio com você?

— Ah, sabe — disse ela, vagamente —, as feiticeiras vão e vêm sem serem notadas. Ninguém dá atenção a uma mulher, especialmente quando ela é velha. Agora, uma mulher jovem, pelo contrário, atrai a atenção de todos. É por isso que as feiticeiras devem sempre se disfarçar, se forem bonitas. Se são mais ou menos feias, não têm nada com que se preocupar.

Levei um susto quando Zuleica de repente me deu um tapinha no ombro. Ela tornou a me apertar a mão, como que para dissipar minhas desconfianças, depois olhou-me com calma e atenção e disse:

— Para se estar no mundo dos feiticeiros, é preciso *sonhar* de maneira soberba. — Ela desviou o olhar. Uma lua quase cheia pairava sobre as montanhas distantes. — A maioria das pessoas não tem a capacidade nem a dimensão de espírito para *sonhar*. Não podem deixar de ver o mundo como sendo comum e repetitivo. E sabe por quê? — perguntou-me, fitando-me atentamente. — Porque se você não lutar para impedir isso, o mundo é de fato comum e repetitivo. A maioria das pessoas fica tão envolvida consigo mesma que se torna idiota. Os idiotas não têm o desejo de lutar para evitar o que é comum e repetitivo.

Zuleica levantou-se do banco e calçou as sandálias. Amarrou o xale em volta da cintura, para a comprida saia não arrastar no chão, e dirigiu-se ao centro do pátio. Eu sabia o que iria fazer antes mesmo de começar. Ela ia girar. Ia dançar a fim de conseguir energia cósmica. As feiticeiras acreditam que movendo o corpo conseguem a força necessária para *sonhar*.

Com um gesto do queixo, quase imperceptível, sugeriu que eu a seguisse e imitasse seus movimentos. Ela deslizava sobre a cerâmica mexicana castanho-escura e os tijolos marrons que tinham sido dispostos num desenho mágico antigo por Isidoro Baltazar em pessoa, um desenho mágico unindo gerações de feiticeiros e *sonhadores* através das eras, em teias de segredos e feitos de poder — um desenho em que ele se pusera a si mesmo, em torno e dentro dele, com toda a sua força, todo o seu *intento*, desejando que o mito e o *sonho* se tornassem realidade.

Zuleica movia-se com a precisão e a agilidade de uma jovem bailarina. Seus movimentos eram simples e, no entanto, necessitavam de tanta velocidade, equilíbrio e concentração que me deixaram exausta. Com agilidade e rapidez incríveis, ela ia girando, afastando-se de mim. Por um instante vacilou em meio às sombras das árvores, como que para se certificar de que eu a estava seguindo. Depois dirigiu-se para a porta em arco embutida no muro que circundava o terreno atrás da casa. Parou um instante junto a duas árvores cítricas que cresciam fora dos muros, as que ficavam como duas sentinelas de ambos os lados do caminho que levava pelo chaparral até a casa pequena.

SONHOS LÚCIDOS

Com medo de perdê-la de vista, corri pela trilha estreita e escura. Depois, curiosa e ansiosa, acompanhei-a dentro da casa, até o quarto dos fundos. Em vez de acender a luz, ela pegou um lampião a querosene pendurado de um dos caibros. Acendeu-o, e o lampião lançou um brilho vacilante em volta de nós, deixando os cantos do quarto no escuro. Ajoelhando-se diante do único móvel do quarto, uma arca de madeira debaixo da janela, ela puxou uma esteira e um cobertor.

— Deite-se de bruços — pediu ela, baixinho, estendendo a esteira sobre o piso de ladrilhos.

Suspirei profundamente e me entreguei a uma agradável sensação de impotência ao me deitar de bruços na esteira. Uma sensação de paz e bem-estar se espalhou por meu corpo. Senti as mãos dela em minhas costas; não estava me massageando, mas dando tapinhas de leve em minhas costas.

Embora já tivesse estado na casa pequena muitas vezes, ainda não sabia quantos quartos tinha nem como era mobiliada. Certa ocasião, Florinda havia me dito que aquela casa era o centro da aventura delas. Era ali, disse ela, que o antigo *nagual* e seus feiticeiros teciam a sua teia mágica. Como uma teia de aranha, invisível e resistente, ela os continha quando mergulhavam no desconhecido, na escuridão e na luz, como fazem os feiticeiros habitualmente.

Ela também me disse que a casa era um símbolo. Os feiticeiros do grupo dela não tinham de estar na casa, nem mesmo em suas vizinhanças quando mergulhavam no desconhecido através do *sonhar*. Aonde quer que fossem, levavam no coração o sentimento, o estado de espírito da casa. E esse sentimento e estado de espírito, fossem o que fossem para cada um, lhes davam força para enfrentar o mundo cotidiano com admiração e prazer.

O tapa forte de Zuleica em meu ombro sobressaltou-me.

— Vire-se — ordenou.

Obedeci.

O rosto dela, ao se debruçar, estava radioso com energia e propósito.

— Os mitos são sonhos de *sonhadores* extraordinários — disse ela. — É preciso ter muita coragem e concentração a fim de poder mantê-los. Acima de tudo, é preciso uma grande quantidade de imaginação. Você está vivendo um mito, um mito que lhe foi passado para guardar.

Ela falava num tom quase de veneração.

— Você não pode ser receptora desse mito a menos que seja irrepreensível. Do contrário, o mito simplesmente se afastará de você.

Abri minha boca para falar, para dizer que compreendia tudo isso, mas vi a expressão dura no olhar dela. Não estava ali para dialogar comigo.

O ruído repetitivo dos galhos roçando o muro lá fora passou e virou uma vibração no ar, um ruído de pulsação que senti mais do que ouvi. Já estava quase adormecendo quando Zuleica disse que eu devia obedecer às ordens do sonho repetitivo que tinha tido.

— Como sabe que estive tendo esses sonhos? — perguntei, alarmada, tentando sentar-me.

— Não se lembra que partilhamos nossos sonhos? — murmurou ela, empurrando-me de volta à esteira. — Sou eu que lhe trago os sonhos.

Sonhos lúcidos

— Foi só um sonho, Zuleica. — Minha voz estava trêmula porque eu fora acometida por um desejo terrível de chorar. Eu sabia que não era só um sonho, mas queria que ela mentisse. Sacudindo a cabeça, ela me olhou.

— Não, não foi só um *sonho* — confirmou ela, com calma. — Foi um sonho de feiticeiro, uma visão.

— O que devo fazer?

— O sonho não lhe disse o que fazer? — perguntou, num tom de desafio. — Florinda não disse? — Ela me observou com uma expressão enigmática. Depois sorriu, um sorriso encabulado, de criança. — Você tem de compreender que não pode correr atrás de Isidoro Baltazar. Ele não está mais no mundo. Não há mais nada que você possa lhe dar ou fazer por ele. Não pode estar ligada a um *nagual* como a uma pessoa, mas apenas como a um ser mítico. — A voz dela era suave, mas imperiosa ao repetir que eu estava vivendo um mito. — O mundo dos feiticeiros é um mundo mítico, separado do cotidiano por uma barreira misteriosa feita de sonhos e compromissos. Somente se o *nagual* for apoiado e sustentado por seus companheiros *sonhadores* é que pode guiá-los a outros mundos viáveis, de onde pode atrair o pássaro da liberdade. — As palavras dela sumiram nas sombras do quarto, enquanto acrescentava que o apoio de que Isidoro Baltazar precisava era a energia dos *sonhos*, não sentimentos e atos mundanos.

Depois de prolongado silêncio, ela voltou a falar.

— Você viu como o antigo *nagual* bem como Isidoro Baltazar, por sua simples presença, afetam quem estiver perto deles, sejam seus companheiros feiticeiros ou meros espectadores, fazendo-os tomarem consciência de que o mundo é um mistério onde nunca se pode considerar nada como certo, em circunstância alguma.

Concordei, em silêncio.

Por muito tempo, eu não tinha conseguido entender como é que os *naguais*, por sua simples presença, podiam fazer tanta diferença. Depois de atenta observação, comparando opiniões com outros, e uma introspecção interminável, cheguei à conclusão de que sua influência provinha de sua renúncia aos interesses terrenos. No nosso mundo cotidiano, também temos exemplos de homens e mulheres que deixaram para trás os interesses terrenos. Chamamos essas pessoas de místicos, santos, religiosos. Mas os *naguais* não são santos, nem místicos e, certamente, não são religiosos. Os *naguais* são mundanos sem um pingo de interesses mundanos.

Num plano subliminal, essa contradição exerce tremendo efeito em quem está perto deles. As mentes daqueles que estão perto de um *nagual* não podem entender o que os está afetando, e no entanto sentem o impacto em seus corpos como uma estranha ansiedade, uma necessidade de se libertarem, ou como uma sensação de inadequação, como se alguma coisa de transcendental estivesse ocorrendo em outro lugar e eles não possam ter acesso a isso.

Mas a capacidade intrínseca dos *naguais* para afetar os outros não depende apenas de sua ausência de interesse pelas coisas terrenas ou de força de suas personalidades, mas, antes, da força de seu comportamento irrepreensível. Os *naguais* são irrepreensíveis em atos e sentimentos, não importando as emboscadas — terrenas ou de outro mundo — colocadas em seu caminho interminável. Não que os *naguais* sigam padrões prescritos de normas e regulamentos, a fim de ter um comportamento irrepreensível, pois esses não existem. Mais propriamente porque usam a sua imaginação para adotar ou adaptar o que for preciso para tornar fluidas as suas ações.

Quanto aos seus feitos, os *naguais*, ao contrário dos homens comuns, não procuram aprovação, respeito, louvor ou qualquer tipo de reconhecimento de qualquer um, inclusive de seus companheiros feiticeiros. Só o que buscam é a sua própria noção de perfeição, de simplicidade, de integridade.

É isso que torna a companhia dos *naguais* viciante. A pessoa torna-se tão dependente da liberdade dele quanto se tornaria de um entorpecente. Para um *nagual*, o mundo é sempre novo em folha. Em sua companhia, a pessoa começa a contemplar o mundo como se nunca tivesse acontecido antes.

— Isso, porque os *naguais* quebraram o espelho da autorreflexão — observou Zuleica, como se tivesse acompanhando o rumo de meus pensamentos. — Os *naguais* são capazes de se verem no espelho da névoa, que só reflete o desconhecido. É um espelho que não reflete mais a nossa humanidade normal, expressa em repetição, mas revela a face do infinito.

"Os feiticeiros acreditam que, quando a face da autorreflexão e a face do infinito se fundem, um *nagual* está inteiramente preparado para romper os limites da realidade e desaparecer, como se não fosse feito de matéria sólida. Isidoro Baltazar já estava pronto havia muito tempo.

— Ele não pode me deixar para trás! — exclamei. — Seria injusto demais.

— É uma tolice total pensar em termos de justiça ou injustiça — disse Zuleica. — No mundo dos feiticeiros, só existe o poder. Todos nós não lhe ensinamos isso?

— Há muitas coisas que aprendi... — reconheci, melancólica. Após alguns momentos, resmunguei baixinho — ... mas no momento não valem de nada.

— Valem o máximo agora — ela me contradisse. — Se você aprendeu alguma coisa, foi que nos momentos mais críticos é que os guerreiros reúnem seu poder para continuar. Um guerreiro não se entrega ao desespero.

— Nada do que aprendi e experimentei pode aliviar a minha tristeza e o meu desespero — disse, baixinho.

— Cheguei até a experimentar os cantos espíritas que aprendi com a minha babá. Florinda riu de mim. Acha que sou uma idiota.

— Florinda tem razão — declarou Zuleica. — O nosso mundo mágico não tem nada a ver com cânticos e encantamentos, com rituais e comportamentos bizarros. O nosso mundo mágico, que é um *sonho*, é legado ao ser pelo desejo concentrado daqueles que participam dele. É mantido intacto a cada momento pelas vontades tenazes dos feiticeiros. Do mesmo modo que o mundo cotidiano é mantido unido pela vontade tenaz de todos.

Ela parou de repente. Parecia ter sido pilhada em meio a uma ideia que não queria exprimir. Então sorriu. Com um gesto divertido, de desalento, acrescentou:

— Para *sonhar* o nosso *sonho*, a pessoa tem de estar morta.

— Isso quer dizer que tenho de cair morta aqui e agora? — perguntei numa voz que estava ficando rou-

SONHOS LÚCIDOS

ca. — Você sabe que estou pronta para isso, a qualquer momento.

O rosto de Zuleica se iluminou e ela riu como se eu tivesse contado a melhor das anedotas. Vendo que eu estava muito séria, ela se apressou em esclarecer:

— Não, não. Morrer significa desfazer-se de todas as suas posses, largar tudo o que se tem, tudo o que se é.

— Isso não é novidade — disse eu. — Fiz isso no momento em que me juntei ao seu mundo.

— Claro que não fez isso. Do contrário não estaria em tal confusão. Se você tivesse morrido do jeito que a feitiçaria exige, não estaria sentindo nenhuma angústia agora.

— O que eu sentiria, então?

— O dever! O propósito!

— Minha angústia não tem nada a ver com a minha noção de propósito — gritei. — É uma coisa à parte, independente. Estou viva e sinto tristeza e amor. Como posso evitar isso?

— Não é para você evitar — esclareceu Zuleica —, mas para vencer. Se os guerreiros não possuem nada, não sentem nada.

— Que tipo de mundo vazio é esse? — perguntei, em tom desafiador.

— Vazio é o mundo da indulgência, porque a indulgência remove tudo menos a indulgência. — Ela me olhou ansiosa, como que esperando que eu concordasse com suas palavras. — Então, é um mundo assimétrico. Maçante, repetitivo. Para os feiticeiros, o antídoto da indulgência é a morte. E não ficam só pensando a respeito, mas o fazem.

Um arrepio me percorreu a espinha. Engoli em seco e fiquei calada, olhando para o espetáculo maravilhoso do luar entrando pela janela.

— Não compreendo mesmo o que está dizendo, Zuleica.

— Você me compreende perfeitamente — insistiu ela. — O seu sonho começou quando me conheceu. Agora, está na hora de outro sonho. Mas, desta vez, *sonhe* morta. O seu erro foi *sonhar* viva.

— O que quer dizer com isso? — perguntei, inquieta. — Não me atormente com enigmas. Você mesma me disse que só os feiticeiros homens se enlouquecem com charadas. Você agora está fazendo a mesma coisa comigo.

O riso de Zuleica ressoou de parede a parede. Farfalhava como folhas secas levadas pelo vento.

— *Sonhar* viva significa ter esperança. Significa que você se agarra ao seu sonho a todo custo. *Sonhar* morta significa que você *sonha* sem esperança. *Sonha* sem se agarrar ao seu sonho.

Não me achando capaz de falar, só pude concordar em silêncio.

Florinda tinha me dito que a liberdade é uma ausência total de preocupação consigo mesmo, uma ausência de preocupação obtida quando o volume de energia preso dentro da pessoa é desatado. Ela disse que essa energia só é liberada quando podemos deter o elevado conceito que temos de nós mesmos, de nossa importância, uma importância que sentimos não deve ser violada ou escarnecida.

A voz de Zuleica era clara, mas parecia vir de muito longe, ao dizer:

— O preço da liberdade é muito alto. A liberdade só pode ser obtida quando se *sonha* sem esperança, estando-se disposto a perder tudo, até mesmo o sonho.

"Para alguns de nós, *sonhar* sem esperança, lutar sem nenhum objetivo em mente, é o único meio de acompanhar o pássaro da liberdade.

Você pode adquirir os títulos da Editora Nova Era
por Reembolso Postal e se cadastrar para
receber nossos informativos de lançamentos
e promoções. Entre em contato conosco:

mdireto@record.com.br

Tel.: (21) 2585-2002
Fax.: (21) 2585-2085
De segunda a sexta-feira,
das 8h30 às 18h.

Caixa Postal 23.052
Rio de Janeiro, RJ
CEP 20922-970

Válido somente no Brasil.

www.editorabestseller.com.br

Este livro foi composto na tipologia Minion-Regular,
em corpo 12/15,2, impresso em papel off-white 80g/m²
no Sistema Cameron da Divisão Gráfica
da Distribuidora Record.